영어
교육을 알면
영어가
보인다

영어교육을 알면 영어가 보인다

© 김태영, 2016

1판 1쇄 발행 __ 2016년 02월 01일
1판 2쇄 발행 __ 2021년 08월 30일

지은이 __ 김태영
펴낸이 __ 홍정표

펴낸곳 __ 글로벌콘텐츠
　　　　등록 __ 제25100-2008-000024호

공급처 __ (주)글로벌콘텐츠출판그룹
　　　　대표 __ 홍정표　이사 __ 김미미　편집 __ 하선연 권군오 최한나　기획·마케팅 __ 김수경 이종훈
　　　　주소 __ 서울특별시 강동구 풍성로 87-6　전화 __ 02-488-3280　팩스 __ 02-488-3281
　　　　홈페이지 __ www.gcbook.co.kr

값 15,000원
ISBN 979-11-5852-079-3 93370

영어
교육을 알면
영어가
보인다

김태영 지음

글로벌콘텐츠

해마다 영어교육과 학생들에게 다양한 강의를 해오면서 필자가 가장 크게 어려움을 느껴 왔던 것은 영어교육 전공 대학생들에게 쓸 수 있는 전공 원서는 정말 많은데, 정작 처음 영어교육에 관심을 갖고 있는 일반인들이 읽을 만한 교양서가 없다는 것이다. 수없이 많은 영어 참고서가 서점에 넘쳐나는데도 정작 영어교육은 무엇인지를 친절하게 알려주는 이런 교양서 한 권이 없다는 것은 참으로 이상한 일이다. 이러한 현실적 필요성 때문에, 영어교육에 대해서 관심이 많은 부모님들이나 일반인들을 염두에 두면서 쉽고 쏙쏙 이해될 수 있는 말랑말랑한 책이 필요하다는 생각에서 이 책을 집필하게 되었다.

사실 영어교육학(TESOL)의 방대한 내용을 책 한 권 분량으로 압축해 쓰는 것은 절대로 쉬운 일이 아니다. 또한 정확한 내용을 제시하기 위해서는 내용이 복잡해져서 일반 독자들이 이해하기 난해해질 수 있다. 따라서 이 책에서는 영어교육의 세부적인 내용인 이른바 언어의 4기능, 즉 듣기, 읽기, 말하기, 쓰기 및 어휘, 문법에 대해서는 따로 독립된 장을 구성하여 다루지는 않았다. 이러한 내용들은 다른 책에서 추후에 다룰 기회가 있을 것이라고 생각하기 때문이기도 하고, 또 영어교육의 각론을 이 책에서 다루는 것은 영어교육을 처음 접하는 수준에서는 아무래도 무리일 것 같다는 생각이 들었기 때문이었다. 내용을 쉽게 제시하기 위해서 때로는 필자가 의도치 않았지만 다소 부정확하게 설명된 부분도 있을지 모르겠다.

이 책이 발간되기까지 주위의 많은 분들께 마음의 빚을 많이 졌다. 먼저 같은 과에서 '영어교육의 이해' 과목을 협동 강좌로 몇 년간 개설하여 온 중앙대학교 영어교육과 교수님들께 감사드리고 싶다. 이런 포용성 있고 사려 깊은 분들과 같은 과에서 재미있게 일을 하고 있는 것은 커다란 행운임에 틀림없다. 모쪼록 이 책이 영어교육에 대한 편안한 입문서로서 많은 사람들에게 친근한 길잡이 역할을 할 수 있다면 더 바랄 바가 없을 것 같다.

2016년 정월에

저자 씀

영어가 우리 생활에 미치는 영향은 굳이 말하지 않아도 잘 압니다. 학생들은 영어 성적 때문에, 직장인들은 토익 등의 공인 영어 성적 때문에, 학부모들은 아이 사교육 때문에, 노인분들도 자녀분들께 폐 끼치기 싫어서 영어를 배우느라 스트레스가 참 많습니다. 요즘에는 유치원생들도 꼭 영어 유치원이 아니더라도 일반 유치원에서 일주일에 한두 번 정도는 영어 놀이를 하는 게 보통이니 정말 한국에 살면서도 영어의 영향을 안받는 사람이 거의 없네요. 주위에 영어로 된 간판이나 상표명은 왜 이리 많은지 정말 영어 실력 없는 사람에게는 당혹스러운 나라입니다. TV를 틀어도 온통 영어 가사로 된 노래를 부르고 아예 가수들 이름도 요새는 영어식으로 지어 부릅니다. 이런 사회 변화를 우리가 긍정적으로 생각하든 부정적으로 생각하든 간에 사회가 이렇게 변하고 있다는 것을 일단 인정한다면, 영어는 어떻게 배우는 것이 좋고, 영어를 배우고 가르칠때에는 어떤 점들이 중요한지에 대해서 차분하게 이야기해 보는 것이 필요할 것 같습니다.

세상의 모든 지식은 나에게서 출발합니다. 나는 어떤 사람인지를 아는 것, 내 자신, 내 가족, 내가 사는 사회를 둘러싼 것들에는 무엇이 있고 이 것을 우리가 어떻게 인식해야 하는지를 똑똑하게 잘 파악하고 있다면 올바르지 못한 정보나 입소문에 흔들리지 않고 꿋꿋하게 자신의 소신을 지키면서 잘 살아갈 수 있을 겁니다. 흔히들 우리나라 사람들의 특징을 말할 때에 냄비 근성이 있다고들 합니다. 양은 냄비같이 확 뜨거워졌다가 확 식는 그런 국민성을 우리 스스로 자조적으로 말하는 거지요. 하지만 2000년대의 역동적인 '다이나믹 코리아(Dynamic Korea)'를 만들어낸 바로 그 강력한 힘이 냄비 근성이기도 하지요. 뜨거울 때는 한없이 확 뜨겁게 나라를 달구니까요. 그런데 이 냄비 근성은 아이를 가진 엄마, 아빠에게도 곧잘 발견됩니다. 주변에서 누군가가 '영어를 배우는데 이게 좋다더라' 아님 '저 학원이 좋다더라', '어학연수가 좋다더라' 하면 기를 써서라도 그것을 해야만 직성들이 풀리지요. 또 아파트 옆집 아이가 영어 학원 어디를 갔더니 성적이 올랐다고 하면 거기 당장 뛰어가 등록해야 하고, 아이 친구가 영어 전문 강사 과외를 받았다고 하면 우리 아이도 받아야 됩니다. 남한테 지고는 못 사는 이런 비교의식은 우리나라 사람들이 영어를 배우거나 가르치는 데에도 유감없이 작용합니다. 영어를 배우는데 어떤 방법이 좋은지, 그것이 왜 좋은지, 과연 어떤 효과가 있을지 등에 대해서는 깊이 생각하여 필요한 정보를 찾아보지 않고, 일단 '하고 보자', '옆집 엄마도 시키니까 우리 아이도 해야지!' 하는 그 생각에 아이는 학원, 과외, 조기 어학연수, 영어 마을 등을 뺑뺑이 돌고 있습니다.

이 책은 우리나라 사람들이 궁금해 하는 영어교육 이론과 학습법을 여러 가지 이야기와 실제적인 자료, 사진 등을 통해 알기 쉽게 제시하고 있습니다. 사실 그동안 영어교육의 전문적 지식은 일부 전문가 집단인 대학교수, 대학원 석·박사 학생, 일부 영어 선생님 등 한정된 사람들만이 공유하고 있었고, 이것을 일반 대중이 알기 쉬운 수준으로 풀어서 친절하게 설명하는 책은 없었습니다. 서점에 가 보면 주로 양극단의 책들만 있지요. 하나는 영어교육에 관한 자신의 학습 경험이나 가르친 경험을 위주로 얼기설기 엮은 책들이 있고, 또 하나는 교육학 서가 쪽에 먼지를 뒤집어쓰고 있는 '영어교육학 개론', '영어교육 총론' 등 진지하다 못해 딱딱하고 엄숙한 책들입니다. 영어교육을 평생의 업으로 삼는 분이 마치 옆에서 친구에게 '영어교육은 이런 거야' 하면서 조근조근 잘 알려주는 그런 편안하면서도 머릿속에 쏙쏙 들어오는 그런 영양가 있는 책은 정말 찾기 힘듭니다.

저는 대학에서 영어교육을 전공하는 학부 학생들과 대학원 학생들을 가르치는 교수입니다. 이제 막 들어온, 여드름 자국이 채 가시지도 않은 학생들을 보면서 어떻게 하면 이 아이들한테 영어교육학 전문 지식을 정말 알기 쉽게 잘 가르쳐 줄 수 있을까를 늘 고민합니다. 이 책에 담은 내용들은 영어교육에서 정말 중요하고 이건 꼭 많은 분들과 함께 나누고 싶다고 생각한 것들만 추리고 또 추려서 구성한 것입니다.

책은 전체가 세 부분으로 짜여 있습니다. 첫째 부분에서는 영어교육의 기본 용어에 대한 딱 부러진 설명과 모국어를 어떻게 배우고 다른 나라 언어는 또 어떻게 배우는지를 차분하게 설명했습니다. 둘째 부분에서는 영어를 가르치는 방법은 어떤 것이 있는지에 대해서 옛날부터 지금까지를 쭉 망라해서 이야기로 풀어 보았습니다. 셋째는 우리나라에서 영어를 배울 때에는 무엇이 중요하고, 앞으로는 어떻게 영어교육이 흘러갈 것인지에 대한 이야기를 해 보았습니다.

이 책은 영어교육에 관심 있는 어느 분이 읽으셔도 재미있게 읽을 수 있도록 구성하였습니다. 책의 내용 중 흥미를 끄는 부분만 먼저 읽으셔도 좋고, 첫 부분에 제시된 기본 용어부터 쭉 끝까지 읽어 내려가셔도 별 상관없습니다. 그저 시간 날 때 짬짬이 곁에 두고 읽어 보세요. 이 책에는 상당히 많은 영어교육학의 전문지식이 들어 있습니다. 하지만 제가 들려드리는 이야기들을 따라 읽어가다 보면 중요한 개념이나 생각들은 여러분들의 머릿속에 이미 쏙 들어와 있을 겁니다. 저는 이 책을 쓰면서 재미있는 이야기와 예시를 많이 집어넣고 싶었습니다. 영어를 가르치고 배우는 건 결국 사람과 사람이 마음을 나누는 활동이고, 당연히 사람들 사이에 이야기가 있을 수밖에 없지요. 영어교육학자의 이야기를 비롯해서 흥미로운 관련 사건과 우리 주변의 사람들 이야기를 하다 보면 재미있는 한 편의 이야기책이 될 것이라고 생각했습니다. 지금 와 생각해 보면 영어교육에 대한 지식과 재미를 겸비한 이야기책을 만든다는 건 달려가는 두 마리 토끼를 잡는 것처럼 쉬운 일이 아니었습니다. 한 마리를 잡았다 싶으면 다른 한 마리는 저 멀리로 달아나고 있으니까요. 하지만, 제 나름대로는 정성을 다해 노력했습니다.

제가 조근조근 설명드리는 영어교육 이야기, 이제 시작해 보겠습니다. 자 이제 출발해 볼까요!

CONTENTS

Part

I

나도 이젠
영어교육 전문가!

제1장

영어교육,
언어 학습의 기본부터 이해하자!

1. 기본 용어

영어교육의 중요한 내용에 대해 이야기하기에 앞서 먼저 영어교육 분야에서 사용되는 여러 가지 기초적인 용어들을 약어들과 함께 살펴보고자 한다. 이러한 기초적인 용어들은 영어교육 전공자들에게 이미 친숙한 용어들이다.

·SLA(Second Language Acquisition, 제2언어 습득): 제2언어라고 하는 것은, 우리 영어교육 분야에서는 일반적으로 외국어, 제2언어, 이런 것들을 구분하지 않고 모두 아울러서 제2언어라고 이야기한다. 즉, 우리의 모

국어인 한국어가 아닌 다른 언어를 공부하는 것에 대해서 제2언어 습득, SLA라고 이야기한다.

·L1(First language) & L2(Second language): L1(보통 '엘원'이라고 읽음)은 first language의 약자로, 우리의 모국어, 즉 우리들에게는 한국어가 될 것이고, 모국어가 아닌 다른 언어들을 모두 통칭해서 L2('엘투'라고 읽음)라고 한다. 여러분들 대부분 고등학교 때 영어 이외에 제2외국어를 배웠을 것이다. 제2외국어를 배운다고 했을 때 그런 언어들도 모두 L2에 해당된다. 필요에 따라서는 간혹 L3(세 번째 배우는 언어), L4(네 번째 배우는 언어)라는 표현도 하지만 보통은 모국어가 아닌 다른 언어들에 대해서는 L2로 규정짓고 있다.

·FL(Foreign language) & SL(Second language): 보통 한국에서 태어나고 자란 사람들이 한국에서 영어를 배우는 상황에서는 영어를 외국어로서 배우게 되며, 그런 경우는 FL, 즉 foreign language의 상황이 될 것이다. 반면에 미국이나 캐나다로 이민을 가거나 어학연수를 가서, 교실 밖으로 나갔을 때에 우리가 배우고자 하는 언어를 계속해서 들을 수 있는 환경에 있는 경우에는 second language를 배운다고 한다. 즉, SL에 해당되는 환경인 것이다. 그래서 FL과 SL의 환경이 서로 다르다고 볼 수가 있다. 물론 요즘에는 이러한 구분이 약간 모호해지는 부분들이 있다. 우리 한국 사회도 국제화되고 서울에서도 일부 지역에서는 영어를 많이 사용하는, 가령, 이태원에 간다고 했었을 때는 영어가 SL인지 FL인지 명확하게 구분 짓기 어려운 부분이 있기 때문이다. 하지만 여전히 대다수의 한국 사람들에게 영어를 배운다는 것은 중요한 외국어로 학습하는

것이므로 여전히 foreign language 상황이다.

·TEFL(Teaching English as a Foreign Language) & TESL(Teaching English as a Second Language) & TESOL(Teaching English to Speakers of Other Languages): 우리가 영어교육학이라고 했었을 때 과거에 1980년대에서 1990년대 초반까지만 해도 TEFL(테플) 혹은 TESL(테슬)이라는 용어를 주로 사용했다. TEFL이라고 하는 것은 Teaching English as a Foreign Language의 약자이다. 즉, 외국어로서 영어를 가르치는 것에 대해서는 TEFL이라고 하였고, 제2언어로서 영어를 가르치는 것에 대해서는 TESL이라고 하였다. 그런데 TEFL, TESL 이렇게 구분지어 부르는 것이 번거로웠기 때문에 요즘은 TESOL(테솔, 미국식으로는 티솔)이라는 말로 통일되어 가는 추세이다. TESOL은 Teaching English to Speakers of Other Languages(다른 언어를 사용하는 사람들에게 영어를 가르치는 것)의 약자인데, TEFL과 TESL을 합쳐서 이야기하는 것으로 요즘에는 TEFL/TESL 등으로 구분해서 부르는 것보다 편리하기 때문에 사람들이 이 용어를 선호한다.

·NNS(Non-native speaker) & NS(Native speaker): NNS와 NS는 non-native speaker(넌네이티브 스피커; 비원어민)와 native speaker(네이티브 스피커; 원어민)의 약자이다. 영어와 관련해서는, 예를 들어서 미국에서 태어나고 정상적인 교육을 받은 교양인에 대해서 native speaker, 원어민 화자라고 한다. 그리고 non-native speaker는 그렇지 않은 사람들, 예를 들어, 한국 사람들을 non-native speaker라고 보통 이야기를 한다. 한국어 명칭인 '원어민'이라는 것이 어디에 그 근원

을 가지고 있는지는 알 수 없고, 위의 NNS, NS라는 개념들도 아주 명쾌하게 구분되지는 않는다. 요즘에는 영어가 국제 공용어로서 기능하고 있고 영어가 미국이나 영국뿐 아니라, 필리핀, 인도, 나이지리아, 홍콩 등에서도 공용어로 사용되고 있기 때문에 우리가 옛날부터 생각하던 원어민들의 이미지들, 즉 키가 훤칠하게 크고 백인이고 머리가 금발이고 표준영어를 구사하는(그 표준이라는 것의 정의도 명확하지 않다) 그런 사람들이 원어민이라는 생각은 이제 구시대적인 것이 되고 있다. 인종이나 국가별 구분에 따른 원어민과 비원어민의 구분이 점점 어렵다는 것을 이해할 필요가 있다. 단지 개념적으로 NNS와 NS의 구분이 존재하고 있다는 것을 알고 있으면 된다.

·NEST(Native English Speaking Teacher) & NNEST(Non-native English Speaking Teacher): 영어교육 분야에서는 NEST와 NNEST라는 약자들도 종종 사용된다. NEST는 Native English speaking teacher의 약자이다. 즉, 원어민 영어교사를 이야기하는 것이고, NNEST는 Non-native English speaking teacher, 비원어민 교사의 약자이다. 요즘에는 우리나라도 많이 국제화되어 원어민 선생님들이 중·고등학교 및 대학에 배치되고 있다. 이러한 원어민 교사가 NEST라면, 한국인 영어선생님은 NNEST에 해당이 된다고 볼 수 있겠다. 유념해야 하는 것은 원어민이라고 해서 그 언어를 잘 설명하고 가르칠 수 있는 좋은 교사가 아니라는 점이다. 이는 여러분들이 KOICA 국제봉사 단원으로 제3세계 국가에 파견 가자마자 한국어를 능숙하게 가르치기 힘든 것과 같은 이치이다.

·ESL(English as a Second Language) & EFL(English as a Foreign Language):
ESL이라고 하는 것은 제2언어로서의 영어(English as a Second Language)의 약자이고, EFL은 외국어로서의 영어(English as a Foreign Language)의 약자이다.

·CLT(Communicative Language Teaching): CLT라고 하는 것은 Communicative Language Teaching의 약자로, 의사소통 중심 언어교수법을 의미한다. 우리가 언어를 배우고 활용하는 주된 목적 자체가 사람들 사이에서 자신의 의사 표현을 하고 또 메시지를 전달하고 이해하는 것이기 때문에 요즘에는 언어교수법 자체도 CLT가 적절하다는 것

〈사진 1〉 의사소통 중심 언어교육[1]

에 많은 사람들이 동의한다. 이는 우리가 모국어인 한국어를 배워서 자신의 의사 표현을 하듯 외국어도 의사 표현을 자유롭게 하는 것이 가장 우선시되어야 한다는 생각을 반영한다. 그래서 적어도 초등학교 영어라든가, 중학교 영어, 또 고등학교 영어도 이 CLT 방침에 따라 교재 및 교과서가 편찬되어 있다. 따라서 교과서의 Listening, Speaking, Group work, Discussion 부분에서 학생들이 서로 대화를 하고, 듣기 활동을 하고 말하기 활동을 하게끔 구성되어 있다.

사실 외국어를 배우는 것의 중심이 '의사소통'이라는 것은 19세기 말

부터 싹튼 생각이다. 그전에는 외국어를 배울 수 있는 위치에 있었던 사람들이 한국에서는 중인 계층 이상, 서양에서는 귀족, 중산층 및 성직자 등에 국한되어 있었기 때문에, 근대화 이전에 외국어를 배우는 것은 교양의 함양, 더 유식하고 덕망이 있는 사람이 되기 위한 하나의 정신 수양 과정으로 여겨졌다.

Howatt(호워트)의 서양 외국어교육사를 살펴보면 근대 이전까지 외국어는 라틴어 및 고대 그리스어가 많이 가르쳐졌고, 이 언어들은 이미 실생활에서 사용되지 않는 언어, 즉 사어(死語)였다고 한다. 이 고대 언어들은 각 단어 말미의 격 변화가 심하게 생기는 언어여서 서양에서 이러한 까다로운 언어를 배운다는 것은 정신적 근력을 키우는 체조(mental gymnastics)라고까지 여겨졌다고 한다.

우리나라에서는 개화기 이전까지 초급 학교 기능을 수행했던 서당에서 한자교육을 시켰고, 사서삼경이라고 불리는 각종 유교 경전을 반복해서 암송하고 쓰게 해서 문해력(literacy)을 늘리는 데 중점을 두었다. 사실 중국인을 만날 일도 없고, 외국인들과 의사소통을 꿈꾼다는 것은 쇄국정책을 쓰던 조선에서는 생각할 수 없는 일이었을 것이다. 하지만 1882년 조선이 서양과의 교역을 시작하면서 1883년 독일 상인 뮐렌도르프에 의해 최초의 어학 학교였던 동문학(同文學)이 설

〈사진 2〉 육영공원에서 수업 받는 상투튼 학생들

립되고, 1886년에는 고종황제의 칙령에 의해 최초의 관립 고등교육기관인 육영공원(育英公院)이 설립되었다. 연이어 한성외국어학교, 서양 선교사에 의한 각종 어학당 및 고등 교육기관의 설치 등으로 부쩍 의사소통 중심의 언어교육이 조선, 즉 한국 땅에서도 뿌리를 내리게 되었다. 우리나라의 영어교육 역사에 대해서는 뒤에서 다시 이야기하도록 하자. 〈사진 2〉는 당시 육영공원 재학생들의 사진으로 추정되는 자료이다. 원어민 선생님(Homer Hulbert)에게 수업받는 상투를 튼 학생들 모습이 흥미롭다.

·GTM(Grammar Translation Method): GTM은 Grammar Translation Method의 약자이며, 문법-번역식 교수방법이라고 한다. 이것은 우리나라에서 일반계 고등학교의 영어수업을 들어본 세대에서는 이미 아주 익숙한 방법이다. 예를 들어, 대학 입학시험을 준비한다고 했었을 때, 어려

〈사진 3〉 일제강점기의 문법수업(순천고등학교 제공)   〈사진 4〉 일제강점기의 문법-번역식 영어교육 (서울역사편찬원 제공)

영어교육을 알면 영어가 보인다

운 영어 장문 독해를 하고 문법 요소에 대해서 선생님이 설명을 해 주고, 단어도 외운다. 이렇듯 독해와 문법 설명 위주로 문장의 뜻이 무엇인지 번역을 하는 스타일, 전형적인 교사 중심의 전통적인 교육방법을 GTM 이라고 한다. 혹시 잘 모르겠다면 여러분의 부모님들께 학창시절 영어수 업이 어땠는지 여쭈어 보자. 아마 틀림없이 GTM 방식이었을 것이다.

우리나라에서의 GTM 방식은 일제강점기의 악영향으로 인해 때로는 육체적 고통이 수반되는 체벌이 동원되기도 하였다. 예를 들어, 영어교 사들이 문맥도 없이 무조건 영어단어를 공책에 100번씩 반복해서 적으 면서 외우게 시키고, 이런 공책을 일주일에 한 권씩 영어 선생님께 제출 하게 하고 그것을 제출하지 않는 학생들은 회초리로 엉덩이를 얻어맞는 다던지 하는 전근대적인 방식도 사용되기도 하였다. 지금은 이런 스타일 의 교육 방법은 많이 사라졌지만, 여전히 수능 시험 준비를 위해서는 영 어 선생님이 해석을 해 주시고, 문법 요소 및 단어를 한글로 풀어 주시 는 등의 스타일은 GTM 방식에 그 뿌리를 두고 있다. 영어 교수법에 대 해서는 뒤에서 훨씬 자세하게 다루도록 하겠다.

·CA(Contrastive Analysis) & EA(Error Analysis): CA는 대조분석(Contrast Analysis)의 약자이고, EA는 오류분석(Error Analysis)이다. 이 방법 들에 대해서도 뒤에서 상세하게 설명하도록 하겠다.

·TETE(Teaching English through English) 혹은 TEE(Teaching English in English): 요즘에는 영어수업 시간에 학생들은 영어로 발표를 하고, 선생 님은 영어로 가르쳐야 한다고들 이야기한다. 이게 우리나라 교육부 방침 이기도 하다. 이것을 TETE 방식이라고 부른다. Teaching English

Through English의 방법으로, 영어를 통한 영어 교수법이다. 이 방식은 TEE(Teaching English in English)라고 하기도 한다. 예전에는 이런 방법들이 원칙적으로 도입이 안 되었기 때문에 영어수업에서 선생님도 한국어로 영어에 대해서 수업을 하고 또 학생들도 한국어로 발표하고 이야기를 해서 영어를 공부했었다. 그렇게 하다 보니 영어수업이 재미도 없고 영어를 10년 이상 배워도 학생들이 영어를 제대로 사용할 수 없다는 비판들이 많았다. TEE 혹은 TETE 방식은 외국에서의 ESL 수업과 유사하다. 요즘에 임용되는 젊은 영어 선생님들은 모두 영어로 수업을 진행하는 것에 전혀 문제가 없는 우수한 분들이다.

〈사진 5〉 TEE 교실 환경[2]

·UG(Universal Grammar): UG는 Universal Grammar의 약자로, 보편문법이라 한다. 현재 살아 있는 가장 유명한 언어학자로 우리는

Noam Chomsky (노엄 촘스키)를 꼽는다. Chomsky는 1950년대 말부터 지금까지도 상당히 왕성한 활동을 하고 있는 언어학자 겸 사회행동가(social activist) 혹은 사회 개혁가라고 볼 수 있는 사람이다.

1990년대 이후에 Chomsky는 미국의 세계주의 패권에 대해서 비판적인 의견을 꾸준히 제기하고 있다. 예전에 미국이 대량살상무기를 찾으러 이라크를 침공해 후세인 정권을 전복시킨 일도 Chomsky는 미국의 패권을 관철시키기 위한 제국주의적 세력 확장이라고 비판적 의견을 계속 펼치고 있다. 아무튼 사회 활동가로서의 Chomsky는 애초에 언어학자로서 명성을 떨쳤다. Chomsky가 초기부터 주장했었던 이론 중에서 가장 유명한 것이 보편문법으로, 인간으로서 태어난 이상 사람들은 누구나 언어를 배울 수 있는 특별한 정신적인 매커니즘을 가지고 있다고 한다. 모든 사람들은 언어 습득 장치(Language Acquisition Device; LAD)를 가지고 있어서 정상적인 지능을 가지고 보통의 가정환경에서 양육된다면 누구나 모국어를 유창하게 구사할 수 있는 능력을 타고난다고 한다. 이 부분에 있어서는 바로 뒤에서 체계적으로 이야기해 보겠다.

·접근법, 교수법, 교수 기법(approach, method, technique): 영어교육 방법은 접근법(approach), 교수법(method), 교수 기법(technique) 등 세 가지로 구분된다. 최초로 이렇게 구분한 학자는 Anthony인데, 벌써 1963년에 이야기한 것이니 다소 진부해지기는 했지만 아직도 많은 사람들이 이야기하고 있으므로 잠시 살펴보자. 접근법은 이론적 측면에 해

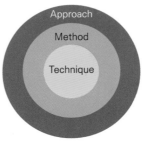

〈그림 1〉 접근법, 교수법, 교수 기법의 관계

당하는 것이다. 즉, 접근법은 언어교수, 학습의 이론적 바탕을 제공하는 언어와 교육에 대한 철학이나 원리 혹은 이론이다. 교수법은 접근법에서 파생된 것으로 이론의 실행 단계에서 가르칠 언어기능과 내용의 선택, 언어자료를 제시하는 순서 등의 절차적이고 체계적인 활동 전반에 대한 계획 활동이다. 교수 기법은 교실 안에서 실제로 일어나고 행해지는 활동으로 접근법, 교수법과 일관되어야 한다. 개념상으로 접근법이 가장 큰 범주일 것이고, 교수법은 그 다음, 교수 기법이 가장 구체적인 하위 범주에 해당된다. 이렇듯 개념적으로 구분할 수 있으나, 실상은 위의 세 범주는 종종 혼용되어서 큰 구분 없이 사용된다. 다만 교수 기법은 접근법이나 교수법에 비해 상당히 구체적인 활동을 의미한다고 볼 수 있다. 예를 들어 의사소통 중심 수업에서 짝 활동(pair work)을 한다거나, 아동들에게 받아쓰기(dictation)를 하게 하는 등의 활동 등이 교수 기법에 해당된다.

2. 우리는 적어도 유창한 한국어 네이티브랍니다! 언어학자 노엄 촘스키

〈사진 6〉 Noam Chomsky

1928년 필라델피아 근교에서 태어난 Noam Chomsky(노엄 촘스키)는 펜실베니아 대학교에서 언어학과 철학을 공부했다. 구조주의 언어학자였던 Zellig S. Harris(젤리그 해리스)가 그의 지도 교수였다. 같은 대학에서 구조 언어학으로 1951년 석사, 1955년 박사 학위를 받은 직후

MIT 대학의 현대언어학과에서 활발하게 활동해 왔다. 사실 Chomsky 는 (유태계) 미국인이면서도 미국의 대외 정책에 대해서 시종일관 날선 비판의 목소리를 내 와서 암살의 위협을 느낀 적도 있다고 한다. 그는 예술 및 인문학 인용 색인(A&HCI)에 등록된 세계적인 학자 중 여덟 번째로 자주 인용되는 분으로 기록되었는데 그의 유명세를 엿볼 수 있는 대목이다.

Chomsky는 1965년도에 언어학 이론은 주로 이상적인 화자-청자 (ideal speaker-listener)에 대해 연구해야 한다고 말했다. 그 이상적인 청자와 화자라는 것은 완전하게 동질하고 균등한 언어 공동체 안에서 살고 있으면서, 언어를 완전하게 알고 있고, 실수를 유발하는 여러 조건(예를 들어 몸이 엄청 피곤하다거나, 주변에 주의 집중을 흐트러뜨리는 요소가 있다거나 등등)에 의해 전혀 영향을 받지 않는 사람들을 의미한다. 그는 이런 이상적인 청자와 화자를 연구하는 것이 언어학의 초점이 되어야 한다고 했다.

Chomsky는 언어수행(performance)에 의해 영향을 받지 않는 언어능력(competence)으로만 똘똘 뭉쳐 있는 그런 사람들을 연구하는 것이 언어학의 초점이 되어야 한다고 이야기하고 있다. 왜냐하면, 언어수행은 말실수를 하거나 화제를 잘못 이야기하거나 상대방을 화나게 하는 엉뚱한 소리를 한다거나 하는 등 여러 가지 이유들로 인해 사실 연구하기 까다롭고 어렵기 때문이다. 그래서 Chomsky는 오류가 전혀 없을 인간의 추상적인 언어능력 자체만을 살펴보기 위해, 이분법적으로 사람들의 언어를 competence와 performance로 나눈 것이다. 한편으로는 이해가 되지만, 이런 연구 자체가 추상적이고 실제로 존재하지 않는 이상적인 상황의 사람들을 연구해야 되기 때문에 무척 어렵다.

1) 사람의 머릿속에는 언어 습득 장치(LAD)가 있다? 없다?

Chomsky는 인간이 정상적인 지능을 가지고 평범하게 자라난다고 하면 머릿속에는 언어 습득 장치, 즉 Language Acquisition Device(LAD)를 가지고 있다고 가정한다. Chomsky 선생은 왜 그런 것이 있다고 생각했을까? 아주 어린 아이들은 다양한 언어 표현을 들었을 가능성이 별로 없다. 워낙 어리니까 어른들이 나이 먹어서 듣게 되는 다양한 표현에 비해서 부족한 언어 표현에만 노출되어 있을 뿐이다. 그렇지만 이제 막 말을 배워서 조잘조잘거리는 아기들 말을 가만히 들어보면 깜짝 놀랄 만큼이나 신기하고 창조적인 말을 한다. 그저 주변에서 주워들은 것을 말한다고 보기에는 너무도 신기하고 창의적인 말을 하기 때문에 우리는 아이들의 머릿속에는 언어를 배우고 언어를 말하기 위한 특별한 장소가 있다고 가정하게 된다. 사람인 이상 천부적으로 이런 능력을 가지고 태어난다고 하는 것이 LAD, 언어 습득 장치 가설의 핵심적인 내용이다.

LAD 가설은 생활 주변에서 많은 수의 단어라든가 데이터들을 듣거나 보게 될 때, 그런 것들이 우리 머릿속에 있는 언어 습득 장치를 통해 처리가 되어 우리가 새로운 말을 만들어 낼 수 있다고 주장한다. Chomsky는 우리 머릿속에 LAD가 있고 이것 때문에 문법적인 능력이 생긴다고 생각했다. 즉, LAD를 통해 문법적 능력(grammatical competence)

이 생성된다고 여긴 것이다. Chomsky가 주장하는 LAD는 의학계에서 보고되고 있는 희귀한 사례 등을 통해서도 생각해 볼 수 있는데, 즉 언어를 배우고 말하는 것은 인간의 두뇌에서 특정한 부분이 담당하고 있다는 것이다. 종종 특이한 사례로 5, 6개 다른 언어를 능숙하게 구사할 수 있지만 다른 인지 능력(즉, 상황 판단력, 수리계산력 등)은 형편없이 떨어지는 사람을 찾아볼 수 있다. 이러한 사례는 사람의 두뇌에 언어를 처리하는 부분이 특화되어 있고, 그 부분의 기능은 뇌의 다른 부분에 의해 대체되지 못한다는 생각을 입증하고 있다고 볼 수 있다.

2) 유행어는 어떻게 만들어질까?: LAD 가설을 입증하는 증거

LAD, 언어 습득 장치 가설을 입증하는 증거들을 다음과 같이 좀 더 생각해 볼 수 있다. 사람은 누구든지 생득적(生得的)으로, 즉 태어날 때부터 적어도 한 개 이상의 언어를 배울 수 있는 능력을 갖고 있다고 한다.

2014년 신어 목록

신어	뜻
광삭	빛의 속도와 같이 매우 빠르게 삭제함
버카충	버스카드 충전
금사빠	금방 사랑에 빠지는 사람
노관심	관심이 없음
맛저	맛있는 저녁
부먹파	탕수육을 먹을 때 튀긴 고기 위에 소스를 부어 먹는 사람의 무리
심멋	심장이 멎을 만큼 멋지거나 아름다움
여사친	여자 사람 친구
핵꿀잼	매우 많이 재미있음

(출처: 국립국어원 2014년 신어 조사 결과 발표 보도자료, 2015년 3월 25일)

이러한 인간의 특성을 영어로는 innateness(생득성)라고 부른다.

우리 아이들이 언어로 받게 되는 입력(input)들, 즉 귀로 듣게 되는 내용들은 사실은 아주 불완전하다. 우리가 대체로 100% 문법적으로 맞는 이야기를 잘 안 하기 때문이다. 한국어에서는 보통 주어가 생략되기도 하고, 단어를 축약해서 쓰기도 하고, 유행어가 생기기도 하고, 그런 유행어들은 좀 있다 사라지기도 한다. 아주 다양하고 때로는 다른 사람들이 들었을 때에는 말도 안 되고 불완전한 말을 우리는 일상생활에서 사용하고 있다. 예를 들어, 요즘 카톡이나 SNS상에서 자주 쓰이는 축약된 말 중에 커피숍 '스타벅스'의 약자를 '스벅'이라고 하기도 한다. 이와 같이 여러 가지 유행어들이 계속해서 생긴다. 이런 것들은 언어능력 자체로 봤을 때는 불완전하고, 이런 불완전한 언어 입력들은 생활 주변에 너무나 많이 있다. 불완전하고 때로는 일관성이 없는 언어자료(poor and inconsistent linguistic data)들이 우리 일상생활에서 홍수처럼 넘쳐난다는 것이다.

또 우리는 생활하면서 너무나 많은 말실수(mistake)들을 한다. 완벽하지 않은 말과 말실수가 넘쳐나는데도 우리는 상대방의 말을 잘 이해하고 특정 언어 표현이 무슨 의미를 지니고 있는지 대부분의 경우에 올바르게 미루어 짐작할 수 있다. 아기들의 경우에도 마찬가지이다. 완벽하지 않은 언어 환경 속에 노출되어 있음에도, 이 아기들은 무슨 영문인지 시간이 지나면서 기적적으로 올바른 발화를 하고, 정상적인 한국어로 이야기하면서 자라게 된다.

〈그림 2〉 플라톤의 이원론

한 예로 엄마와 아빠가 귀가 들리지 않고 말을 할 수 없는 상황이어도 아이는 정상적으로 말을 할 수 있는 경우를 볼 수 있다. 만일 아이가 단지 주변에서 듣는 것만을 수동적으로 모방한 결과가 언어 습득이라면 이 경우의 어린이는 부모님이 말을 할 수도 들을 수도 없기 때문에, 한국어를 잘할 수 없어야 한다. 그러나 이런 극단적인 경우라고 하더라도 아이가 성공적으로 한국어를 배우는 것을 우리는 종종 목격하게 된다. 왜 이런 일이 가능할까? 왜냐하면 사람들 머릿속에는 언어를 배울 수 있는 특별한 장치가 있기 때문에 불완전한 환경 속에서도 아이들은 똑바로 언어를 배울 수 있다는 것이다. 이런 것을 LAD, 언어 습득 기제(mechanism)가 작용하고 있다고 한다. 그리고 이것이 사람으로 태어난 이상 날 때부터 생득적으로 주어져 있는 능력이라고 Chomsky는 생각하고 있다.

Chomsky가 생각하는 언어 습득 장치(LAD)는 사실 그만의 독특한 생각이라고 보기 어렵다. 아마도 여러분들은 고등학교 때에 그리스의 플라톤이라는 철학자가 동굴의 비유라는 유명한 말을 했다는 것을 배운 사람도 있을 것이다. 플라톤의 생각에 따르면 세계는 우리가 지금 살고 있는 이 세계와 꿈과 희망의 이상세계(이데아세계 혹은 플라토닉세계)로 구분할 수 있고, 어떤 사물이나 생각이 옳고 그른지에 대한 것을 구분할 수 있는 것은 우리의 기억 저편에 모든 것이 완벽한 이상세계, 즉 이데아(idea)의 세계에 대한 기억을 가지고 있기 때문이라고 한다. 오류나 실수투성이인 일상생활에서의 언어자료에 둘러싸여 있음에도 불구하고 우리가 언어를 올바르게 할 수 있다는 것 역시 우리의 마음 한 구석에 이상적인 언어 상황을 가정할 수 있는 이데아세계가 있기 때문이다.

이를 Chomsky는 현대적인 버전으로 언어 습득 장치(LAD)라고 부르고 있는 것이다. Chomsky의 생각들은 앞서 설명했던 언어 발화와 언어능력의 이분법처럼 그리스 철학자 플라톤의 이원론을 계승해 흥미로운 유사점을 많이 발견할 수 있다.

3) 아기는 모국어를 어떻게 배워나가는 걸까?

Chomsky가 언어 습득 장치를 주장하고 있을 때에 아동의 언어 습득을 연구하는 모국어 습득 학자들은 아기들이 각자의 모국어를 배우는 것에도 특정한 순서에 따라 배우게 된다는 것을 체계적으로 입증하게 된다. 물론 유사 이래 많은 사람들이 아기가 처음 언어를 배울 때 옹알옹알 이상한 소리를 내는 옹알이로 시작해서 점차 어른들의 말에 근접해 간다는 것을 알고 있었다.

특이하게도, 아기들은 모국어를 배울 때, 아기에 따라 좀 더 빠르고 늦은 차이가 있기는 하지만, 누구든지 정해진 단계(stage)에 따라 언어를 배운다. 이러한 단계 혹은 순서를 건너뛴다거나 거꾸로 가는 사람은 없

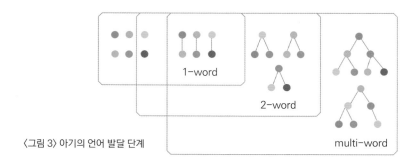

〈그림 3〉 아기의 언어 발달 단계

다. 전설에 따르면 석가모니는 태어나자마자 천상천하유아독존(天上天下唯我獨尊), 즉 이 세상에 나 혼자만이 존재한다는 식의 존재론적 말을 하였다고 알려졌지만, 정상적인 인간의 언어 발달 단계를 고려한다면 이것은 전설에만 국한될 가능성이 높다. 어찌되었던 사람들은 누구든지 단계에 따라서, 처음에는 옹알이부터 시작해서 점점 복잡한 언어로 이야기를 한다.

이런 것들도 마치 컴퓨터 소프트웨어가 내장되어 있듯이, 사람들은 머릿속에 '자, 넌 옹알이부터 시작해야지. 3~6개월 사이에는 옹알이부터 해야 돼. 그 다음에 6~9개월 사이에는 계속해서 쫑알쫑알 대고, 말도 안 되는 소리해야지. 9~12개월 정도에는 네 주변에서 듣는 말을 모방해서 이야기해야지. 다음에 한 살에서 한 살 반 사이에는 한 단어 한번 이야기해봐. 그 다음에 두 살 정도에는 두 단어를 네 나름대로 조합해서 이야기해봐야지' 하는 식으로 작동한다. 이것은 마치 우리가 컴퓨터를 처음 사서 전원을 켜면 Windows 운영체계가 설치되고 관련 프로그램이 연달아 자동으로 설치되듯이, 사람들은 누구든지 정해져 있는 순서에 따라 언어를 습득하는 양상이 관찰된다. 위에서 이야기하는 유아의 모국어 습득 순서는 개별 언어의 차이, 즉 한국어냐, 영어냐, 일본어냐에 따른 약간의 차이가 있을 뿐 순서 자체는 그대로 유지된다는 면에서 인간에게 고유하게 작용하는 현상이고 이런 것들도 언어 습득 장치(LAD)가 아니면 설명하기 어렵다고 Chomsky는 주장하고 있다.

3. 사춘기 이후에도 언어를 잘 배울 수 있을까?: 결정적 시기 가설

우리가 외국어를 배운다고 할 때, 보통 경험적으로 어렸을 때 배우는 것이 좋다고들 생각한다. 그런 생각 때문에 우리나라에서는 공교육에서 초등학교 3학년부터 초등영어교육을 실시하고 있다. 우리나라의 초등영어교육은 1997년부터 시작되었다. 그 이전에는 중학교 1학년부터 영어교육을 시작했다. 1993년부터 집권한 김영삼 정부는 세계화를 국가시책으로 강조하며 세계화를 잘하기 위해서는 초등학생부터 영어교육이 필요하다는 정책을 수립하게 된다.

이런 정책적 강조에 힘입어 1997년에 전격적으로 초등학교 3학년생부터 영어교육을 시작하게 된 것이다. 물론 다소 급작스럽게 시작되었기 때문에 초기 몇 년간은 초등영어 교사가 부족한 경우도 있었고, 중등학교 영어교원자격증 소지자 중 희망자를 받아 적절한 교육을 시킨 후 초등영어교사로 발령을 낸 적도 있다. 초등영어교육 도입 후 몇 년간은 혼선이 있었던 것도 사실이다. 하지만 이미 20년에 근접하는 역사를 거치면서 동아시아 EFL 국가 중 가장 먼저 초등학교에서 조기 영어교육을 실시했다는 점에서 우리나라에 대해 옆 나라인 중국이나 일본에서 많은 관심을 보이고 있다.

〈사진 7〉 Eric Lenneberg

우리나라에서 세계화 정책에 발맞추어 초등영어교육을 도입한 이유는 결국 어린 나이에 영어를 배우는 것이 더 잘 배울 수 있는 지름길이라는 의견이 많았기 때문이다. 이 의견에 이론적 근거를 제시해 주는 것이 결정적 시기 가설(Critical Period Hypothesis) 이고 영어 약자로 CPH라고도 한다.

Eric Lenneberg(에릭 레너버그)라는 신경심리학자가 이 가설을 처음으로 주장하였는데, 이분 의견의 핵심은 학생들은 사춘기를 전후로 해서 좌뇌와 우뇌의 기능이 나누어지고, 언어를 처리하는 기관은 주로 좌뇌 전두엽에 해당된다는 것이다. 또한 사춘기 전에는 언어를 처리하는 뇌의 부분이 정해져 있는 것이 아니라 동시 다발적으로 여러 곳에서 작용하기 때문에, 더 신속하고 쉽게 언어를 배울 수 있다고 한다. 반면 사춘기 후에 언어를 처리할 때는 좌뇌 전두엽의 협소한 부분만이 작용하기 때문에 더 많은 노력이 필요하고 배우기가 까다로워진다는 것이다. 따라서 언어를 배우는 면에만 국한시켜 생각해 보면 사춘기 전에 외국어를 배우는 것이 더 빠르고 쉽게 배울 수 있기 때문에, 이 사춘기를 결정적 시기(critical period)라고 부르는 것이다. 요즘에는 결정적 시기라는 말이 너무 단정적으로 그 시기를 지나면 언어를 배울 수 없다는 부정적 어감이 있다고 많은 사람들이 생각해서 사춘기 전까지의 기간을 민감한 시기(sensitive period)라는 말로 부르기도 한다.

1) 지니, 그리고 버드 보이의 슬픈 과거

결정적 시기 가설은 결국 사춘기를 지나 언어를 배울 때에는 많은 노력이 필요하고 원어민 수준의 유창성을 가지기 어렵다는 것이 그 핵심이다. 이를 증명하려면 아마도 사춘기 이후에 모국어를 처음 배우는 사례

〈그림 4〉 Genie

를 통해 언어를 잘 배우는지 혹은 그렇지 않은지를 관찰하여 알 수 있을 것이다. 다시 말해서 사춘기 이후에 생전 처음으로 언어를 배우는 사례가 실제로 있다면, 이를 조사해 봄으로써 결정적 시기가 실제로 있는지를 알아볼 수 있을 것이다. 만일 모국어조차 배우기 아주 어렵고, 같은 원어민 수준으로 유창하게 못한다면 결정적 시기가 정말 옳다는 증거로 활용될 수 있을 것이다. 하지만 실제 우리 주변에서 이런 사례는 정말 희귀할 수밖에 없다. 어느 정상적인 부모가 아이가 태어난 다음에 사춘기가 지날 때까지 모국어를 안 가르치고 방치할까? 그러나 정말 희귀하게 이런 비극적인 사건이 발생하고는 한다.

　우리가 어릴 때 읽는 동화책 중 『정글 북(Jungle Book)』이 있다. 이 동화의 주인공은 모글리(Mawgli)이다. 이 아이는 어릴 때 부모로부터 버림받아 밀림 속에서 늑대에게 양육되는데, 이와 비슷한 사례가 실제로 존재한다. 가장 유명한 사례는 1970년도에 미국에서 발견된 Genie(지니)의 사례이다. 이미 지금은 많이 늙었겠지만 이 아이는 1957년에 태어났다. Genie의 아버지는 이 아이가 정신지체아라고 생각해서 정상적인 육아가 불가능하다고 믿었다. 결국 이 갓난아기를 집 헛간의 유아용 변기 의자에 묶어 놓고 방치했다. Genie에게는 부모나 다른 사람과의 접촉이 극도로 제한되었고, 하루에 필요한 극소량의 식사만 제공된 채 14년 동안이나 방치되었다. 나중에 밝혀진 바에 의하면 아버지는 정신적으로 문제가 있는 사람이었고 어머니는 폭력적인 아버지를 두려워해서 아버지의 뜻에 따를 수밖에 없었다. 그러던 중에 이 아버지의 행동이 이상하다고 여긴 이웃 주민들이 이 집을 경찰에 신고하게 되었다. 경찰들은 집을 수색하였고 우연히 이 아이를 발견했다. Genie의 아버지는 아이가 경찰에 발견되자 처벌이 두려웠던지 자살해 버린다. 이렇게 Genie가 세상에 발견된 것이 1970년도였다. 이 사례가 왜 희귀한가 하면 부모가 Genie에게 전혀 말을 건 적이 없었기에 이 아이가 발견되었을 때 할 수 있는 말이 거의 없는 언어적 백지상태였기 때문이었다. 그 이후에 미국의 많은 언어학자, 심리학자, 인류학자들이 이 아이를 정상적으로 교육시키고자 굉장히 많은 시간 동안 체계적인 교육을 시켰다.

　결론부터 이야기하자면, Genie는 이렇게 많은 교육을 받고 말을 할 수 있도록 최고의 언어학자들에게 치료를 받았음에도 불구하고 정상적인 미국 성인들이 할 수 있는 수준인 모국어를 자유자재로 구사하는 정도로 말할 수 없었다. Genie는 힘들게 하나의 문장을 띄엄띄엄 말했고, 그나마도 대부분 문법적인 오류가 많은 문장이었다. 많은 교육을 통해 Genie는 말을 할 수 있게는 되었지만 그 말은 정상적인 미국인들이 유창하게 할 수 있는 영어와는 한참 동떨어진 아주 짧은 문장으로 구성된 일상 회화 수준의 문장일 뿐이었다. 이 슬픈 에피소드에서 우리가 관심을 가져야 할 것은 Genie가 발견된 것이 만 13세로 이미 사춘기의 2차 성징이 완료되어 가는 시점이었다는 것이다. 즉, 뇌의 기능적 분화가 이루어져 좌뇌 전두엽에서 언어를 전담하게 되는 시기인 결정적인 시기가 완료되어 가는 시점이었다. 이런 까닭에 언어학자나 교육학자들이 많은 노력을 기울였음에도 불구하고 언어를 잘 배울 수 없었던 것이다.

당연한 말이지만 이러한 사례는 매우 희귀한 것으로, 우리가 인위적으로 만들 수 없는 상황이다. 인권에 관련된 문제이기 때문에 혹시라도 이런 사례를 연구하기 위해 아이를 인공적으로 이런 환경에 둔다면 정말 끔찍한 반인륜적 범죄에 해당되기 때문이다. 아이들을 대상으로 인공적 실험을 할 수가 없기 때문에 이러한 간접적인 증거를 통해서 언어를 배우는 것에 결정적인 시기가 있는 것 같다고 추정하는 것이다.

2008년도에 러시아에서도 비슷한 사례인 러시아 버드 보이(Russian bird boy)로 세상이 떠들썩했다. 이 아이는 러시아 남부의 도시 볼고그라드의 한 아파트에서 발견되었고 편모슬하의 7살짜리 남자 아이였다. 이 아이의 어머니도 정신적으로 문제가 있던 사람으로, 방 두 칸 아파트에서 한 방을 아예 동물 우리처럼 사용했다. 십수 마리의 잉꼬 새와 토끼를 한 방에서 키우면서 이 사이에 아기를 같이 넣어서 7년이나 키웠던 것이다. 이 아이도 어머니가 말을 전혀 걸지 않고 매일 밥만 먹였다고 한다. 다행히도 2008년도에 사회복지사에 의해 발견되었는데, 앞으로 흥미로운 연구가 진행될 것으로 보인다. 발견 당시 7살이었기 때문에 사춘기 훨씬 이전에 발견이 된 것이어서 러시아 언어학자들이 모국어 교육을 하면 세월이 지나 과연 정상적인 성인들처럼 러시아어를 유창하게 구사할 수 있을지는 차차 두고 보아야 할 것 같다.

2) 두뇌와 언어 습득은 어떤 관계가 있을까?

Genie의 사례를 통해 살펴보았을 때, 이 아이는 사춘기가 이미 끝나 결정적 시기인 언어를 배우는 데 상당히 민감한 시기가 지났기 때문에 언어를 제대로 배울 수가 없었다고 언어학자들은 결론 내렸다. 해부학과 생물학에서도 언어학자들의 이러한 결론을 뒷받침하는 것으로 보이는 관련 증거들을 찾을 수가 있다. 그들 중 하나가 뇌의 분화와 관련된 것이다. 영어로는 Brain Lateralization이라고 하는데, 반구편측화(半球片側化, hemispheric lateralization)라는 말도 쓴다. 여러분들은 아마도 우리 뇌의 어떤 쪽은 어떤 기능을 하고, 또 다른 쪽은 어떤 기능을 한다는 말을 들어본 적이 있을 것이다. 대표적으로 좌뇌와 우뇌의 기능이 다른데, 좌뇌는 분석적, 논리적, 언어적, 수리적 기능을 담당하고 있다고 알려져 있고, 우뇌는 예술적, 감성적, 시각적인 정보를 처리한다고 한다.

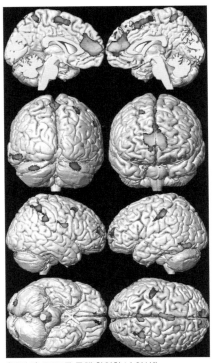

〈사진 8〉 fMRI를 통해 촬영한 뇌 영상[3]

이미 소개했듯이 Lenneberg를 중심으로 한 학자들이 1960년대 말부터 인간의 뇌가 사춘기를 전후로 역할이 분화된다는 것을 발견했고, 뇌의 특정 부분마다 담당하는 역할이 다르다는 것을 확인하였다. 요즘처럼 첨단기술 시대에는 이런 내용이 새삼스러울 것도 없다고 생각하겠지만, 예전에 뇌파 혹은 뇌 영상 촬영기술이 도입되기 전에 두 뇌의 어느 부분이 어떤 역할을 담당하는지를 명확히 파악하는 것은 몹시 어려운 일이었다. 지금은 의학 장비인 자기공명영상(MRI) 혹은 기능성 자기공명영상(fMRI)과 같은 장비를 활용하면 실시간으로 뇌의 어느 부분이 어떤 과제를 수행할 때 활성화되는지를 금방 알 수 있다. 〈사진 8〉은 fMRI를 사용했을 때에 뇌에서 활성화되는 부분을 붉은 색으로 나타낸 것이다. 뇌 자체가 빨갛게 변한다는 것은 아니고 활성화되는 영역을 눈으로 보기 쉽게 나타낸 것이다.

사람이 살다 보면 흔한 경우는 아니지만 피치 못할 사고로 인해 뇌 손상을 입는 경우가 있다. 이 중 열 살 미만의 어린이가 언어를 담당하는 좌뇌에 손상을 입는다면, 말을 잘 못해야 하는데, 처음에는 말을 잘 못하다가 때로는 점차 말을 다시 잘하게 되는 신기한 현상들이 종종 발견된다. 이것은 사춘기 전에는 뇌의 분화가 완결되지 않았기 때문에 혹시 뇌의 어떤 부분을 크게 다치게 되어도 때로는 그 부분에서 담당해야 하는 기능들을 뇌의 다른 부분에서 도와줘서 올바르게 기능을 수행할 수 있기 때문이다. 다만 사춘기 이후에는 이런 좌뇌와 우뇌 사이의 긴밀한 협동이 없어진다. 뇌의 기능 분화 자체가 사춘기 이후에는 완결되기 때문에 그 이후에 뇌 손상을 입는다면 좀처럼 회복이 되지 않는 것이다. 예를 들어, 간혹 연세가 많으신 어르신들이 뇌졸중(중풍)을 겪어서 뇌의 기능이 마비되는 경우 뇌의 손상 부위에 따라 말을 하지 못한다거나, 몸의 한쪽이 마비되는 증상을 겪을 수 있다. 어르신들의 경우에는 재활치료를 하면서 다소간의 차도가 있지만 좀처럼 뇌졸중 이전의 상태로 100% 회복하기가 쉽지 않다. 이것은 뇌의 기능 분화가 이미 끝난 상태이므로 뇌의 특정 부분에서 손상이 일어나면 다른 부분이 도와주지 않기 때문에 그 기능은 부족한 상태로 남아 있게 된다는 의미이다.

결정적 시기 가설을 정리하면 외국어를 배울 때에 느끼는 어려움은 뇌의 분화 때문이라는 것이다. 사춘기 이전에 제2언어를 배우는 경우 뇌의 전 영역에 걸쳐서 새로운 언어를 배우는 데 다각도로 도움을 줄 수 있는 반면 뇌 분화가 끝난 사춘기 이후에 다른 언어를 새롭게 배우게 된다면 단지 좌뇌의 전두엽만 관여하고 있기 때문에 그만큼 배우기가 어렵다는 것이다.

(1) 브로커 실어증(Broca's aphasia)

사춘기 이후의 뇌의 기능 분화를 보여 주는 많은 의학 연구 사례 중 하나로 말을 못하게 되는 실어증(aphasia)이 있다. 실어증의 원인은 여러 가지가 있을 수 있다. 극심한 심적 고통, 정신적인 큰 충격 등의 심리적 요인뿐만 아니라, 뇌에 물리적인 충격이 가해졌을 때 또한 실어증이 발생하기도 한다. 이 경우, 좌뇌의 어떤 부분의 손상인지에 따라 의학적으로 보통 두 종류로 나눌 수 있다. 첫 번째는 브로커(Broca) 영역에 해당되는 실어증이고, 두 번째는 베르니케(영어로는 워니키, Wernicke) 영역에 해당되는 실어증이다. 두 실어증 모두 다 이런 증상을 처음 발견한 서양 외과의사들의 이름을 따서 명명된 것이다.

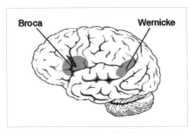

〈그림 5〉 브로커, 베르니케 영역[4]

앞서 설명했듯이 언어를 처리하는 주된 뇌는 좌뇌이다. 이 좌뇌의 어느 부분을 다치는지에 따라 실어증의 증상이 다르게 나타난다. 브로커 실어증은 듣는 것은 잘 되지만 말이 제대로 안 되는 증상이다. 말을 엄청 더듬게 되고, 그나마 내뱉는 말도 비문법적인 말이 대부분이다. 〈그림 5〉에서 보는 것처럼 왼쪽 뇌의 앞부분에서 어둡게 보이는 부분이 브로커 영역이다. 우리의 왼쪽 관자놀이, 즉 눈과 귀 사이에 움푹 들어간 부분에 해당되는데, 여기에 큰 충격을 받아서 뇌에 출혈이 있다거나 손상이 일어나게 되면 브로커 실어증에 걸리게 된다.

(2) 베르니케 실어증(Wernicke's aphasia)

브로커 영역이 머리 좌측 관자놀이 부분에 해당이 된다면, 베르니케 영역은 머리 왼쪽 귀 바로 윗부분과 뒷부분 사이에 있다. 이 베르니케 영역에 손상이 온다면, 듣기 자체가 심각하게 안 되서, 상대방이 도대체 무슨 말을 하고 있는지 파악을 할 수 없게 된다. 또 베르니케 실어증은 문법에도 잘 맞고 복잡한 구문을 사용하는 등 말 자

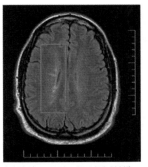

〈사진 9〉 브로커, 베르니케 영역5)

체는 유창하게 하지만, 의미가 없는 이상한 문장을 말하게 된다. 예를 들어 "색깔이 없는 녹색이 하늘에서 높이 끓고 있어" 같은 희한한 말을 하게 되는 것이다.

〈사진 9〉는 보기에 별로 예쁘지는 않지만 여러분들이 이해하기는 쉬운 그림이어서 넣어 보았다. 뇌를 가로로 자른 단면도에서 브로커 영역과 베르니케 영역이 우리의 뇌 어디에 위치하고 있는지를 보여 주고 있다. 이와 같이 두 종류의 다른 실어증 연구를 통해서 우리는 인간이 사춘기 이후에는 뇌에서 담당하고 있는 영역들이 명확하게 구분되고, 특정 부분이 손상되었을 때에 나타나는 증상 역시 대체로 유형화되어 있다는 것을 알 수 있다.

그런데 한 가지 유의해야 할 것은, 결정적 시기 가설이나 뇌의 기능적 분화가 사춘기가 되서 갑자기 이루어지는 신속한 과정이 아니라, 오랜 시간에 걸쳐 점진적으로 진행되는 과정이라는 것이다. 만 2세 정도의 아

기 때부터 뇌의 분화는 시작되어 사춘기 시절에야 그 과정이 완결된다. 결론적으로, 결정적 시기 가설, 뇌의 기능적인 분화, Genie 사례 등은 사람들이 어려서 언어를 배울 때 좀 더 신속하게 배울 수 있다는 것을 지지해 주는 증거라고 볼 수 있다.

3) 결정적 시기 가설, 정말 맞는 것일까?

Genie는 사춘기 이후에 발견되었기 때문에 모국어인 영어를 똑바로 배울 수가 없었다. 이는 결정적 시기 가설이나 뇌 분화를 입증하는 사례이다. Genie는 모국어 습득과 관련 있는 사례였지만 영어교육을 포함하여 제2언어 습득에서도 이런 개념들이 활용되고 있다. 앞에서 이미 말한 것처럼, 언어를 배우는 것이 사춘기 이전이 좋다는 결정적 시기 가설을 토대로 우리나라에서는 동아시아에서 최초로 1997년에 초등학교 3학년부터 영어교육이 전면 실시되었다.

이렇게 공식적으로 초등영어교육을 실시한 한국의 영어교육에 대해서 많은 나라들이 관심을 가지고 있다. 일본의 경우 2011년에 초등학교에 영어교육을 도입하였는데 이는 한국에 비하여 13, 14년 정도 늦게 도입한 것이다. 더군다나 일본에서는 실제로 영어를 가르치는 것이 아니라 영미 문화에 대한 개략적인 소개와 설명만으로 한정해 가르치고 있다. 즉, 일본의 초등영어수업은 학생들에게 영어 표현을 가르친다기보다는 미국을 포함한 영어 문화권에서는 어떠한 삶의 방식을 가지고 있고 이들이 어떻게 살고 있는지를 문화 학습 측면에서 도입하고 있다. 따라서 실질적인 영어교육이라고 보기 어렵다. 아무튼 한국은 동아시아 국가들 중 영어교육에 있어서는 나름대로 입지를 굳히고 있고 그 원인 중 하나가 초등영어교육이라는 얘기다.

그런데 결정적 시기 가설에 대한 여러 가지 반론들이 있다. 즉, 사람들은 '결정적 시기가 지나면 영어를 제대로 배우지 못하는 것일까?'라는 의문을 가지고 있는 것이다. 과학적으로는 사춘기를 지나면 언어를 배우기 몹시 어렵다는 것이 납득될 수 있겠지만, 우리의 마음 한 구석에는 뭔가 허전하고 안타까운 마음이 들 수 있다. 그렇다면 '어른이 된 다음에 어떤 외국어를 배운다는 것은 부질없는 일일까?' 아니면, '아무리 노력해도 네이티브 스피커와 같이 발음하는 것은 무리일까?' 등 비관적인 생각이 들 수도 있다.

다행히도 요새는 결정적 시기가 언어 학습을 전적으로 결정하는 것이 아니라는 증거가 속속 밝혀지고 있다. 다만 발음의 유창성 면에서는 사춘기 이전에 외국어를 접하는 것이 좀 더 원어민에 근접하게 발음할 수 있다고는 하지만, 발음 이외에 의사소통에 필요한 단어 학습이라든가 문법 습득 등에 있어서는 결정적 시기 이후에도 잘 배울 수 있다는 반증들이 상당히 있다. 아래에서 결정적 시기를 반박하는 증거들에 대해서 좀 살펴보도록 하자.

4) 가설은 가설일 뿐, 실제로 그렇지는 않다네!: 결정적 시기 가설의 문제점

〈사진 10〉 반기문 UN사무총장

먼저, 결정적 시기 가설이 왜 아직도 가설일까를 생각해 보자. 우리가 어떤 생각을 가설이라고 부르는 것과 이론이라고 부르는 것은 큰 차이가 존재한다. 가설은 말 그대로 가상의 학설을 의미하는 것이고, 아직 증명되지 못한 부분이 있다는 것을 의미하고 있다. 반면 이론(theory)은 이미 여러 연구들을 통해서 그 타당성이 입증되어 과학적인 증거가 충분한 경우를 의미한다. 따라서 유명한 이론이 처음부터 이론의 위치를 차지하고 있었던 것은 아니고, 애초에는 가설로 출발하여 점차 많은 실험을 통해서 그것이 옳다는 것이 입증되었기 때문에 이론이라고 부르는 것이다. 이러한 관점에서 결정적 시기 가설이 아직 가설이라고 불리는 것은 그 타당성이 검증되지 못했다는 허점이 있기 때문이다.

위에서 발음 측면에서는 결정적 시기 가설이 입증되고 있다고 했다. 그렇다면 발음은 얼마나 중요한 것일까? 여러분들은 아마도 유엔 사무총장을 훌륭하게 수행하고 있는 반기문 사무총장이 유엔에서 연설하는 것을 들어본 적이 있을 것이다. 혹시 없다면 유튜브 등에서 영어로 반기문(Ban Ki-Moon)을 치면 무수히 많은 자료를 찾을 수 있으니 어떤 것이라도 잠시 들어 보기 바란다. 눈을 감고 들으면 더욱 좋다. 어떤가? 참으로 감칠맛 나는 구수한 영어 발음을 느낄 수 있을 것이다. 왠지 마음도 편안하고 훈훈해지는 한국식 영어 발음이다. 반기문 사무총장의 영어 발음은 같은 한국 사람으로서 들을 때에 그리 대단히 '네이티브'스럽지는 않다는 것을 단박에 알 수 있을 것이다. 그렇지만 이 분이 영어를 잘 못하는 분일까? 절대로 아니다.

얼마 전 EBS 교육방송에서 흥미로운 실험을 했다. 같은 영어 연설을 귀로 듣고 이 사람의 영어 능숙도를 판단하게 하는 실험이었는데, 실험에 참가한 사람들을 한국 사람들 한 그룹과 영어 원어민들 한 그룹, 이렇게 총 두 그룹으로 나눠서 진행하였다. 물론 그 영어 연설을 한 장본인은 반기문 총장이었다. 실험 참여자들에게는 누가 어디에서 연설을 하는 것이라는 정보를 전혀 주지 않았다. 실험 결과 절대다수의 한국인 참여자들은 연설하는 사람의 발음이 '후져서' 영어를 잘 못하는 사람 같다고 응답했다. 그러나 영어 원어민 그룹은 어휘의 선택, 문법 구조의 정밀성, 상황에 맞는 세련된 표현 등을 말하며 이 연설자는 상당한 수준의 영어 능력을 가지고 있는 사람이라고 전혀 반대로 평가했다. 나중에 연설하는 소리뿐만 아니라 TV화면에 반기문 총장과 UN깃발이 나타나자, 한국인 실험 참가자들은 모두 '아!' 하는 후회 섞인 탄성을 내뱉고 말았다.

필자는 지금 영어 발음이 중요하지 않다는 말을 하는 게 아니다. 오해하지 말길 바란다. 영어 발음에서는 최소 대립쌍(minimal pair)의 개념이 있어서 이 음소들을 잘못 발음하게 된다면 의사소통에 상당한 지장이 생긴다. 예를 들어 /l/과 /r/의 구분이라든지, /p/와 /f/의 구분 등은 매우 중요하고 이것을 혼동하여 발음하면 의사소통이 불가능해 질 수 있다. 또한 영어의 장음과 단음의 구분 역시 의미를 다르게 만드는 중요한 구분이다. "I will live."와 "I will leave"에서 live와 leave에 대해서는 애초에 확실하게 짧거나 길게 발음하지 않으면 의미 전달에 혼동을 줄 수 있다. 물론 많은 경우에 상황 및 맥락에 따라 비원어민이 이런 음소를 잘못 발음해도 상대방이 잘 알아들을 수도 있지만 말이다.

위의 반기문 총장의 예에서 알 수 있듯이 의사소통에 지장을 주지 않는 이상 네이티브 수준의 발음은 어찌 보면 그다지 중요하지 않을지도 모른다. 영어가 워낙 많은 지역에서 공용어로서 사용되고 있기 때문에 표준적인 영어 발음이 무엇인지에 대해서 규정하기 어렵다는 현실적 이유도 생각해 보아야 한다. 왜냐하면 미국, 영국, 호주, 뉴질랜드뿐만 아니라, 공용어로써 인도, 싱가폴, 나이지리아 등 여러 나라에서도 영어가 사용되고 있기 때문이다. 우리가 원어민에 근접하게 발음할 수 있기 위해서 결정적 시기 이전에 영어를 배워야 한다면, 그 원어민은 누구를 말하는 것일까? 원어민의 기준을 어디에 설정하는가에 따라 그 원어민 발음이라는 것이 무엇일지는 생각보다 아주 복잡한 일이 된다. 어느 나라의 어떤 지역 원어민의 발음을 기준으로 삼을 수 있을까? 미국? 캐나다? 영국? 어느 지역을 말하는 것일까? 우리나라에도 전라도와 경상도의 지역 방언이 엄연히 다르다. 다양한 국가와 광범위한 지역을 포괄하는 영어권에서는 방언과 발음, 어휘의 차이는 상상을 초월한다.

좀 더 나아가 원어민스럽게 발음하는 것이 과연 중요한 것인지에 대해서도 비판적인 인식을 가질 필요가 있다. 한국 사람이 한국어 발음의 특성이 어느 정도 묻어나게 영어 발음을 하는 것이 과연 흠잡을 일이고 부끄러운 일일까? 적어도 발음에 섞인 모국어의 특징으로 인해 의사소통에 큰 지장을 초래하지 않는다면, 이에 대해 자부심을 가지고 민족적 혹은 국가적 정체성을 드러내는 것으로 달리 생각할 수는 없을까? 이는 지나치게 미국 영어를 의식해서 단어 중간 혹은 말미에 있는 /r/발음을 억지로 혀를 굴려서 하지 않아도 된다는 것이다.

영어단어 enter를 발음할 때에 굳이 /엔터-ㄹ/로 하지 않고, 영국식으로 /엔터-/로 말을 해도 영어를 쓰는 사람들은 누구든지 다 잘 알아들을 수 있다. 누구의 편의를 위해서 어려운 발음을 굳이 '굴려가면서' 하는지 한 번 생각해 볼 필요가 있다. 이렇듯 결정적 시기 가설이 지나치게 발음에 치중하고 있다는 것은 문제점 중 하나이다. 더불어 우리나라 사람들은 영어 발음에 대해서 지금보다 훨씬 너그러운 태도를 가질 필요가 있다는 것이다.

그리고 또 하나의 문제점은 언어를 원어민처럼 유창하게 하는 것은 좋지만, 유창성과 정확성을 구분해야 한다는 점이며, 원어민처럼 빠르게 발음을 하는 것은 생각보다 중요하지 않을 수 있다는 것이다. 그것보다는 깊은 생각에서 우러나는 자신의 이야기를 논리적으로 표현해야 하는데, 여기에는 유창성뿐만 아니라 정확성과 치밀한 사고가 동반되어야 한다. 말은 많은데 정작 쓸 만한 생각이 들어 있지 않은 말은 별반 의미가 없다. 그런데 결정적 시기 가설은 언어의 유창성에만 초점을 두고 있기 때문에 이러한 부분들이 비판을 받고 있다.

또한 사춘기 이후에 영어를 배웠을 때에도 꽤 많은 사람들은 매우 높은 성취도를 보여 주고 있다. 그렇다면 이 사람들은 어떻게 설명을 할 것인가에 대해서 결정적 시기 가설은 꿀 먹은 벙어리가 된다. 요즘 젊은 세대는 초등영어교육을 받은 경우가 대부분이지만, 20년 전에 학창 생활을 했던 세대의 경우에는 사춘기 이후에 학교에서 반강제적으로 단어를 외우고 문법적으로 분석하는 유형의 방식으로 영어를 배웠다. 그럼에도 불구하고 영어를 유창하게 잘하는 사람들이 그 시대에도 분명히 존재했었다. 즉, 사춘기 이후에 외국어를 배우기가 어렵다는 것이지 불가능하다는 것이 아니라는 것이다. 이는 결정적 시기 가설의 중대한 예외들이라고 할 수 있다.

결정적 시기 가설을 맹신할 때에 나타나는 잠재적 사회 문제는 기러기 가족의 양산이다. 이제는 결정적 시기 가설을 일반인들도 많이 알고 있기 때문에 어릴 때에 영어를 배워야 네이티브같이 한다더라는 것은 상식 수준으로 알려져 있다. 결정적 시기 가설은 지나친 사교육, 비싼 수업료의 영어 유치원, 그리고 너무 많은 기러기 가족의 양산과 같은 우리 사회의 심각한 교육 문제와 결부되어 있다. 특히 기러기 가족 문제를 통해 과연 영어학습이 가족을 떨어져서 생활하게 만들 만큼 절박한지 생각해 보아야 한다. 이 글을 읽는 분들 중 일부는 아마도 어릴 때에 아버지는 한국에 남아 생계를 꾸려나가고 어머니와 함께 영어권 국가에서 일정 기간을 지내는 기러기 가족생활을 한 적이 있었을지도 모른다. 또 이미 기러기 가족생활을 하고 있거나 계획하고 있는 분도 있을 것이다.

항상 잘 된 케이스가 있기 마련이고 잘 안 되는 케이스도 있기 마련이다. 이 이야기를 하는 것은 잘 안 된 케이스에 국한된 것이다. 기러기 가족생활을 하면서 그 득실을 잘 따져 보아야 할 필요성이 있다. 영어를 배

〈그림 6〉 기러기 아빠

우는 것이 가족 간의 유대관계를 약화시키고 가족 간의 생이별을 감수할 가치가 있는가도 잘 생각해 보아야 한다. 이러한 기러기 생활 방식으로 전환하면서까지 영어를 배우는 것이 중요한가는 정말 깊이 생각해 봐야 하는 문제이다.

기러기 아빠는 너무 흔한 말이 되었고, 이제는 펭귄 아빠, 독수리 아빠라는 표현들도 생겨났다. 보통은 아이들과 어머니가 영어권 국가에 가서 장기적으로 체류생활을 하고, 만약 아빠가 재력이 충분하면 독수리 아빠로 외국과 한국을 자유롭게 넘나드는 것이고, 재력이 부족해 빠듯하게 자녀 학비 보내기에 급급하다면 그저 한국에서 돈을 버는 역할에 국한된 펭귄 아빠가 되는 것이다. 그런데 어린 시절에 자발적 이산가족이 되어서 생활하게 된 아이는 아버지까지 포함된 가족 형태에서 배울 수 있는 생활의 규범을 배우기 어렵다. 또한 한국 학교에서 맺는 교우 관계, 한국 사회의 가치 규범을 배울 수 없다는 단점도 고려해야 한다. 학습이라는 것이 인지적, 정서적 발달을 포함한 전인적인 발달이라면, 결

〈그림 7〉 펭귄 아빠

정적 시기를 강조하는 조기 영어학습을 위한 기러기 가족에는 부작용
이 있을 수 있다. 또한 조기 유학의 실패 사례도 다수 있으며, 이는 사회
적으로 잘 알려지지 않은 한국 사회의 어두운 부분 중 하나라는 것이다.
뭐 굳이 실패한 사례를 들쑤셔 알릴 이유야 없겠지만, 기러기 아빠들 사
이에서 "애가 조기 유학 가서 잘 풀려봤자 영어 학원 강사야."라는 자조
섞인 말도 나온다.

이 모든 한국적 고려사항들을 생각할 때에, 결정적 시기 가설에 따라
기러기 가족을 하는 것이 이러한 잠재적 문제점들을 모두 상쇄할 만큼
의 가치가 있는지는 다소 회의적이다. 뇌 분화 혹은 결정적 시기 가설에
얽매여서 무조건 아이들의 영어교육은 어렸을 때 시켜야 한다고 주장하
기 어려운 측면이 있다는 것이다. 아이는 부모님과 주변 사람들의 사랑
과 관심을 먹고 무럭무럭 자라야 하는 것이지 영어학습 기계가 아니라
는 것을 주위 어른들은 진지하게 고려해야 한다.

제2장

말은 어떻게 배우지?
모국어와 제2언어 습득 이론들

1. 우리말 습득의 이론들

이 부분에서는 아기가 모국어를 배울 때를 설명해 주는 이론에는 어떤 것이 있는지를 살펴보고자 한다. 이와 관련해서는 보통 세 가지 이론들이 있다. 첫 번째는 행동주의 접근법(behavioristic approach)이며, 두 번째는 인지주의 혹은 생득주의 접근법(cognitivist/nativist approach)이 있다. 마지막으로는 기능적 접근법(functional approach)이 있다.

1) 언어 습득은 습관 형성이다! 행동주의 접근법

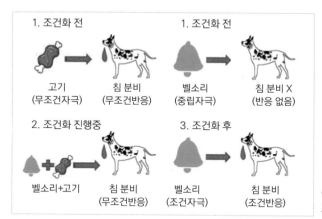

1. 조건화 전

고기
(무조건자극)
침 분비
(무조건반응)

1. 조건화 전

벨소리
(중립자극)
침 분비 X
(반응 없음)

2. 조건화 진행중

벨소리+고기
침 분비
(무조건반응)

3. 조건화 후

벨소리
(조건자극)
침 분비
(조건반응)

〈그림 8〉
조건화된 반응[6]

첫 번째 행동주의 이론(behaviorist theory)은 모국어든 외국어든 끊임없는 반복 학습에 의해 말을 배운다는 생각이다. 여러분들은 아마도 Ivan Pavlov(파블로프, 1849~1936)가 실시한 실험에 대해서 들어본 일이 있을 것이다.

1902년에 타액(침)이 입 밖으로 분비되도록 수술한 개를 가지고 침샘 연구를 하던 Pavlov는 개에게 종소리를 들려 주고 난 후 밥을 주는 것

〈사진 11〉 Ivan Pavlov

을 반복하다가 어느 순간 종소리만 들려 주면 개가 침을 흘리게 된다는 것을 발견하고 고전적 행동주의를 창시했다. 이때에 먹이를 보면 침을 흘리는 것은 자연적인 반응이고, 종소리가 먹이와 결합되어 개에게 인식되기 시작하면 결국 나중에는 종소리만 듣고서 침을 흘리게 된다. Pavlov의

실험에서 개가 종소리만 듣고도 침을 흘리는 것을 조건화된 반응(conditioned response)이라고 한다.

Pavlov의 고전적 행동주의 이론을 현대적으로 인간의 학습에 적용하고자 한 학자는 심리학 역사에서 아주 유명한 B. F. Skinner(스키너, 1904~1990)이다. 1950년대에 Skinner는 고전적 행동주의 실험을 인간의 학습에도 적용할 수 있다고 생각했다. 다만 인간은 능동적으로 그 학습 결과를 학습자가 미리 예상할 수 있다는 점에서 동

〈사진 12〉 B. F. Skinner

물의 반응과는 질적으로 다르다는 점을 인정하고 있다. 그는 사람이 언어를 배우는 것도 새로운 습관을 형성하는 것이라고 본 것이다. 따라서 자주 듣고 자주 이야기를 하면 그것이 강화(reinforce)되어 결국 잘 배울 수 있다고 한다. 이때 선생님의 역할은 학생들에게 모범이 되는 좋은 문장들을 많이 알려 주는 것이고, 학생들은 그것을 많이 듣고 많이 따라 한다면 모국어를 잘 배울 수 있다고 보는 것이다.

Skinner는 1957년도에 『Verbal Behavior(언어행동)』라는 책을 집필하였는데, 그 책 내용이 바로 위에서 설명한 것처럼 학생들에게 모범적인 문장을 많이 들려 주면 학생들이 언어를 잘 배울 수 있다는 것이다. '언어의 습득은 습관의 형성'이라는 말로 그의 입장을 정리할 수 있다.

Skinner는 1940년대에서 50년대까지 전 세계적으로 행동주의의 대부로 활약하면서 많은 저서를 남겼다. 일설에는 Skinner가 원래 작가지망생이었는데, 계속 실패를 거듭하다가 우연히 1928년에 Pavlov의 『조

건화된 반사』라는 책을 읽고 행동주의에 매료되어 심리학 공부에 매진해서, 4년 만에 하버드 대학에서 박사 학위를 획득했다고 한다.

〈사진 13〉 『월덴 투』

작가로서의 소망을 버리지 않았던 그는 1950년대에 심리학자로서의 명성이 절정에 다다랐을 때에 인간들의 행동을 조작하고 통제할 수 있다는 자신의 신념이 이상 세계를 건설하는데 도움이 될 수 있다고 주장했다. 그 생각을 이상주의적 소설로 발표한 것이 『월덴 투(Walden II)』이다. 참고로 『월덴(Walden)』은 19세기 미국 초절주의(transcendentalism) 작가였던 헨리 데이비드 소로우(Henry David Thoreau)의 자전적 소설이다.

언어학적으로 Skinner의 행동주의 이론과 결부되는 것은 대조분석 가설(Contrastive Analysis Hypothesis, CAH)이다. 이 가설은 언어 학습의 어려움이 목표어(배우고자 하는 외국어)와 모국어 사이의 차이 때문에 발생한다고 본다. 그래서 스키너의 생각처럼 계속 반복 연습을 해서 그 차이를 잘 인식하고 어려움을 극복하게 하면 외국어를 잘하게 된다는 입장이다. 그렇기 때문에 이 가설은 두 언어의 차이를 제대로 밝힌다면, 학습자가 겪게 될 어려움을 해소할 수 있다고 간주한다. 이 대조분석 가설에 따르면 제2언어 학습은 결국 모국어와 목표어 사이에 존재하는 차이를 극복하는 것이다.

대조분석 가설을 지지하는 학자인 Stockwell(스탁웰, 1965)과 그의 동료들은 외국어와 모국어에 존재하는 소릿값, 즉 음운의 차이로 인해 학

습자가 겪게 되는 어려움의 정도를 8
단계로 볼 수 있다고 한다. 뿐만 아니
라 이들은 문법 구조 차이에서 발생
하는 어려움을 16단계로 구분한 것
을 이후에 발표하기도 했다. 이후에
Prator(프레이터, 1967)는 외국어

〈사진 14〉 Stockwell

학습 난이도의 위계를 대조분석 가설의 원리에 따라 여섯 가지 단계로 나
누어 재구성했다. 다소 설명이 길어지더라도 한 번 살펴보겠다.

0단계는 전이(transfer)로서 두 언어 사이에 차이가 없어서 아주 쉽게
배우는 항목들이다. 영어에서 computer라고 하는 것을 우리 모국어에
서도 컴퓨터라고 하는 것과 같이 기본적으로 동일하기 때문에 모국어
지식이 외국어에 그대로 옮겨질 수 있는 것이다.

다음 단계인 1단계는 합병(coalescence)이다. 이 단계는 모국어에서
는 언어적 표현이 둘 이상인 것이 목표어, 즉 영어에서는 모국어보다 적
은 항목에 의해 표현되는 경우이다. 이때에는 모국어에서 했던 구분은
무시하고 목표어의 단순한 체계로 맞추면 된다. 예를 들면, 우리 한국어
에서는 의류를 착용하는 것을 다양한 동사로 표현한다. '입다, 차다, 하
다, 끼다, 쓰다, 걸다, 두르다' 등이 그 동사들이다. 우리가 영어를 배울
때에는 이런 동사들을 굳이 구분하지 않고 몽땅 뭉뚱그려서 'wear'로
배우면 된다. 사실 한국어 구분은 상당히 까다로운 편이기는 하다. '옷
을 입다, 반지를 끼다, 양말을 신다, 벨트를 하다, 모자를 쓰다, 귀걸이를
걸다, 시계를 차다, 스카프를 두르다, 향수를 뿌리다' 등이 영어에서는

'wear'이다. 참 쉽지 않은가?

2단계는 과소 구별(underdifferentiation)로서, 모국어에 있는 항목들이 목표어에 없는 경우이다. 예를 들면, 한국어 화자는 한국어에 존재하는 존칭어구가 영어에 없기 때문에 영어를 학습할 때 과소 구별을 하게 된다. 한국어에서는 '먹다-잡수시다/드시다'가 상대방을 얼마나 높이는지의 존칭에 따라서 달라지게 되지만, 영어에서는 'eat' 하나밖에는 없다. 이럴 때에 존칭법은 영어에는 없으므로 과소 구별의 예가 된다.

3단계는 재해석(reinterpretation)이다. 이 경우는 언어 항목이 모국어와 목표어에 모두 있지만 목표어에서 새로운 형태로 나타나거나 분포가 다르기 때문에 다시 개념을 정립할 필요가 있다. 예를 들면, 원래 영어였던 '미스터', '미스'는 영어에서 경칭, 즉 상대방이 남성, 여성인지에 따라서 상대방을 존중해 주는 의미로 성(姓) 앞에 붙이게 된다. 미국 등의 영어권 초·중·고등학교에서 선생님을 'Mr. Smith' 혹은 'Miss Smith'라고 부르는 것은 선생님에 대한 존중을 담은 경칭이라고 볼 수 있다. 그런데 우리나라에서 '미스터 김', '미스 김'이라고 부르는 경우를 생각해 보자. 직장에서 과장이 신입 사원에게 "미스터 김(혹은 미스 김), 이것 좀 복사해 오지"이라고 말하는 경우를 생각해 보면, 이상하게도 한국어에서 '미스터'와 '미스'라는 말은 왠지 상대방을 얕잡아보는 뉘앙스를 가지고 있음을 알 수 있다. 이런 경우에 한국에서 '미스터'와 '미스'의 용법에만 익숙한 사람은 영어로 Mr.와 Miss를 성 앞에 붙여서 사용하는 용법이 상대방에 대한 경칭을 의미한다는 것을 새롭게 학습해야 하고 모국어의 용법과 영어의 용법이 다르므로 새로운 재해석이 필요하게 된다.

4단계는 과잉 구별(overdifferentiation)로서, 언어 항목이 모국어에 없거나, 있더라도 목표어의 항목과 전혀 비슷하지 않기 때문에 거의 새롭게 배워야 하는 경우이다. 모국어에 없는 음운을 새로 배우는 경우가 이에 해당한다. 예를 들어 스페인어에서는 'rr' 발음을 flip sound라고 하여 혀를 굴리는 소리가 있다. 또 이것은 보통의 'r' 발음과는 다르다. 스페인어의 pero는 '그러나(but)'라는 뜻을 가지고 있지만 perro는 '개(dog)'라는 뜻을 가지고 있다. 한국 사람 중에서 스페인어를 배우는 사람은 한국어에는 전혀 없는 혀 굴리는 소리인 'rr'을 새롭게 배워야 한다. 이 경우에는 과잉 구별, 즉 새롭게 배워야 하는 항목에 해당된다.

마지막 5단계는 분열(split)로서 모국어에 하나로 존재하는 항목이 목표어에서 둘 이상의 항목으로 나타나는 경우이다. 우리말의 /ㄹ/에 해당하는 음운은 영어의 /l/과 /r/로 드러나기 때문에 이를 나누어 학습해야 하는 경우가 5단계의 예라고 할 수 있다. 이걸 숙지하지 못한 경우에는 영어단어 polite를 /포라이트/로 읽는다거나 cross를 /클로스/로 읽는 실수를 범하게 된다.

어떻게 보이는가? 일단 그럴듯하다. 위와 같이 여섯 단계로 구분되고 단계가 올라가면 외국어를 배우기 어려울 것 같긴 하다. 대조분석 가설은 일단 우리말과 영어의 차이를 상세히 구분한 다음, 학습자가 어려움을 느끼게 되는 상위 단계, 즉 언어 간의 차이가 많이 나는 항목에 대해서는 끊임없는 반복과 학습자의 노력으로 새로운 외국어 습관 형성을 통해서 그 어려움이 극복 가능하다고 보는 것이다. 따라서 행동주의 학설에 잘 들어맞는 언어학 가설 중 하나이다.

하지만 대조분석 가설 관련 연구들은 이후에 많은 비판을 받게 된다. 그 이유는 우선 학습 중 겪게 되는 어려움의 정도를 위의 Prator와 같이 단순하게 구분하는 경계가 매우 모호하며, 이러한 단계들로 설명이 불가능한 경우가 많이 나타났기 때문이다. 또한 위에서 언급한 난이도의 위계 순서가 뒤바뀌어 나타나는 경우도 있었다.

2) 언어 습득은 저절로 가능하다! 생득주의 접근법

Skinner처럼 생각한다면 우리는 아이들이 언어를 배우는 것을 원하는 대로 통제할 수 있다. 아이들에게 자꾸 반복해서 들려 주고 따라해 보게 한다면 그 아이들은 외국어를 잘 배울 수 있을 것이다. 하지만, 영어학습이 그리 만만한 과정이 아니라는 것은 여러분 스스로가 너무 잘 알고 있을 것이다. 때로는 선생님이 가르쳐 준 영어학습 사항을 잘 이해하기 어렵거나 잊어버리는 경우도 있고, 여러 번 반복하고 따라해 보아도 입에 착착 붙지 않고 자꾸 겉도는 영어 표현도 있었을 것이다.

어쩌면 Skinner 식으로 반복 학습하는 방법이 뭔가 틀린 걸지도 모른다는 생각을 일찍이 1950년대 말부터 한 학자가 있었으니, 그 사람의 이름은 Jean Berko Gleason(진 버코 글리슨)이다. 그녀는 1958년도에 보스턴 대학에서 흥미로운 실험을 했는데, 기본적인 가정은 이렇다. "만일 스키너의 행동주의 이론이 맞는 것이라면, 아이들은 어른들의 말을 모방하는 것이므로 생전 처음 보는 사물에 대한 어떠한 문법 규칙도 자율적·능동적으로 만들어 낼 수 없을 것이다"라는 것이다. 행동주의는 학습자를 수동적으로 외부적 자극, 즉 어른들이 자꾸 반복시키는 말에 반응하는 존재로 보았기 때문에 이 관점에 따르면 아이들은 새로운 사물이나 문장을 자유롭게 만들어 내는 것을 어려워해야만 할 것이다.

Berko Gleason은 4~7세 사이의 미국 어린이들에게 상상 속에서만 존재하는 새 그림을 하나 보여 주면서 "This is a wug."라고 알려 주었다. 당연히 지금까지 아이들은 wug(워그)라는 새는 정말 듣도 보도 못한 것이다. 그리고 나서 "Now there is another one. There are two of them. There are two…"라고 물어보았다. 아이들은 뭐라고 답했을까? 답을 하기는 했을까?

여러분들이 행동주의자라면 아이들은 답을 할 수 없어야만 한다. 아이들은 'wug'라는 새를 들은 적도 없고 본 적은 더더욱 없으며, 어른들에게 이 단어와 개념에 대해서 반복 학습을 받은 적이 전혀 없었기 때문이다. (그리고 앞으로도 없을 것이다. 상상의 새이기 때문이다.) 하지만, 겨우 일곱 살도 안 된 아기들은 이 질문에 대해서 절대다수가 'wugs'라고 대답했다. 정확히 말하면 91%의 아이들이 복수형 접미사인 —s를 붙여서 wugs라고 말한 것이다.

이 결과는 행동주의자들이 애초 가정했던 것처럼 인간은 주변 사람들의 말을 수동적으로 듣고 따라만 하는 것이 아니라 나름대로 마음속에 규칙을 설정하고 그 규칙을 적용하는 창조적 능력을 지녔다는 것을 보여 주는 강력한 증거이다. 이 경우는 아동들이 복수형을 만드는 문법적 능력을

〈사진 15〉 Jean Berko Gleason

This is a qiqi.

Oh, there is one more qiqi.
There are two of them.
Now we can say, there are two____.

〈그림 9〉 언어의 창조성

마음속에 가지고 있다는 것을 보여 준다. 이러한 실험 방식을 유도된 산출(elicited production)이라고 부르는데, 학습자들의 언어 발달 단계와 창의성을 살펴보는 실험 방법으로 가끔씩 사용되고 있다.

Skinner가 주장하는 행동주의적 언어 학습에 대해 철퇴를 가한 가장 강력한 학자는 Noam Chomsky(노엄 촘스키)이다. 그는 인간의 언어 학습이 단순한 자극과 모방을 통한 습관 형성만이 아니라고 반박한다. 그러면서 모국어 습득의 둘째 관점인 생득주의(innatism) 혹은 인지주의(cognitivism)가 등장한다. 이 인지주의 접

〈사진 16〉 Noam Chomsky

근법은 심리학자 Lenneberg가 언급한 뇌 분화와도 관련이 있다. Chomsky는 사람들이 언어를 학습하는 과정은 언어의 단순한 모방이

아니라 사람들 머릿속에는 언어를 배울 수 있는 장치인 Language Acquisition Device(약어로 LAD, 언어 습득 장치)가 있다고 가정한다. 그리고 정상적인 사람으로 태어났다면 누구든 언어를 학습하고 사용하는 데 도움을 주는 Universal Grammar(약어로 UG, 보편문법)를 가지고 있다고 한다.

Chomsky에 의하면 UG(보편문법)는 모든 인간 언어에 공통적으로 적용되는 원리(principles)와 매개변인(parameters)으로 구성된다고 한다. 원리는 사람들이 어느 언어를 모국어로 사용하던 상관없이 인간 언어에 모두 공통적으로 포함된 특징을 의미한다. 예를 들어 인간 언어 내부에는 위계질서가 있다는 것이 원리에 해당될 수 있다. 한국어 문장인 "나는 네가 일주일 전에 시장에서 사온 신선하고 부드러운 빵을 아늑한 거실에서 먹었어."는 다소 문장이 길기는 하지만 우리는 올바르게 듣고 해석할 수 있다. 아마도 우리 머릿속에서 이 문장의 가장 핵심적인 성분만을 간추린다면 "나는 빵을 먹었어." 혹은 "나는 빵을 거실에서 먹었어."로 생각할 수 있고 나머지 부분은 이 성분들을 꾸며 주는 말로 기능하고 있다는 것을 알고 있기 때문이다. 영어 문장은 "In the cozy livingroom, I had fresh and soft bread which you bought at the market about a week ago."인데, 역시 중요한 성분은 "I had bread." 혹은 "In the livingroom, I had bread."로 생각할 수 있다. 아무튼 우리 마음속에는 문장이 길어지더라도 중요한 것과 덜 중요한 것을 구분할 수 있고, 핵심 사항을 추려낼 수 있는 능력을 가지고 있는 것은 분명해 보인다. 이 원리를 구조 의존성(structure dependency)

이라고 부른다. 이렇듯 개별 언어를 떠나 모든 인간 언어에 공통적으로 존재하고 있는 것을 우리는 원리라고 한다.

원리가 인간의 모든 언어에 공통적으로 적용되는 반면, 매개변인(parameters)은 각 언어마다 다르다. 흥미로운 예로 핵(核)매개변인을 들 수 있다. 구에서 가장 중요한 성분이 핵인데, 핵의 위치는 언어에 따라 달라질 수 있다. 한국어를 예로 들어보자. "서점에서 책을 읽는다"라는 문장에서, 목적어는 '책을'이다. 왜 그럴까? '책' 뒤에 목적격 접사인 '을'이 붙어 있기 때문이다. 이를 보면 한국어에서 목적어는 목적격 접사가 목적어 뒤에 붙어서 만들어 진다는 것을 알 수 있는데, 이러한 종류의 언어를 핵후치(核後置, head-final) 언어라고 한다. 흥미로운 현상은 어떤 언어에서 핵이 앞에 오는가 혹은 뒤에 오는가가 결정되면 그 언어의 모든 핵의 위치가 동일하게 앞 혹은 뒤에 놓인다는 점이다.

위의 한국어 문장으로 다시 돌아가 보면 "서점에서 책을 읽는다"에서 '서점에서'를 보자. 이것은 부사구라고 하는데, 명사인 '서점' 뒤에 부사를 만들어 주는 부사격 접사인 '에서'가 따라 붙기 때문이다. 부사구를 만들어 주는 역할을 부사격 접사가 하고 있고 이 접사의 위치 역시 뒤에 있다. 왜냐하면 한국어는 핵후치 언어이기 때문이다. 한국어와 유사한 구조를 가지고 있다고 여겨지는 일본어의 경우에도 핵후치 언어로 분류된다. 한국어 및 일본어와는 대조적인 영어 문장을 살펴보자. 위의 한국어 문장을 그대로 영어로 옮겨보면, "I read books at the bookstore." 이다. 한국어는 '서점에서'인 반면, 영어는 'at the bookstore'이다. 이것은 영어에서는 전치사구(prepositional phrase)인데, 전치사구에서 가장 중요한 성분인 핵은 누가 뭐라 해도 결국 전치사일 것이다. 여기서는 'at'이다. 영어에서 전치사는 전치사구의 앞에 위치한다. 따라서 영어는 한국어와는 정반대로 핵전치(核前置, head-initial) 언어이다.

Chomsky 이론을 살피는 것은 대학에서도 영어 관련 학과 고학년 영어통사론(English syntax) 수업에서 한 학기 이상이 소요되는 일이다. 다만 여기서 하고싶은 말은, Chomsky가 주장하는 보편문법 안에는 원리와 매개변인이라는 두 개의 상이한 요소가 존재하고 있고, 이 요소들은 과거 Skinner가 생각했듯이 수동적으로 모방한다거나 하는 단순한 과정으로는 설명하기 어렵다는 것이다.

익히 알고 있듯이, 우리는 지금껏 살면서 들어 왔던 말만을 기억하고 모방해서 하는 것은 아니다. 우리는 살면서 한 번도 듣지도 보지도 못한 문장을 충분히 생각할 수 있고 말할 수도 있다. 이런 언어의 창의성은 Skinner가 과거에 이야기했던 자극과 반응의 간단한 과정으로는 설명할 수 없다. 만약에 주변에서 듣는 것만 반복하고 말할 수 있다고 하면 사람들은 전혀 새로운 문장을 말할 수 없기 때문이다. 그런데 예를 들어, 여러분들이 TV에서 코미디 프로그램을 보면서 웃고 즐길 수 있는 것은 코미디언들이 하는 말이 아주 참신하고 때로는 특정한 상황에서 어울리지 않는 특이한 말을 하기 때문인 경우가 많다. 이때 여러분들은 언어적 쾌감을 느끼게 되고, 그것이 재미있고 우습다고 느끼게 된다. 이런 언어유희(pun)를 Skinner의 관점에서는 설명할 수 없다고 Chomsky는 반박한다. 결국 언어의 창의성을 잘 설명해 주기 위해서 나온 이론이 인지주의 혹은 생득주의적 관점들이다.

우리가 발화하는 언어가 단순하게 듣고 따라 하는 것만이 아니라는 점은 외국어 습득의 중간언어(interlanguage) 현상에서도 잘 나타난다. 영어를 배우는 과정에서 학습자들이 만들어 내는 영어는 영어를 모국어로 쓰는 사람들의 영어에 비해 많은 오류를 포함하고 있다. 하지만 이러한 실수들은 학습자의 관점에서 보면 학습 과정에서 나름 열심히 시도하고 노력한 흔적이 반영된 것이다. 예를 들어서 학생이 "I go to market yesterday."라고 진지하게 원어민 선생님에게 이야기할 때에, 우리는 이 학생이 쓴 동사의 시제가 go 대신에 went로 과거형이 쓰여야 하고 market 앞에는 정관사 the가 붙어야 하니까 틀린 문장이라고 매몰차게 이야기할 수는 없다. 일단 그럭저럭 의사소통은 되기 때문이다. 다만 이 학습자는 아직 과거 시제를 나타내는 법을 못 배웠고, 그 동네 사람들이 누구든 아는 장소를 나타내기 위해서는 정관사 the를 장소 앞에 붙여야 한다는 것을 아직 모른다고 볼 수 있다. 따라서 우리는 학습자들이 만들어 내는 오류를 눈여겨봄으로써 이들이 외국어 발달의 어느 단계쯤 와 있구나 하는 것을 알 수 있다.

이렇듯 학습자 중간언어는 무작위로 발생한 실수가 아니라 나름의 체계성과 창의성을 가지고 있다. 또한 이러한 과정에서 발생한 오류들은 비록 목표어의 관점에서는 틀린 것일지라도 규칙성을 가지고 있다. 1970년대 이전까지는 이러한 오류들이 극복하거나 피해야 할 대상이었지만, Larry Selinker(셀링커, 1972)에 의해 학습자의 언어 습득 과정을 설명할 수 있는 중요한 증거인 중간언어(interlanguage)로서 재조명 받게 되었다.

〈사진 17〉 Larry Selinker

Selinker에 의하면 중간언어는 학습자의 언어가 모국어에서 목표어로 이동하는 것이며, 목표어의 완벽한 형태에 점차 근접해 가는 그 사이에 위치한 역동적인 미완(未完)의 언어이다. 우리 모두는 한국어에 있어서는 완전한 원어민이다. 다만 새로운 외국어를 배울 때에는 그 언어에 대한 지식이 아직 부족하다는 것이다. 따라서 새로운 외국어를 처음 배울 때는 모국어의 영향을 많이 받으면서 이상한 외국어를 하게 된다. 그러던 것이 외국어 능숙도가 늘어나면서 점차 모국어의 영향에서 벗어나 외국어를 그럴듯하게 점점 잘하게 되는 것이다.

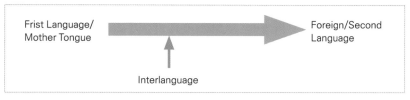

〈그림 10〉 중간언어의 과정

이러한 과정이 〈그림 10〉의 화살표로 잘 나타나 있다. 모국어에서 출발해 외국어의 능숙도로 접근해 가는 것이 중간언어의 과정이다. 이러한 접근 과정이 중간언어의 핵심이기 때문에 Nemser(넴서)와 같은 학자는 중간언어라는 용어 대신에 '근접 체계(approximative system)'라는 말을 쓰기도 한다.

때때로 아이들은 자신이 들어보지 못한 말도 하며 언어적 오류를 발

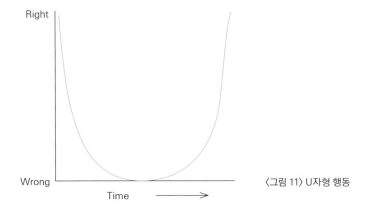

Right

Wrong

Time

〈그림 11〉 U자형 행동

생시키기도 한다. 이런 현상을 1970년대 이래 Michael Sharwood-Smith(마이클 셔우드-스미스)를 비롯한 많은 학자들은 U자형 행동이라고 불러 왔다. 예를 들어, 아이가 짧은 문장을 이야기하기 시작할 때에 "I went to the zoo."라고 올바른 문장을 발화한다. 이때 이 아이는 "가다"라는 뜻을 가진 단어인 'go'의 과거형이 'went'라는 사실을 아직 명확히 알지는 못한다. 그런데 아이에 따라 차이는 있지만, 어떤 경우에는 "I goed to the zoo."라고 하는 경우가 있다. 이렇게 말하는 아이는 아마도 머릿속에 '아하. 전에 내가 했던 일을 나타내려면 ed를 붙이면 되는구나'라는 생각을 하게 되어서 불규칙 동사인 go 뒤에도 일단 ed를 붙인 것으로 추측할 수 있다. 아이 나름의 논리를 설정해 규칙을 파악해서 문장을 만들어냈지만 추가적인 규칙인 "영어에는 규칙 동사와 불규칙 동사가 있고, go는 불규칙 동사에 속한다"는 것은 아직 모르기 때문에 이런 오류가 발생하는 것이다. 만일 Skinner의 생각이 올바른 것이었다면 우리는 "I goed to the zoo."와 같은 표현을 아이들의 말에서 들을 수 없을 것이다. Skinner는 인간의 말은 주위에서 다른 사람이 이미 한 말을 듣고 따라하는 자극과 반응의 과정이라고 했기 때문이다.

주위에서 아무도 그런 말을 하지 않았다면 당연히 아이는 goed라는 말을 쓸 수가 없다. 그러나 많은 연구를 통해서 우리는 영어 원어민 아이 중 상당수가 주위에서 들을 수 없지만 나름대로는 논리적인 근거를 가지고 비문법적인 말을 한다는 것을 알게 되었다. 아이는 결국 "I goed to the zoo."로 발화하다가, 'goed' 대신 'went'를 사용해 문법적으로 올바른 표현인 "I went to the zoo."로 발화하게 된다. 시간의 흐름을 생각해 보면 그 정확도가 초기에는 높지만 점차 비문법적인 (하지만 아동의 관점에서는 나름 체계적인) 말을 해서 정확도는 떨어지다가 다시 최종적으로는 올바른 말을 하기 때문에 U자 모양을 띠게 된다.

앞에서 우리는 Selinker의 중간언어(interlanguage)라는 개념을 살펴보았다. 외국어를 배울 때 우리가 모국어를 배울 때와 비슷한 오류를 발생시키다가 점차 외국어의 올바른 문장 형식을 말하게 되는 그 중간 과정의 말을 지칭하는 것이 이 중간언어이다. 어린 아이가 모국어를 습득하는 과정도 마치 성인이 외국어를 배울 때와 비슷하다고 볼 수 있다.

학습자들의 언어가 원어민 입장이나 성인들의 관점에서는 오류가 많지만 그 자체로서의 체계성이 있다는 생각은 1970년대에 언어학의 새로운 분파를 만들어 낸다. 오류분석(error analysis)

〈사진 18〉 비문법적인 중간언어[7]

이 그것인데, 이 연구법에서는 인간의 언어 학습 및 발화 과정의 시행착오를 실수(mistake)와 오류(error)로 구분한다. 실수는 규칙을 알고 있지만 무심코 틀린 것이고, 오류는 규칙을 모르는 상태에서 틀린 것이다. 이러한 측면에서 오류는 학습자 중간언어 발달 단계의 정도를 비교적 정확히 보여 주고 있다고 할 수 있다.

오류분석은 대조분석(contrastive analysis)과 큰 차이를 보인다. 오류분석은 오류를 언어 내적 요인뿐만 아니라 언어 외적 요인인 사회언어학적 요인, 심리언어학적 요인, 인지적 요인 등을 포함한 모든 가능한 변인을 고려하여 분석한다. 그러나 대조분석은 학습자가 발생시키는 오류를 모국어와 외국어의 언어 간 차이 요소에서만 발생하는 것으로 국한하여 연구했다는 점에서 다르다고 할 수 있다. Prator라는 학자가 여섯 단계로 모국어와 외국어의 차이를 구분했다는 설명은 이미 상세하게 한 바 있다.

그러나 오류분석 역시 많은 한계점을 가지고 있다. 우선 선생님들이 학생들의 오류에 지나치게 집착하는 문제가 발생할 수 있다. 영어공부는 물론이려니와 모든 공부라는 것은 선생님이 학생한테 "너 진짜 잘했어~"라고 자주 칭찬을 해 줘야 학생은 신이 나서 더 열심히 한다. 그런데 선생님이 학생의 오류를 분석하기 위해 '이 녀석, 또 뭐 틀리게 말하는 게 있나 보자!'라는 식의 태도를 보이면 아무래도 학생은 위축될 수밖에 없다. 선생님 앞에서 영어로 말하거나 영어로 글을 쓰는 게 왠지 창피해지고 자꾸 틀렸다고 지적받으니까 위축될 수 있다. 그러다 보면 학생들은 오류를 두려워해서 발화를 의도적으로 회피하게 된다.

사실 학생이 말을 잘 안 하거나 작문도 최소한의 것만 정확하게 써 버리면 선생님은 학생의 오류를 좀처럼 발견할 수 없다. 영어 실력을 늘리기 위해서는 다양하게 발화를 해 보고 틀리건 맞건 자꾸 말하고 써 보아야 한다. 그런데 오류가 날 것을 전전긍긍 두려워한 나머지 최소한의 발화와 작문만 하게 된다면 교육적으로 좋을 리가 없다. 또한 오류분석은 언어의 4기능에 해당되는 듣기, 읽기, 쓰기, 말하기 중 출력 기능에 해당되는 말하기와 쓰기에만 초점을 둘 수밖에 없다. 하지만 수용적 기술(receptive skill)로 간주되는 듣기나 읽기와 같은 이해 위주의 기능도 영어교육에서 간과할 수 없다.

정리하자면, 오류분석이라는 학문 분파는 과거 행동주의적 영향을 강하게 받은 대조분석 가설에 비해서 학습자의 능동성과 창의성을 강조하고 있다. 학습자는 언어를 배울 수 있는 스스로의 능력을 가지고 있고, 그들이 말하는 불완전한 학습자 언어 혹은 중간언어 역시 무질서하고 혼란스러운 것이 아니라, 학습자 각 개인의 관점에서는 나름대로의 체계성과 이유를 가지고 만들어낸 발화 혹은 문장이라는 것이다. 따라서 인지주의, 즉 학습자로서의 각 인간들은 이성적으로 판단하고 행동하고 말하는 존재라는 전제를 깔고 있는 것이다. Chomsky 관점에서는 아이들이 주변에서 들은 것을 생각 없이 반복하여 모국어를 습득하는 것이 아니라, 인간은 창의적이고 창조적인 존재이기 때문에 듣지도 보지도 못했던 특이한 문장도 충분히 생각할 수 있고 말할 수 있다고 여긴다. 이전 시대에 Skinner가 설명했던 자극과 반응, 습관형성을 통해서 언어가 습득되는 것이 아니라는 것이다.

3) 언어 습득은 환경의 영향을 받는다! 기능주의적 접근법

　세 번째 접근법은 기능주의적 접근법(functional approach)이다. 이 접근법은 Chomsky를 중심으로 한 인지주의 접근법이 언어의 문법성과 인간 언어의 보편성을 학술적으로 다루는 데 치중한 나머지 기억, 지각, 사고, 의미, 감정 등 언어의 심층적인 측면을 다루지 않았다는 비판으로 등장하게 된다. 여기서 중점을 두는 것은 사람은 머릿속으로만 언어를 생각하고 생성하는 것이 아니라 언어를 배우고 말하면서 주변 환경과 끊임없이 상호작용을 하고 있다는 점이다. 따라서 아동은 자기 자신과 주변 환경들과의 상호작용을 통해서 언어를 배운다는 것을 의미하며, 이것은 이전 시대의 주장들에 대한 일종의 절충적인 생각들이다.

　인지주의자들은 사람은 누구나 태어날 때부터 언어 습득 장치(LAD) 혹은 보편문법을 가지고 있기 때문에 환경이 어떻든 간에 말을 배우고 발화할 수 있다는 입장을 취하고 있었고 그전의 행동주의 관점에서는 아동이 어떤 환경에 처하고 어떠한 입력을 받고 그것을 어떻게 모방하는지에 따라 언어 학습의 성패가 달라질 수 있다고 주장하였다. 기능적 접근법에서는 이전 세대인 인지주의와 행동주의의 주장들을 잘 접목하여 사람들은 언어를 배울 수 있는 능력도 가지고 있지만 주변 환경과 어떠한 교류, 상호작용을 하는가에 따라서 그 결과가 달라질 수도 있다는 관점을 취하고 있다.

　사실 인지주의적 입장과 행동주의적 입장은 20세기 내내 서로가 옳다고 주장하면서 싸워 왔다. 이런 싸움이 영어교육 혹은 언어학에서만 국한된 것이 아니고 자연과학 및 사회과학 전반에 걸쳐 전개되어 왔다는 것은 흥미롭다.

인지주의적 입장은 사람이 동물과 구분되는 이성을 지닌 고귀한 존재이기 때문에 환경의 영향을 극복할 수 있는 의지력을 지녔다고 보는 다소 이상주의적 색채를 가지고 있다. 반면 행동주의적 입장에서는 아무리 훌륭한 유전자를 타고난 사람이라고 하더라도 좋지 않은 환경에서 자라나게 되면 범죄자가 될 가능성이 있다는 것이다. 즉, 우리는 주변 환경에 의해 크게 좌우되고 우리의 마음은 마치 공허한 도화지 혹은 서판(書板)과 같다는 입장을 취한다. 빈 서판이라고도 하는데 라틴어로는 Tabula Rasa, 영어로는 the blank slate라고 한다.

우리는 종종 TV 등에서 흉악 범죄를 저지른 사람을 다루는 보도를 접하게 된다. 여러분이 만일 인지주의자라면 그런 범죄인은 애초에 유전적으로 그런 성향을 타고 났기 때문에 그것에 대한 물리적 조치를 취해야 한다는 입장을 취할 것이다. 반면 여러분들이 행동주의자라면 유사한 범죄에 대해서 그 사람의 환경이 어떠한지를 따져 보아야 한다는 입장을 취할 것이다.

교육 문제에도 인지주의적 생각과 행동주의적 생각은 다를 수 있다. 인지주의적 입장은 각 학생들은 타고난 성향이 다르기 때문에 각자에게 더 적합한 학습 스타일에 따라 공부를 해야 할 것이라는 입장일 것이고, 행동주의적 입장은 조용하고 아늑한 학습 환경과 좋은 친구관계를 맺을 수 있게 해 주어야 된다고 생각할 것이다. 그런 점에서 맹자를 훌륭한 학자로 키우기 위해서 세 번이나 최고의 학습 환경을 찾아 이사해서 그

〈사진 19〉 범죄자는 타고 나는 걸까, 환경의 영향을 받은 걸까?[8]

유명한 고사성어인 '맹모삼천지교(孟母三遷之敎)'라는 말을 탄생시킨 맹자 어머니는 행동주의자였던가보다.

기능주의는 종종 구성주의와도 혼용되어 사용되기도 한다. 철학 및 교육학 이론에서는 이 이론들을 구분하지만, 이 책에서는 같은 의미를 가지고 있다고 가정해 보자. 기능주의자 혹은 구성주의자 중 20세기에 가장 널리 알려진 학자는 스위스의 Jean Piaget(장 삐아제)와 러시아의 Lev Vygotsky(레프 비고츠키)이다. 이 두 사람은 교육학, 특히 교육심리학에서 자주 다루어지고 있다. Piaget는 좀 더 인지주의적 구성주의를 취하고 있고 Vygotsky는 사회적 구성주의를 취하고 있다. 흥미롭게도 Piaget와 Vygotsky는 같은 해(1896)에 태어났다.

Piaget와 Vygotsky중심의 구성주의(constructivism)는 언어적,

심리적, 사회적인 요소들을 종합적
으로 이해하려고 한다. Piaget의 주
장에 의하면 인간은 생물학적으로
정해진 시간에 따라 인지적 능력이
발달한다. 그는 인간의 인지적 발달
단계를 크게 4단계로(감각-운동기,
전조작기, 구체적 조작기, 형식적 조

〈사진 20〉 Jean Piaget 〈사진 21〉 Lev Vygotsky

작기) 구분하였으며, 인간의 언어 발달 역시 정상적인 교육환경에서 이
와 같은 단계의 영향을 받는다고 주장하였다. Piaget의 생각은 각 학습
자들은 특정한 나이에 나타나는 특정한 행동이 따로 있고 그것은 미리
정해진 것처럼 보인다고 생각하고 있는 측면에서 생물학적 구성주의
(biological constructivism)라고도 한다.

반면 Vygotsky는 사람과 사회의 관계에 초점을 두는 사회적 구성주
의(social constructivism)에 주목하였다. Vygotsky는 훈남인데다
서른여덟 살에 요절한 천재로 사회과학계의 제임스 딘이라고나 할까?
그의 대표적인 주장은 인간의 언어 및 인지적 발달이 사회적 상호작용
안에서 이루어진다는 것이다. 이와 관련하여 그는 대중적으로 잘 알려
진 근접발달영역(the Zone of Proximal Development; ZPD) 개념
을 제시하였다.

근접발달영역은 학습자가 실제로 스스로 할 수 있는 능력 범위와 주
위 사람들의 도움을 통해 할 수 있는 잠재적 능력 사이의 차이(간격)를
의미한다. 여기서 주위 사람이란 부모님이나 선생님 혹은 더 뛰어난 친

구들을 의미한다. 예를 들면, 학생이 불확실하거나 혼자서 알 수 없는 문법 항목을 교사의 도움을 통해 확실히 습득하게 되었을 때, 이는 그 항목이 학생의 근접 발달 영역 내에서 성공적으로 학습되었음을 뜻한다. 따라서 선생님들은 학생들에게 새로운 것을 가르칠 때에 학생들의 수준을 고려해야 한다. 이들의 현재 수준보다는 약간은 높지만 너무 어렵지 않게 가르쳐야 학생들의 이해가 넓어진다는 것을 의미하는 것이다. 한마디로 근접발달영역 내부에 있는 가르침을 주어야 학생의 학습이 일어난다는 것이다.

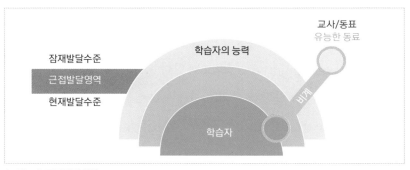

〈그림 12〉 근접발달영역

이 두 명의 기능주의자들의 입장 차이는 언어와 사고의 관련성을 어떻게 생각하는가와도 관련이 있다. Piaget는 인간이 가지고 있는 인지발달 단계에 따라 언어의 발달도 일어난다고 주장하였다. 일정 나이대가 되면 인지적 단계에 따라 언어가 발달한다고 생각하는 것이다. 반면 Vygotsky는 인간의 언어와 사고는 서로 영향을 주고받는 것이며 언어는 인간의 사회적 상호작용을 통해서 발달한다고 주장하였다. 언어를 배우는 학습자와 학습자 주변의 요소들 사이의 양방향적 관계 속에서 일어나는 상호작용에 대해 집중 한 것이 Vygotsky의 가장 큰 특징이라고 할 수 있다.

2. 제2언어 습득의 이론들

자, 이제부터는 영어를 외국어 혹은 제2언어로 습득하는 것에는 어떠한 이론과 가설들이 존재하고 있는지에 대해 재미있는 이야기를 중심으로 살펴보자. 제2언어를 배우는 것과 관련된 학설들은 세 가지가 있다. 첫째로는 '어떠한 언어 입력, 즉 어떠한 말을 듣는가'가 중요하다고 생각하는 입장이 있고, 둘째로는 '아무리 많이 들어도 실제로 우리가 말을 많이 해 보지 않는다면 도움이 안 된다'고 생각하는 입장이 있으며, 셋째로는 '듣는 것도 중요하고 말하는 것도 중요하지만 정말 중요한 것은 말을 하면서 잘 모르는 것을 서로 묻고 답해 가면서 서로의 의미를 통하게 하는 과정이다'고 생각하는 입장이 있다.

첫 번째 입장은 Stephen Krashen(스티븐 크래션)의 이해 가능한 입력 가설(Comprehensible Input Hypothesis)이다. 두 번째 입장은 입력이 중요한 것이 아니라 말을 해 보고 글을 써 보는, 즉 언어를 출력하는 것이 중요하다고 보고 있는 Merrill Swain(메릴 스웨인)의 이해 가능한 출력 가설(Comprehensible Output Hypothesis)이다. 그리고 입력과 출력 둘 다 중요하며, 입력과 출력을 도모하는 상호작용 자체가 중요한 것이라고 주장하는 학자는 Michael Long(마이클 롱)이며, 이 가설을 상호작용 가설(Interaction Hypothesis)이라고 한다. 이 장에서는 위의 세 가지 학설들을 먼저 살펴본 후 출력 가설을 더욱 확장 발전시키고 있는 사회문화이론에 대해서도 살펴보자.

1) i+1을 주는 게 중요해! 크래션의 다섯 가지 가설

〈사진 22〉 Stephen Krashen

시카고에서 태어난 Stephen Krashen은 문법 습득으로 미국 UCLA에서 박사 학위를 받은 후 캘리포니아의 남가주대학(University of Southern California, USC)에서 가르친 학자이다. Krashen의 가설들은 1970년대와 80년대에 전 세계적으로 엄청난 각광을 받았고, 많은 사람들이 Krashen의 입력 가설을 이야기했다. 우리나라에도 이미 여러 번 방문해서 학술 강연도 많이 한 분이다.

Krashen의 학설은 여러 가지 내용으로 구성되는데 보통은 다섯 가지의 가설이 있다고들 한다. 이를 모두 뭉뚱그려서 이해 가능한 입력 가설(Comprehensible Input Hypothesis)이라고도 한다. 먼저, 첫 번째 가설은 '습득/학습 가설(Acquisition/Learning Hypothesis)'이다. Krashen은 우리가 언어를 배우는 것은 두 가지 다른 경로를 통해서라고 한다. 즉, 한국의 보통 초·중·고등학교 상황에서 영어를 배우는 것과 같이 교실에서 선생님과 교과서, 칠판 등으로 배우는 환경은 '학습

〈사진 23〉 (자연스러운) 습득 환경[9]

(learning)'이라고 보며, 반면 예를 들어, 어렸을 때 미국으로 이민을 가서 교실 밖에서도 영어를 사용해야 하는 상황에서 자연스럽게 배우는 환경은 언어를 '습득(acquisition)'하는 환경이라고 구분하고 있다. 학습은 인위적이고 의도적인 의식(consciousness)을 동반하는 활동인 반면, 습득은 일상생활에서 해당 언어를 사용하는 사람들과 격의 없이 어울려서 그 언어를 배운다기보다 계속 사용하다가 부지불식간에 자연스럽게 몸에 배는 것이라고 여기고 있다.

습득/학습 가설에서 가장 중요한 것은 Krashen은 습득과 학습이 엄연히 구분이 되고, 아무리 학습을 많이 해도 자연적인 습득으로 전환이 되지 않는다고 주장한다는 것이다. 따라서 교사는 학생들에게 너무 딱

딱하게 외국어를 암기하도록 하지 말고, 아이들의 마음을 편하게 만들어서 자연스럽게 자주 사용하면서 습득할 수 있는 좋은 환경을 만들어주어야 한다는 시사점을 주고 있다.

Krashen은 습득과 학습 이 두 가지가 서로 호환성이 없는 다른 심리적 과정이라고 주장했기 때문에 지난 1980년대, 90년대 및 21세기에 들어와서도 엄청나게 많은 비판을 받았다. 일단, 이것은 Krashen의 다른 가설에도 해당되는 비판인데, 이 가설들이 그럴싸하긴 하지만 과학적이지 않다는 것이다. 습득과 학습이 왜 다른지, 그 실증적 증거, 예를 들어, 심리학 혹은 신경생물학 등의 객관적 증거가 없다는 것이 문제이다.

인지주의 언어학을 연구하는 학자들(예를 들어 Anderson[앤더슨]이나 McLaughlin[맥러플린] 등)은 학습 상황에서 배운 외국어도 반복 연습을 통해 점차 자동화되는 과정으로 전환되며 이때에는 습득한 것과 동일 선상에서 볼 수 있다는 상당히 유연한 태도를 취한다. 그러나 Krashen은 학습과 습득은 다르다고 주장하였다. 이 습득/학습의 엄격한 구분은 영어 교사들에게도 참으로 실망스러운 가설이 아닐 수 없다. 내가 정말 열심히 가르친 우리 한국 아이들이 미국에 이민 가서 영어를 '습득'하면서 자란 아이들보다 영어를 아무리 열심히 '학습'해도 절대 더 잘할 수 없다고 말하고 있기 때문이다. 다시 말하면 우리 한국은 학습 환경이기 때문에 미국이나 캐나다같이 습득 환경에서 자란 애들보다 영어를 못할 수밖에 없다는 것이다. 선뜻 수긍하기 어렵다. 우리나라에서 열심히 영어를 배워서 지금도 세계에서 당당하게 활동하고 있는 많은 분들이 영어를 학습으로 배웠기 때문에 이 분들의 영어가 뭔가 신통치 않다고 결론 내리는 것은 좀 많이 억지스럽기까지 하다.

두 번째 가설은 '감시자 가설(Monitor Hypothesis)'로, 우리가 언어를 습득이 아니라 인지적으로 학습하는 상황에서는 내가 하는 말이 제대로 맞는지를 우리 머릿속에서 스스로 감시하게 되며, 이것을 감시자라고 한다. 일종의 정신적 모니터링(monitoring)인 것이다. 예를 들어 여러분들이 옆 사람에게 영어로 이야기를 하는 경우에 꽤 많은 사람들은 머릿속으로 미리 리허설을 해 본 다음에 이야기를 하고 싶을 것이다. 일단 '아 이 문장을 이렇게 하는 것이 어떨까? 아냐, 이 표현은 좀 이상한 것 같은데… 그럼 이렇게 하는 것이 좋을 것 같네…' 등으로 상대방에

〈사진 24〉 (인위적인) 학습 환경

게 창피를 안 당하려고 머리를 많이 굴리는 것이다. 여러분 스스로가 여러분의 영어 발화를 의식하고 통제·감시한다는 것이다. 따라서 의식적인 학습 상황에는 보이지 않는 머릿속 감시자가 늘 작용하고 있다는 것이며, 그렇기 때문에 Krashen은 영어를 습득하는 상황에 비해 학습하는 상황에서 효율성이 떨어진다고 생각한다.

세 번째는 '자연적 순서 가설(Natural Order Hypothesis)'이다. 이것은 습득에 관련되어 있는 가설로, 우리가 외국어를 자연적인 상황에서 습득한다면, 언어를 배워나가는 과정에는 정해져 있는 순서가 있는 것으로 보인다는 가설이다. 자연적인 상황에서 언어를 배운다고 할 때 배워나가는 순서가 있다는 것을 발견한 연구들이 1970년대에 많이 있었다.

〈그림 13〉의 예를 한번 살펴보자. 이 자료는 1970년대에 Krashen과 같은 대학에 있었던 Dulay(듀레이)와 Burt(버트)라는 학자들이 스페인어와 중국어를 모국어로 쓰는 아이들이 미국 캘리포니아 지역에 이민 와서 자연적인 언어 습득 상황에서 영어의 다양한 형태소, 즉 문법 사항을 어떤 순서로 배우는지를 도식화한 것이다. 흥미로운 것은 스페인어와 중국어는 언어가 매우 다르지만, 어찌된 영문인지 아이들은 모국어와는 별 상관없이 영어를 배우는 순서가 아주 유사하다는 것이다.

더욱 우리의 흥미를 끄는 것은 위와 같이 제2언어로 미국에서 영어를 '습득'하는 이민 온 아이들이 영어를 배워나가는 순서는 미국에서 태어나서 자란 평범한 미국 아이들이 영어를 모국어로 배우는 순서와 별반 차이가 없다는 것이었다.

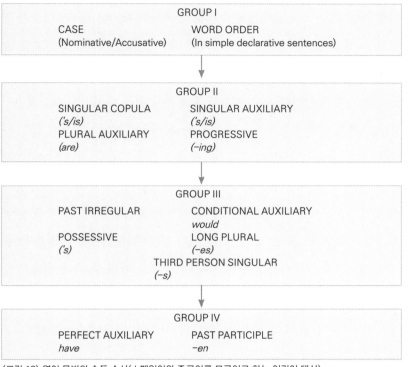

Acquisition hierarchy observed

GROUP I

CASE
(Nominative/Accusative)

WORD ORDER
(In simple declarative sentences)

GROUP II

SINGULAR COPULA
(*'s/is*)
PLURAL AUXILIARY
(*are*)

SINGULAR AUXILIARY
(*'s/is*)
PROGRESSIVE
(*–ing*)

GROUP III

PAST IRREGULAR

POSSESSIVE
(*'s*)

CONDITIONAL AUXILIARY
would
LONG PLURAL
(*–es*)
THIRD PERSON SINGULAR
(*–s*)

GROUP IV

PERFECT AUXILIARY
have

PAST PARTICIPLE
–en

〈그림 13〉 영어 문법의 습득 순서(스페인어와 중국어를 모국어로 하는 어린이 대상)

Roger Brown(로져 브라운)이라는 학자가 1970
년대 초에 영어를 모국어로 습득하는 아이들을 연
구하였는데, 그 결과, 아기들은 주격, 목적격에 해
당하는 case(격)를 먼저 배우게 되고, 관사를 배우
고, be 동사, ing형, 복수형, 조동사, 과거형, 소유
격, 3인칭 단수 현재형 순서로 습득해 나간다는 것

〈사진 25〉 Roger Brown

을 알아냈다. 〈그림 13〉의 표와 크게 다르지는 않다. 흥미로운 일이다. 사람들은 각 언어를 정해진 순서대로 배우도록 태어난 걸까? 이러한 연구들을 생각해 보면, 과거의 스키너나 다른 행동주의자가 생각했던 것처럼 사람의 언어 습득은 주변에서 들리는 소리를 모방하고 따라 하는 단순한 과정이 아니라, 마치 컴퓨터를 부팅을 했을 때 Windows 화면이 나오고 바탕화면이 보이는 정해져 있는 순서가 있는 것처럼 아이들이 언어를 배우는 순서가 있다는 것이다. 앞에서 설명한 Chomsky가 이야기한 것처럼 사람들은 언어를 배우는 장치인 LAD가 있고, 보편문법에 따라서 자연스럽게 습득 한다는 것을 지지하는 증거로 볼 수 있다. 다만 여기서 유의해야 할 것은 학습(learning) 상황에서는 이와 같은 습득 순서가 지켜지지 않는다는 점이다. 다만 미국으로 이민 온 중국어 혹은 스페인어를 모국어로 쓰는 아이가 미국에서 적응해서 자라며 영어를 '습득' 해 나가는 과정을 관찰하였더니 아이들이 이러한 순서로 습득한다는 것을 알게 되었다는 것이다.

네 번째는 '이해 가능한 입력 가설(Comprehensible Input Hypothesis)' 이다. 습득이 일어나는 상황에서 학생들은 현재 상태보다 약간만 더 어려운 언어 입력(input)이 제시될 때 언어를 더 잘 배워간다는 가설이다. 그 현재 상태보다 약간 더 어려운 입력을 i+1(아이 플러스 원)이라고 한다. 입력을 뜻하는 input의 이니셜 i에다가 +1을 합친 것이다. 약간만 더 어려운 가르침을 주어야 한다는 건 어찌 보면 당연한 이야기이다. 예를 들어, 한 아이의 언어능력이 50이라고 했을 때, 선생님이나 부모님이 그 아이의 수준인 50에만 해당되는 입력을 준다면 그 학생은 발전이 없을 것이다. 이미 할 수 있는 언어 표현만 계속 알려 주기 때문이다. 'Good morning'이라는 표현을 알고 있는 아이에게 'Good morning'이라는 표현만 계속 또 주고 또 주고 해 봤자 영어 실력이 늘지를 않는다는 것이다. 반면에 선생님이나 부모님이 50의 수준인 아이한테 갑자기 100에 해당되는 어려운 언어 입력을 준다면, 아이들은 지식의 '소화불량'에 걸릴 것이다. 왜냐하면 학생의 수준보다 훨씬 더 어려운 것을 배우기 때문에 이해가 되지 않는 것이다. 이제 겨우 'Good morning'을 익힌 아이에게 "It's a lovely day, isn't it? How's it going, sir?"라는 표현을 선생님이 이야기해줘 보았자 이 아이는 이해할 수 없다. 즉, 이 아이에게 이러한 표현은 이해 가능한 입력(comprehensible input)이 아니라는 것이다. 따라서 Krashen은 습득이 일어나기 위해서는 지금 현재 상태인 'i'보다 약간만 어려운 것을 제공해야 한다고 한다. 예를 들어 위의 학생에게 "Good morning, how are you?" 정도는 i+1에 해당된다고 볼 수 있을 것이다.

Krashen은 학생이 이해 가능한 입력에 많이 노출되어 있을 때에는 언어능력, 때로는 문법적인 능력으로 볼 수 있는 그런 능력이 일부러 가르치지 않아도 자연스럽게 생겨난다고 본다. 즉, 많이 들으면 말은 자연스럽게 '표출(emerge)'된다는 입장이다. 약간 어려운 i+1을 충분히 많이 들으면 영어를 자연스럽게 잘할 수 있다는 생각이 만일 사실이라면 여러분은 당장 TV를 틀고 영어 방송만 24시간 계속 주의 깊게 들으면 될 것이다. 조금 뒤에 설명할 것이지만 이건 꽤나 순진한 생각이어서 이렇게 아무리 해도 말문이 자동적으로 트이지는 않는다. 유아 영어교육을 생각하시는 많은 어머니들이 아이에게 Magic School Bus니 뭐니 하면서 DVD를 구입해서 아이에게 계속 틀어 주는 경우가 있는데, 한국에서 엄마·아빠가 다 한국어를 하는데 TV에서만 영어를 틀어 준다고 뭐가 달라질까? 아이 교육이 이렇게 된다면 참 편리할 텐데 신은 부모가 그렇게 게으르게 아이를 키우는 걸 좋아하지는 않으시나 보다. 별로 대단한 효과는 없으니까.

이해 가능한 입력 가설은 그 당시 많은 사람들에게 긍정적 영향을 끼쳤지만, 나중에 많은 비판을 받게 된다. 첫째 이유로는 이해 가능한 입력이 교실 상황에서 모든 학생에게 적용될 수 있겠는가 하는 비판이다. 선생님이 한 반에서 30명의 학생들을 가르친다면 이 학생들의 수준은 학생 개인마다 매우 다르기 때문에 어떤 아이에게는 i+1로 작용할 입력이 다른 아이에게는 현재 그 아이의 딱 그 수준의 입력인 i일 수도 있고, 또 어떤 아이에게는 i+5, i+10으로 다르게 인식될 것이다.

그렇다면 이해 가능한 입력은 그럴듯한 탁상공론에 지나지 않고 교실 활동에 적용될 가능성은 별로 없는 것 아닐까 하는 의문이 생긴다. 또 영어에서는 문법 항목과 같이 구조가 복잡해지는 정도를 비교적 체계적으로 나눌 수 있는 것이 있는 반면 그렇지 않은 수없이 많은 다른 요소를 생각해 볼 수 있다. 언뜻 생각해도 문법 이외에도 어휘, 발음, 의미, 문단 구성, 사회언어학적 능력 등등이 있을 텐데, 이 모든 것들도 i, i+1, i+2 등등으로 나눠서 생각해 볼 수 있을까? 이렇듯 이해 가능한 입력 가설은 초기에 큰 관심을 끌었음에도 불구하고 현실적으로 교실에 적용해서 큰 효과를 보기 힘들다는 비판을 꾸준히 받아 왔다.

아무튼 Krashen의 이해 가능한 입력 가설 중 특히 i+1이라는 개념은 초등학생들에게 영어를 가르칠 때에 특히 유념해야 한다. 영어에 대한 흥미와 동기를 계속 유지 발전시켜야 하는 인지 수준이 높지 않은 초등학생들에게 처음부터 교사가 너무 어려운 것을 제시한다면, 영어에 대한 흥미도 확 떨어져서 동기가 없어질 것이기 때문이다. 그렇기 때문에 학생들의 수준에서 약간만 어려운 것을 단계적으로 교사가 제시해 주어야 영어를 잘 배울 수 있을 것이라고 생각해 볼 수 있다.

다음 가설은 '정서적 여과장치 가설(Affective Filter Hypothesis)'이다. 예를 들어, 교실 앞에서 여러분이 영어로 발표를 해야 한다고 가정해 보자. 사람마다 차이가 있겠지만 대부분 긴장을 하게 되고 스트레스를 받게 된다. 특히 영어로 발표하는 것이나 원어민과 대화를 해야 하는 상황에 있어서 영어학습자들이 긴장을 느끼는 것을 Krashen은 정서적 여과장치(affective filter)의 수준이 상승하여 불안감을 느낀다고 간주한다. 따라서 학습 상황에서 낮은 수준의 여과장치를 유지하는 것이 좋다고 보는 것이다. Krashen은 학습자들의 정서적 여과장치가 올라가면 항상 긴장하고 불안감을 느끼기 때문에 가급적 이것을 낮추어 불안감을 낮추는 것이 영어교육에 더 도움이 된다고 이야기한다.

정서적 여과장치 가설 역시 그럴싸하지만 비판을 피해 가지는 못했다. 무엇보다 이 가설은 과학이 아니라 차라리 소설 아니냐는 비판이다. 우리 머릿속 어디에도 정서적 여과장치는 존재하지는 않는다. 이미 심리학적으로 우리는 불안감(anxiety)이라는 개념을 파악하고 있고 이것에 관련된 수없이 많은 연구가 진행되어 왔는데 과연 정서적 여과장치는 불안감과 어떻게 다른 것인지도 여전히 모호하다. 게다가 제2언어를 배울 때의 불안감을 연구한 학자들은 반드시 불안감이 없는 상태가 언어를 잘 배우는 상태를 의미하지는 않는다는 것에 주목한다.

여러분들은 아마 우리말 중에 '영포자'라는 말을 들어보았을 것이다. 영어포기자라는 말의 약자인데, 중·고등학교 교실에서 영어 과목을 아예 손놓아버린 학생들을 자조적으로 일컫는 말이다. 이 학생들이 영어 시험을 볼 때에 불안감을 과연 크게 느낄까? 별로 그렇지는 않은 것 같다. 잃을 것이 없으니 아예 무념무상(無念無想), 담담한 마음가짐일 것이다. 반면 반에서 최상위권 학생이 영어 시험이 내일이라고 했을 때에 시험공부를 다 했다고 아주 마음이 편하고 불안감이 없을까? 아마 그렇지

〈사진 26〉 영포자?(D. Sharon Pruitt 촬영)[10]

영어교육을 알면 영어가 보인다

않을 것이다. 심지어는 공부를 하면 할수록 불안감이 더 많아진다는 학생들도 있다. 긍정적인 관점에서 보았을 때에 여러분들이 어떤 시험이나 평가에 대해 불안감을 느끼는 것은 아마도 그 과목에 대해 어느 정도는 준비를 해 놓았고 행여나 준비한 만큼의 실력을 보여 주지 못하면 어쩌나 하는 그 염려 때문인 경우도 많을 것이다. 이런 것들을 촉진적 불안감(facilitative anxiety)이라고 학자들이 분류하고 있다. 앞서 Krashen은 정서적 여과장치를 최대한 낮춰야 한다고 했는데, 불안감을 연구한 학자들은 때에 따라 촉진적 불안감이 오히려 언어 학습에 도움이 된다는 입장을 취하고 있어서 서로 아귀가 잘 안 맞는 부분이 있다.

지금까지 Krashen의 다섯 가지 가설에 대해서 이야기를 했는데, 우리가 한 가지 꼭 유념해야 할 것은 이것들은 모두 가설이라는 점이다. 이미 언급하였듯 가설이라는 것은 충분한 실험이나 경험을 통해 입증된 것이 아니라는 의미이다. 비록 Krashen이 창의적으로 위의 다섯 가지 가설에 대해서 이야기를 했지만, 여전히 이 가설들이 입증되지는 못하고 있고, 앞으로도 입증되기 어려울 것 같다.

2) 말은 해야 맛이지! 스웨인의 이해 가능한 출력 가설

이해 가능한 출력 가설을 살펴보기 위해서는 앞에서 설명한 Krashen의 이해 가능한 입력 가설이 캐나다의 프랑스어 몰입교육에 어떻게 적용되었는지를 먼저 살펴볼 필요가 있다. Krashen의 이해 가능한 입력 가설에서 중요한 것은 학습자의 현재 수준보다 약간 어려운 영어 입력을 교사나 부모님이 제시해야 영어를 올바로 습득할 수 있다는 것이다. 그의 이론에 대해 1970년대와 1980년대 전 세계적으로 많은 사람들이 상당히 호의적으로 생각을 했다. 또한, 시기적으로 Krashen은 행운아였다. 그 이유는 캐나다의 영어권과 불어권 사람들의 갈등 때문이었다. 1960년대 말 미국의 바로 윗동네인 캐나다에서는 지역감정이 악화되어 영어권 사람들과 프랑스어권 사람들의 갈등이 계속 증폭되고 있었다.

그중 하나가 캐나다 퀘벡(Quebec) 주의 분리 독립 운동이었다. 캐나다는 영어권 국가이지만, 퀘벡 주는 프랑스에 살았던 사람들이 이민 와 집중적으로 거주하는 곳이다. 그곳에서는 거의 대부분 프랑스어를 사용하고 그들만의 문화를 지니고 있는 편이었으므로, 캐나다로부터 분리 독립을 하고자 하는 움직임들이 있었던 것이다. 지금도 퀘벡 주에 가면 캐나다 연방 정부 국기인 단풍잎(Maple Leaf) 대신 파란색 바탕의 흰 십자가와 네 개의 백합 문양이 수놓인 퀘벡 주 정부 깃발을 훨씬 더 많이 볼 수 있다. 언어도 프랑스어만 들리니 간간히 보이는 영어 표지판을

〈그림 14〉 캐나다 영토와 퀘벡 주(州)[11]

〈사진 27〉 퀘벡 주 정부 기[12]

〈사진 28〉 캐나다 연방 정부 국기

빼면 과연 여기가 프랑스인지 캐나다인지를 알 수 없는 경우도 있다. 따라서 지금까지 두 차례에 걸쳐 퀘벡 주의 프랑스어 사용자들은 캐나다 다른 주에서 분리 독립하자는 주민 투표를 진행해 왔다. 1980년과 1995년에 주민 투표가 실시되었는데, 1995년 투표 결과는 퀘벡 분리 독립 찬성이 49.42%, 반대가 50.58%로 정말 근소한 1% 차이로 퀘벡 주는 아슬아슬하게 캐나다에 계속 속해 있게 되었다.

일찍이 이런 움직임에 불을 지핀 뜻밖의 사건은 1967년 퀘벡 주의 몬트리얼(Montreal) 시를 방문한 프랑스의 샤를르 드골 대통령이었다. 당시 몬트리얼은 67 세계 엑스포를 개최하고 있었다. 2006년 6월 10일자 캐나다 한국일보에 당시 사건이 잘 정리되어 있다.

몬트리얼 세계박람회 엑스포 67이 열리자 캐나다 국민들은 그들 간의 차이점을 극복하고 단합할 수 있을 것이라고 생각했다. 엘리자베스 2세 여왕을 포함한 전 세계 수많은 국가수반들과 정부고관들이 박람회장을 방문했다. 퀘벡은 프랑

〈사진 29〉 샤를르 드골 프랑스 대통령

스의 샤를르 드골 대통령도 초대했다. 드골은 초대를 수락했다. 그는 수락 전 당사국 정부와 먼저 상의한다는 외교상의 관례를 무시했다. 물론 캐나다 연방 정부의 피어슨 총리는 이런 드골의 처사가 불쾌했다. 드골은 캐나다 수도 오타와를 방문하기 전에 퀘벡을 먼저 찾는 등 외교관례를 거듭해서 깨뜨렸다. 그는 먼저 뉴펀들랜드 근처에 있는 프랑스의 해외주(海外州)인 생피에르에서 미켈

롱으로 간 뒤 거기서 프랑스 군함을 타고 퀘벡 시 남쪽의 울프스 코브(Wolfe's Cove)에 도착했다. 캐나다 연방정부를 무시한 그의 행동은 퀘벡을 준(準)독립 국가로 인정함을 보여 주는 듯했다.

퀘벡 시(Quebec city)로부터 몬트리얼 시까지 가는 드골의 차량행렬은 잘 조직된 쇼였다. 분리주의를 정강(政綱)으로 하는 국가독립당(RIN)의 당원들은 환영 인파들을 길목 요소마다 전략적으로 배치했다. 드골이 봤던 일부 플래카드 중에는 "자유 퀘벡(Quebec Libre)"이란 구호도 있었다.

몬트리얼 시청에서 국가(國歌) '오 캐나다'가 울려 퍼지자 수많은 사람들이 야유를 퍼부었다. 드골은 이 기회를 놓치지 않고 시청 발코니에 등장, 짧은 연설을 시작했다. 운집한 시민들의 열렬한 환성 속에 그는 "몬트리얼 만세, 퀘벡 만세, 자유 퀘벡 만세, 프렌치 캐네디언 만세, 프랑스 만세(Vive Montreal, vive le Quebec, vive le Quebec libre, vive le Canada Français, et vive la France)"라고 외쳤다. 마지막 두 문장은 군중들의 환호 속에 묻혀 버렸다. 이것은 캐나다 역사에 있어 결정적인 순간이었다. 많은 캐나다 국민들이 경악을 금치 못했다.

따라서 1960년대 말 캐나다의 국가적 목표는 영어 사용 국민과 프랑스어 사용 국민들이 어떻게 서로 단합하여 상생할 수 있을지에 대한 점이었다. 정치인들은 궁리궁리 하다가 일단 언어의 장벽을 없애는 것이 필요하다는 것에 의견 일치를 보았다. 따라서 캐나다 연방 정부는 1968년도에 이중언어 법령(Bilingual Acts)이라는 것을 만들었다. 이전에는 영어를 사용하는 사람은 영어를 사용하고 프랑스어를 사용하는 사람은 프랑스어를 사용하는 상황이었다면, 이제는 나라의 분열을 막기 위해서 캐나다에서는 누구든지 영어와 프랑스어를 둘 다 자유롭게 구사할 수 있도록 하는 법령을 발표한 것이다. 그리고 이를 위해 캐나다에서는 Krashen에게 자문을 자주 구해서 영어가 모국어인 유치원 아이들에게 불어를 가르칠 때의 이론적 근거를 찾고 싶어 했다. 그때 Krashen의 이해 가능한 입력 가설은 마치 물고기가 물을 만난 듯이 날개를 달고 대유행을 하기 시작했다.

사실 캐나다의 프랑스어 몰입교육의 역사는 1965년으로 거슬러 올라간다. 퀘벡 주의 소도시인 세인트 램버트(St. Lambert)에 살고 있던 영어를 모국어로 쓰는 학부모들이 자신들의 아이들이 학교에서 더 잘 적응할 수 있기를 바라는 마음에 교육청에 탄원서를 냈다. 이 탄원에 따라 1965년도에 시범적으로 딱 한 학급만을 대상으로 프랑스어 몰입교육이 시작되었다. 하지만 2년 뒤인 67년에 드골 대통령 사건이 있고 나서 정치적 결정에 의해 국가적인 정책으로 이중언어 정책이 시행된 것이다. 따라서 1960년대 말에서 1970년대부터 캐나다에서는 본격적으로 언어 몰입교육(language immersion education)이 시작되었다.

Krashen의 이해 가능한 입력 가설에 따라 많은 캐나다 선생님들은 유치원 아이들이 고등학생이 될 때까지 약 12년 이상 열심히 교육시켰다. 그러나 결론부터 이야기하면 이 아이들은 결국 영어 원어민으로 성장했고, 유창한 이중언어 구사자가 되지는 못했다. 물론 프랑스어를 상급자 수준으로, 특히 청취 면에서는 썩 잘하긴 했지만, 프랑스에 사는 사람들이나 퀘벡 주에서 프랑스어를 모국어로 사용하는 사람들과 비교해 보았을 때는 확연히 달랐다. 그 이유에 대해서 학자들이 연구를 진행하였고, 그에 따라 나온 학설이 Swain(스웨인)의 '이해 가능한 출력 가설(Comprehensible Output Hypothesis)'이다.

캐나다 밴쿠버 출신으로 토론토 대학교 온타리오교육학연구소에서 30년 이상 연구와 교육을 해온 Merrill Swain은 1980년대 초반까지도 캐나다 정부 차원의 프랑스어 몰입교육과 관련된 연구를 많이 했는데, Krashen의 주장이 현실과 부합하지 않는 면이 많다는 것을 발견하였다. 몰입

〈사진 30〉 Merrill Swain

교육을 받은 아이들 대부분이 유창한 이중언어 구사자가 되지 못했던 것이다. 그 이유는 아이들이 십수 년 동안 프랑스어를 들으며 다양한 입력에 노출되었지만, 실제로 말을 많이 하거나 글을 쓰는 기회가 많았던 것은 아니었기 때문이다. 따라서 말을 배울 때 입력(input)도 중요하지만, 아이들이 실제로 해 볼 수 있는 출력(output)도 중요하다고 생각하게 된 것이다. 그래서 나온 것이 이해 가능한 출력 가설이다. 아이들은 자신들이 아는 것만을 말하는 것이 아니라 자신의 수준보다 약간 높은 수준의 것을 말하기도 하고 글로도 써보게 하는 것이 중요한 것이다. 따라서 Krashen의 이해 가능한 입력 자체만으로는 충분조건이 되지 못하고 그에 못지않게 실제로 말을 하고 글을 쓰는 출력(output)이 더 중요하다는 입장이 주목받게 되있다.

Swain(1985)은 교실에서 외국어를 배우는 학생들에게 외국어로 말을 할 수 있는 기회를 많이 주어야 외국어 능숙도가 늘어난다고 한다.

Swain이 말하는 출력의 세 가지 좋은 기능은 1) 주목/촉진(noticing/triggering) 기능, 2) 가설 검증(hypothesis testing) 기능, 3) 초언어적(metalinguistic) 기능이다.

첫째, 해당 외국어를 의미 있게 발화, 즉 출력하는 것은 학생 스스로가 자신이 무슨 말을 할 수 있고 없고를 명확하게 알아챌(noticing) 수 있게 한다. 이를 '주목/촉진 기능(noticing/triggering function)'이라고 한다. 여러분들도 이런 경험이 많을 것이다. 머릿속으로는 복잡한 영어 구문을 생각해 보고 마음속으로 몇 번씩이나 리허설을 해 보았는데, 막상 영어로 말을 해 보려고 치면 말이 꼬인다거나 잊어버려서 절반쯤 말하다가 가운데서 딱 막힌다거나 하는 경험 말이다. 실제로 말을 해 보기 전에는 '뭐 이런 것쯤이야' 하고 마음속으로 얕잡아 보다가, 실제로 그것을 입 밖으로 내 보려니 어렵다는 것을 깨닫게 된다. 자신의 부족한 점에 주목(noticing)하게 되는 것이다.

출력의 두 번째 기능은 '가설 검증 기능(hypothesis testing function)'이다. 여러분들이 새로 배운 영어구문이나 어휘를 사용하려 한다고 가정해 보자. 사실 우리는 이 구문이나 어휘가 이제 막 배운 거니까 사용하는 데 자신이 없을 수 있다. 하지만 일단 저질러 보자는 심정으로 그것을 상대방에게 사용했는데, 상대방이 잘 알아듣고 대화가 잘 이루어진다면 여러분들이 머릿속으로 생각한 그 가설이 맞는 것이다. 반면 상대방이 얼굴을 찌푸린다거나 고개를 갸우뚱한다거나 "Pardon, me?", "Could you say that again?" 등으로 되묻는다면 뭔가 여러분들이 사용한 항목이 상대방에게 이상하게 이해되었다는 말이다.

예를 들어 어떤 사람이 영어 표현 "Why not?"을 이제 막 배웠고, 그 뜻을, "Sure, of course." 등과 같이 생각한다고 가정해 보자. 누군가가 이 사람에게 "Why don't we go to the potluck party this evening? (오늘 저녁에 각자 자기 먹을 것 싸오는 파티에 가자)"는 말을 한 경우, 이 학습자가 적극적인 긍정의 뜻으로 "Why not?"이라고 말한다면 상대방은 조금 섭섭할 수 있다. 이런 제안에 대해서 받아들이려면 흔쾌하게 "Sure! I'd love to go." 등으로 하는 것이 좋지 "Why not?"이라고 하면 다소 소극적으로 "(뭐 딱히 다른 할 일도 없고 심심하니까) 가 보지 뭐" 정도의 뉘앙스를 풍기기 때문에 어쩌면 상대방은 불쾌했을 수도 있겠다. 이때 학습자는 상대방의 얼굴 표정이 다소 당황, 불편해 하는 등의 변화를 보면서 "아 이거 뭔가 잘못되어 가는 것 같은데? 'why not'은 이럴 때 쓰면 안 되나 보다. 쩝" 등의 생각을 하게 되는 것이다. 이 학습자는 애초에 "Why not?"을 "Sure"와 같이 바꿔 쓸 수 있을 것이라는 나름대로의 가설(hypothesis)을 세웠지만 결국 이 가설은 틀린 것으로 판명되었다. 이 학습자는 좀 창피한 상황을 당하기는 했지만 아무튼 가설을 나름 설정했고 용감하게 그것을 검증해 본 것이다. 출력을 해 보지 않았다면 이 학습자는 이런 깨달음도 없었을 것이다. 결국 영어공부는 좌충우돌해 가면서 배워가는 것이니까.

출력의 셋째 기능은 '초(超)언어적 기능(metalinguistic function)'이다. 때로는 초담화(metatalk) 기능이라고도 한다. 우리는 말을 함으로써 우리의 생각을 정교화할 수 있다. 외국어를 배운다는 것은 새로운 사고의 체계를 세우는 것이고 이 사고 체계는 새로운 언어를 배워나갈

수록 계속 정교해지는 것이다.

언어는 사고를 매개한다는 말이 있다. 어른들이 젊은이들에게 하는 충고 중 하나가 "좋은 말만 하고 좋은 생각을 해라"는 것이 있다. 즉, 좋은 말을 하면 좋은 생각이 나게 되고, 나쁜 말을 내뱉으면 나쁜 생

〈사진 31〉 George Lakoff

각을 한다는 것이다. 우리가 사용하는 언어는 우리가 생각하는 방식, 즉 사고 패턴에 영향을 미친다. 이것은 George Lakoff(조지 레이코프)라는 언어학자가 프레이밍(framing)이라고 부르는 현상이다. 대통령 선거를 할 때에 이 프레이밍 효과가 극대화되는 것을 알 수 있다. 1987년 제5공화국 말기에 실시된 대통령 선거의 최종 승자는 '보통 사람' 노태우 후보였다. 전두환 장군과 친구 사이인데다가 1980년 신군부 쿠데타로 정치권력의 최고 실세(實勢)였던 전 직 장군이 어떻게 평범한 보통 사람이 되었는 지는 잘 모르겠지만, 많은 국민들은 왠지 얼 굴도 소박해 보이고 말투도 어눌한 느낌의 그

〈사진 32〉 노태우 전(前) 대통령
(출처: e영상역사관)

가 스스로를 "보통 사람 노태우 믿어 주세요"라고 자꾸자꾸 외치자 믿고 싶어졌고 믿어버리게 되었다. 보통 사람이 아닌데도 보통 사람이라고 프레이밍을 기가 막히게 잘했고 서민들의 많은 지지를 받아서 결국 대통령에 당선되었다.

이렇듯 우리가 어떻게 이름을 붙이는가에 따라 우리는 그 이름대로 기억하는 경향이 있고, 언어가 어떻게 우리의 생각에 영향을 미치는지는

Lakoff의 프레이밍 개념으로 충분히 이해할 수 있을 것이다. 이렇듯 프레이밍에는 엄청난 효과가 있기 때문에 광고 카피라이터들이 억대 연봉을 받는 것이고 언어의 힘을 빌어서 우리의 생각을 조절할 수 있다는 믿음이 작용하는 것이다. Swain이 주장하는 출력의 초언어적 기능은 우리가 한국어로 말할 때 겪는 생각에의 영향 및 변화 현상이 외국어를 배우고 말할 때에도 적용될 수 있는 것이다.

3) 다시 말해 주실래요? 롱의 상호 작용 가설

Long(1985)은 이해 가능한 입력(comprehensible input)과 출력(output) 둘 다 중요하긴 하지만, 실제로 중요한 것은 '상호작용(interaction)'과 '의미협상(negotiation of meaning)'이라고 한다. 원어민이 비원어민에게 어떤 말을 한다고 할 때, 잘 알아들을 수 있는 경우도 있지만, 이해하지 못하는 경우도 꽤 많이 발생한다. 그 경우, 비원어민이 원어민에게 다시 말해달라거나 좀 더 쉽게 말해달라고 요청할 수 있고 이에 따라서 원어민이 다시 한 번 이야기하게 된다. 예를 들어, 영어 원어민과 비원어민이 대화를 할 때에, 여행자인 비원어민이 그 곳 지

리가 익숙하지 않아서 길에서 원어민에게 길을 물어본다고 할 때, 아래와 같은 대화가 자주 벌어질 것이다.

〈사진 33〉 Michael Long

1. 비원어민: Excuse me. Where is City Hall?

   (실례합니다, 시청이 어디지요?)

2. 원어민: Oh, do you want to go to City Hall?

   (오, 시청에 가고 싶으세요?)

3. 비원어민: Yes. yes.

   (예, 예.)

4. 원어민: Then, the fastest way is to use the metro system.

   (그러면, 제일 빠른 건 메트로 시스템을 이용하는 거에요.)

5. 비원어민: Metro? Metro system? Uh… What's that?

   (메트로? 메트로 시스템이요? 그게 뭐지요?)

6. 원어민: Well, I mean, subway.

   Go down to the subway just around the corner.

   Do you know the word subway?

   (음, 제 말씀은 지하철이요. 저쪽 코너 돌아서 지하철로 내려

   가세요. 지하철이라는 단어 아세요?)

7. 비원어민: Yes, I know it.

   (예, 알고 있어요.)

위 대화에서 비원어민이 metro라는 단어를 모르기 때문에, 5번에서 메트로가 뭐냐고 다시 물어보는데, 이것을 '명확하게 해달라는 요구 (clarification request)'라고 한다. 이 요구에 대해서 6번에서 원어민은 metro라는 단어 대신 subway라는 단어로 대체한 후, 이 단어를 아

느냐고("Do you know the word subway?") 다시 물어본다. 6번에서 원어민이 한 것을 '이해 확인(confirmation check)'이라고 한다. 결국 위의 짧은 대화에서 비원어민은 원어민과의 실제 대화를 통해 자신이 원하는 정보를 제대로 얻어 냈다. 영어학습 측면에서 비원어민은 그전까지는 모르던 단어 metro를 알게 되었다. 실제 의미 있는 상호 작용 속에서 언어를 학습하게 되며, 그 과정에는 의미 차이를 극복하기 위한 대화 참여자 쌍방의 노력이 있음을 알 수 있다.

위의 대화에서는 영어의 다양한 의미와 표현(metro, subway)을 알고 있는 원어민과 metro의 의미를 모르는 비원어민은 서로 노력해서 의미 협상을 시도하였다. 이 결과 비원어민은 metro라는 단어를 알게 된 것이다. 4번에서 원어민이 제공한 언어 정보는 비원어민의 영어 능력 수준에 맞추지 않은 수정되지 않은 입력(unmodified input)이고, 5번의 비원어민의 명확화 요구를 받아서 6번에서는 다시 수정된 입력(modified input)을 제공하여, 결국 의사소통이 원활하게 이루어졌다.

이렇게 원어민과 비원어민 혹은 교사와 학생이 영어로 의사소통을 할 때, 서로 상호작용을 하고, 그 의미에 대해서 서로 협상을 한다는 것이 언어를 배우는 것에 있어서 가장 중요한 것이라는 생각이 Long의 상호작용 가설의 핵심적 내용이다. 위의 대화 예문에서 보듯이 결국 비원어민은 자신이 원하는 것, 즉 과업(task, 이 경우는 시청에 가는 정보 얻기)을 성공적으로 수행하게 되고, 언어적으로는 단어 metro를 학습하였다. 이 점 때문에 상호작용 가설은 뒤의 PART II에서 다시 상세하게 설명하게 될 '과업 중심 언어교수법(task-based language teaching; TBLT)'의 이론적 뼈대가 되는 아주 중요한 가설이다.

4) 잠재적 가능성을 고려해 주세요! 비고츠키 사회문화이론: 근접발달영역, 비계, 언어하기

Vygotsky(비고츠키)의 사회문화이론은 학습자와 학습자 주변 환경간의 상호작용 및 매개를 중심으로 살펴보는 이론이다. 우리는 혼자서 살 수 없고, 우리가 태어나서 지금껏 이만큼 성숙하게 된 것

〈사진 34〉 Vygotsky와 근접발달영역

은 우리 주변에 있었던 수없이 많은 분들의 도움이 있었기 때문이다. 이러한 점에서 부모님이나 선생님의 역할은 참 대단한 것이다. 사회문화이론에서 핵심적인 개념들은 근접 발달 영역(ZPD)과 그와 관련된 비계(scaffolding) 활동이다. 근접 발달 영역은 이미 한 번 설명한 바 있지만, 학습자 스스로는 수행할 수 없으나, 주변에 더 유능한 사람(예를 들어 부모님, 선생님, 더 똑똑한 친구)의 도움으로 결국 수행해낼 수 있는 일과 학습자 혼자서도 할 수 있는 일 사이의 정신적 간격이라고 이해하면 된다.

앞 장에서는 Krashen의 입력 가설에서 언급한 i+1의 개념과 근접 발달 영역은 얼핏 보면 비슷한 측면이 있다. 왜냐하면 Krashen도 학습자의 현재 수준보다 약간 어려운 입력을 제공해야 한다고 말하고 있고,

Vygotsky도 주변의 여러 사람들이 학습자의 수준에 맞는 정보를 제공해서 학습이 일어나는 것이라고 말하고 있기 때문이다. 하지만 결정적인 차이는 Vygotsky는 학습자의 능동성을 강조한 반면, Krashen은 학습자를 다소 수동적 대상으로 여긴다는 것이다. Vygotsky의 ZPD에서는 학습자와 그 주변 사람들 간의 활발한 의견 교환을 통해서 최적의 학습 환경이 제공될 수 있다고 생각하는 반면, Krashen의 i+1에서는 교사가 학생의 현재 수준을 미리 파악해서 알아서 잘 제공하는 입력에 한정된다. 즉, 학습자가 이런저런 의견을 표현하면 상대방이 언어 입력 수준을 조정해야 한다는 생각이 Krashen에게서는 발견되지 않는다. 또한 학습에 대한 관점에서 Krashen은 학습이 습득으로 이어질 수 없다고 생각한 반면, Vygotsky는 학습도 습득으로 발전될 수 있음을 제시했기 때문에 두 이론 사이의 명백한 차이를 나타낸다. 다시 말하면 Vygotsky는 외국어로서 영어를 배우더라도 그것을 열심히 배우고 의미 있게 인식하면 충분히 학습자의 사고를 발전시키는 유익한 사고의 도구로 활용할 수 있다는 입장이다.

ZPD에서 우리가 흥미롭게 생각해 보아야 할 점은 학생들에 따라 이 근접 발달 영역의 폭이 다르다고 Vygotsky가 생각했다는 것이다. 학생 A와 학생 B가 있고 둘 다 똑같이 어려운 문제를 풀 수 없는 경우에, 학생 A는 선생님이 조금만 설명해 줘도 금방 이해하고 그 문제를 풀어낼 수 있는 반면, 학생 B의 경우는 문제를 풀기 위해서 더 많은 설명과 예시가 필요할 수 있다. 이 경우 우리는 학생 A의 ZPD, 즉 근접 발달 영역이 학생 B의 ZPD보다 더 넓다고 한다.

비계(飛階, scaffolding) 개념 역시 ZPD와 유사한 사회문화이론의 핵심적 개념이다. 미국의 저명한 심리학자인 Jerome Bruner(제롬 브루너)가 주장한 비계 개념은 Vygotsky의 ZPD와 몹시 흡사한다. 그도 그럴 것이, Bruner에게 사상적 영향을 끼친 학자들로는, 철학자 Ludwig Wittgenstein(루드비히 비트겐슈타인), 언어학자 John Austin(존 오스틴),

〈사진 35〉 Jerome Bruner

John Searle(존 썰), 심리학자 Vygotsky 등이 있기 때문이다.

Bruner는 1941년에 하버드 대학교에서 박사 학위를 받은 후, 하버드, 영국 옥스퍼드를 거쳐, 미국 뉴욕 대학교 등에서 열정적으로 많은 연구를 수행했다. 고령임에도 불구하고(1915년 생) 2016년 현재 생존해 계시는 몇 안 되는 학자 중 한 분이다. Bruner는 아이가 언어를 배워나가는 과정에 있어서 부모의 역할이 매우 중요하다고 생각하며, 부모는 아이가 어려움을 겪을 부분을 미리 예측하고 그것을 아이의 수준에 적절하고 쉽게 만들어서 아이가 해낼 수 있게 도와주는 역할을 한다고 한다. 이를 비계를 제공한다고 비유적으로 설명하는 것이다. 비계라는 것은 사실 우리 한국어로는 생소하지만, 공사 현장에서 쉽게 발견할 수 있다. 〈사진 36〉에서처럼 높은 건물을 새로 지을 때에 공사장 인부들이 이용하는 임시 계단을 비계라고 한다. 즉, 정식으로 계단이 없지만 일단 더 높은 곳으로 올라가기 위해서 합판이나 철근을 임시로 이어 붙여서 계단으로 쓰는 것을 비계라고 부르는 것이다. 공사 현장에서 이 비계를 써서 더 높고 견고한 건물을 지어 올리듯이, 학습에 있어서도 부모님이나

<사진 36> 비계(scaffold)

선생님 혹은 더 유능한 친구들의 도움으로 새로운 학습을 할 수 있는 것을 스캐폴딩(scaffolding) 혹은 비계라고 부르고 있다.

위의 ZPD나 스캐폴딩 개념들은 영어학습에도 상당히 많이 적용되어 온 유명한 개념들이다. 앞으로 자세하게 설명하겠지만, 의사소통 중심 언어교수법(CLT)에서는 사람들이 영어를 배우는 1차적 목표는 다른 언어권 사람들과 의미 있는 의사소통을 하기 위해서라고 강조한다. 이를 위해서는 영어를 배울 때 선생님과 학생, 그리고 학생과 학생 간에는 가급적 영어로 많은 대화를 나눠야 하고, 그러는 과정에서 학생들은 스스로의 부족한 점을 깨닫게 되고, 자신의 영어에 대한 가설이 올바른지 아닌지를 테스팅하게 된다. 의사소통 중심 언어교수법에서는 이러한 이유들 때문에 짝 활동(pair works) 혹은 모둠 활동(group activities)을 많이 중요시한다. 서로서로 이야기를 하는 과정에서 학생들은 서로를 도와가면서 영어 실력을 발전시킬 수 있게 되는 것이다. 모둠 활동 속에서 어떤 학생은 더 유능한 친구의 역할을 하기도 하고, 또 다른 학생은 더 유능한 친구에게 도움을 받게 된다. 서로가 서로를 도와주면서 근접 발달 영역의 확장을 서로 촉진시키게 되고, 서로를 스캐폴딩해 준다는 것이다.

앞서 출력 가설을 설명하면서 Swain은 초인지적 기능에 주목하였다고 했다. 영어를 말하면서, 즉 출력하면서 학생은 자신이 예전에는 잘 몰랐던 영어 항목을 깨닫게 되는 긍정적 측면이 있다. 여러분들도 그런 경험을 한 경우가 있을 것이다. 아이 혹은 조카에게 뭔가를 설명해 주는데 말을 하다가 내가 말이 꼬이는 경우 말이다. 가만 생각해 보면 이때에는 사실 내 생각이 정리가 안 되었거나 내가 잘 모르기 때문에 그런 경우가 많다. 그런데 이 경우, 설명을 하다 보니 생각이 정리되어 나 스스로도 내용을 더 잘 이해하는 경험을 하기도 한다.

글쓰기도 마찬가지이다. 컴퓨터 앞에 앉아서 자판을 두드리면서 논리적으로 글을 쓰다 보면 실제로 내가 글을 쓰기 전까지는 생각하지 못했던 나름 똑똑한 생각들이 떠올라서 그것을 다시 글로 쓰게 되는 경험을 할 수 있다. 또 다른 예로, 여러분들이 배우자, (혹은 앞으로 사귀게 될) 이성 친구와 대판 말다툼을 하게 되는 경우를 가정해 보자. 말싸움을 하다 보면 이런 저런 구실, 근거를 만들고 트집을 잡아 내 주장이나 입장을 상대방에게 관철시키려고 엄청난 에너지와 노력을 퍼붓게 된다. 평소에의 머리 회전 속도가 100이라면 이때는 흥분각성 호르몬인 아드레날린이 마구 분비되면서 머리 회전은 200, 300정도로 빠르게 돌아간다. 상대방을 말싸움에서 이기고 싶으니까. 그때 여러분들은 말다툼 전에는 생각하지도 못했던 기기묘묘한 신기한 근거와 논리를 제시하면서 상대방을 괴롭히고 또 상대방에게 괴롭힘을 당한다. 위의 세 가지 예를 가만 생각해 보면, 말을 자꾸 하다 보니 그 말을 통해 더 신기하고 새로운 생각과 주장을 펼쳐 나갈 수 있게 된다는 점을 이해할 수 있다.

Swain은 언어와 사고는 떼려고 해도 뗄 수 없는 관계라고 강조한 Vygotsky에게 영향을 받아 최근에는 위에서 예로 든 것과 같은 언어가 사고를 이끈다는 새로운 주장을 하고 있다. 이를 '언어하기(languaging)'라고 한다. 음성 언어이든 문자 언어이든 언어를 산출함으로써 이전에는 생각하지 못했던 다양한 사고를 정교화하고 논리적으로 다듬을 수 있다는 것이 언어하기의 핵심적 내용이다.

하지만 이때에 우리가 하는 말은 보통 별 생각 없이 상대방에게 하는 인사, 영어로는 "hi, hello, how are you today?" 등등의 평이한 말이 아니라, 머릿속에 우리의 생각을 유발하는 인지적 활동이 수반되는 언어여야 한다. 예를 들어, 정치에 관심이 많은 중년 남성들에게는 우리나라 여당과 야당의 장단점에 대한 토론이 될 수 있고, 유행에 관심이 많은 20대 여성들에게는 우리나라의 올 가을 패션 트렌드와 유럽의 패션 트렌드가 어떻게 다를지에 대한 토론 등의 내용이 있으면서도 적당한 정도의 정신적 에너지가 필요한 활동이 언어하기 활동에 해당된다. 또 10대 청소년들에게는 한국과 미국의 아이돌들이 어떻게 다른지, 그들의 노래와 춤의 경향이 어떤지 등에 대한 토론도 그 예가 될 수 있다. Swain은 최근에 다양한 연구를 통해 이전에 그가 주장했던 출력 가설의 효과성을 언어하기의 효과성으로 확장시켜 다시 설명하고 있다. 영어를 배우는 입장에서도 평소에 관심 있는 내용으로 대화하고 글을 쓴다면 자신에게 더 의미 있는 활동이 되기 때문에 더 빠르고 효과적으로 영어를 배울 수 있을 것이다. 이러한 생각들이 Swain의 언어하기에 녹아들어 있는 것이고, 이는 Vygotsky의 사회문화이론의 영향을 받은 것이다.

제3장

언어의 핵심은 의사소통!
Plus, 이제는 문화 이해가 필요해요!

1. 의사소통 능력? 그게 뭘까?

여러분이 우리말을 잘하는 이유는 태어났을 때부터 부단히 노력하고 부모님께서 지속적으로 지극정성을 다해 가르쳐 주셨기 때문이다. 우리가 한국어나 영어를 배우고 가르치는 것은 아마도 내

〈그림 15〉 의사소통 능력이란?

가 하고 싶은 말을 옆 사람에게 거리낌 없이 전하고 또 상대방이 하는 말을 잘 이해하는 등의 의사소통을 위해서일 것이다. 우리가 아기였을 때부터 말을 하고 싶어 하고, 주변 사람들과 이야기를 하는 이유 자체는 내

가 하고 싶은 이야기가 있고, 나 자신의 메시지를 전달해서 상대방이 내가 원하는 것을 하게 만들고 싶기 때문이다. 자기의 뜻을 상대방에게 전달해서 상대방도 역시 자신이 전달하고자 하는 말을 내가 이해할 수 있는, 이런 주거니 받거니 하는 의사소통이 인간 언어의 가장 핵심적 내용이라는 것에 아마 우리 모두 동의할 것이다. 사실 너무 당연해 보여서 두 말하면 잔소리이다. 이러한 모국어의 양상과 마찬가지로 외국어를 배울 때 가장 중요한 것은 그 언어, 그 외국어를 사용하는 다른 사람과 서로 대화를 하고 의사소통을 할 수 있는 능력이다.

따라서 인간이 사용하는 말을 탐구하는 언어학(linguistics) 전공자들은 예전부터 의사소통 능력(communicative competence)에는 구체적으로 어떠한 요소들이 있을까에 대해서 많은 생각을 해 왔다. 그들은 의사소통이라는 것은 우리가 공동체 사회 안에서 우리의 의사를 표현하고 이해받고, 또 상대방의 의사를 이해하는 상호작용의 과정이며, 그런 실질적인 의사소통의 효과적 도구가 언어라고 보았다.

사람이 만약에 로빈슨 크루소처럼 혼자서 살고 있다면 의사 전달 수단으로서의 언어 자체가 크게 필요가 없을 것이다. 그런데 사람으로 태어나서 우리가 정상적인 사회 활동을 하고 있을 때는 사회 안에서 다른 사람들을 만나야 한다. 그것은 직접 면대면(face-to-face) 만남일 수도 있고, 때로는 카톡이나 이메일, 페이스북과 같이 원격의 가상 만남일 수 있다. 그 어떤 경우라도 여전히 사람이란 다른 사람들을 만나 자기 의사를 표현할 수밖에 없는 사회적인 존재이다. 다소 진부한 비유이겠지만 한자로 사람 인(人)이 '사람은 혼자서는 살 수 없고 두 명 이상이 어울려

〈그림 16〉 로빈슨 크루소

살아야 하기' 때문에 두 획으로 구성되어 있다고 한다. 그렇기 때문에 의사소통 능력 자체는 매우 중요하며, 외국어를 가르치고 배운다는 것 역시 이러한 의사소통 능력을 향상시키는 데 가장 초점을 두어야 한다고 생각해 볼 수 있다.

2. 알고 있는 걸 다 말할 수는 없어요: 잠재적 언어능력 vs. 표면적 언어수행

의사소통 능력은 어떤 것을 말하는 것일까? 이를 알기 위해서 우리는 20세기 후반인 1950년대 말부터 21세기 초반인 지금까지 살아 있는 가장 유명한 언어학자인 Noam Chomsky(노엄 촘스키)에 대해 좀 더 이야기할 필요가 있다. 앞에서도 이야기했듯 그는 초기에는 언어학으로 출발을 했지만, 지금 시점에서 Chomsky는 언어학자로서의 명성보다도 반전운동가 혹은 사회 변혁 운동을 하는 쪽으로 훨씬 더 많이 알려져 있다. 그래서 서점에 가서 Noam Chomsky를 검색해 보면, 요새 그가 쓴 책들은 좀 딱딱한 언어학 이론에 대해서 다룬 것이 아니라 미국의 폭력적인, 예를 들어 다른 나라의 정치에 개입을 한다거나, 이란-이라크 전쟁에 왜 미국이 개입을 했을까 하는 것들에 대한 것들이 주류를 이룬다.

Chomsky는 이러한 주제에 대해 상당히 사회 비판적인 의식을 가지고 책도 많이 내고 강연도 많이 한다. 아무튼 이런 Chomsky가 자신의 학자로서의 경력을 시작한 분야는 언어학이다. 그는 사람이 사용하는 언어를 두 종류로 나누었다. 즉, 인간에게는 추상적인 언어능력(language competence)과 언어수행(language performance)이 있다는 것이다. 사람들은 사실 말을 하면서 완벽하게, 누구도 말을 실수하지 않고 항상 오류가 없이 이야기하는 사람은 없다. 그것은 우리가 영어를 이야기할 때뿐만 아니라 한국어에서도 마찬가지이다. 우리가 한국어로 이야기할 때도 상당히 말을 잘못하기도 하고 버벅거리거나 말을 제대로 할 수 없는 경우가 분명히 있다. 심지어는 TV 뉴스에서도 아나

〈사진 37〉 아나운서도 말실수해요![14]

운서들이 말을 잘못해서 다시 말을 정정해서 이야기하는 경우를 볼 수 있다.

사람들은 자기 언어능력이 100% 출중하다고 하더라도 그것을 실제로 말하고 다른 사람들한테 자기의 말을 전달할 때는 오류가 항상 따를 수밖에 없다. 그래서 언어능력 자체는 뛰어나도 실제로 언어의 발화, 즉 언어수행(performance)의 부분에서는 상당히 오류가 많이 있다는 것에 착안해서 Chomsky는 이렇게 언어능력과 언어수행, 두 가지로 나누고 있다.

이것과 관련되어 있는 유명한 구분 중에 오류(error)와 실수(mistake)가 있다. 여러분들이 영어를 사용할 때, 어떤 부분에서 아직 잘 모르고 있는 항목들이 있다. 예를 들어, 우리들이 가장 많이 실수하는 부분 중 하나가 전치사 in과 at 중 무엇을 쓸지이다. 혹은 관사에서 부정관사 a를 쓸 것인지, 정관사 the를 쓸지 아니면 무(無)관사로 둘지에 대해서도 우리들은 많이 실수를 하고 어려워한다. 이 부분들에 대해 영어 능력이 아직 충분하게 발달이 안 되어 있기 때문이다. 이런 경우에는 우리가 실수를 해 놓고서도 어느 부분에서 실수를 한 것인지를 명확히 알지 못한다.

또 하나의 예로, "그는 부엌에서 치킨요리를 먹었다."라는 문장을 영어로 할 때에 "He ate chicken in the dining room."이라는 문장이 더 적절한지, 혹은 "He ate a chicken in the dining room."이 나을지에 대해서는 헷갈리는 경우가 있다. (물론 음식의 메뉴를 나타내는 일반적인 용법에서는 관사 없이 쓰기 때문에 전자가 더 적절하다. 후자의 경우에는 [생]닭 한 마리를 확 먹어치웠다는 느낌이 난다.) 이처럼 잘 몰라서 제대로 못쓰고 틀리는 것을 오류(error)라고 이야기한다. 오류를 범하는 경우에는 그 사람은 왜 이것이 틀렸는지를 알지 못하고, 또 스스로 고쳐서 올바른 문장을 말할 수 있는 능력도 아직 없다. 또한, 우리 한국어의 언어습관 때문에 영어 문장을 틀리게 말하는 경우도 그 한 예로 들 수 있다. 우리말에서는 '시험(을) 보다'라고 하는데, 우리말을 그대로 영어로 옮기게 되면 'see [a/the] exam'이라고 하게 된다. (물론 정확한 표현은 'take an exam'이다.) 마찬가지로 '그 사람과 결혼했다'를 우리말의 조사 '과' 때문에 전치사 with를 써서 'marry with'로 잘못 말하는 것도 같은 것이다. 이렇듯 잘못된 영어 문장을 말하는 사람은 본인이 왜 틀렸는지를 명확히 알지 못하는 경우가 많고, 또 스스로 고칠 수도 없다.

반면에 우리가 영어가 아닌 한국어로 이야기할 때를 생각해 보자. 영어를 할 때도 마찬가지이지만 우리는 기계가 아니기 때문에 아주 당연히 말실수를 하게 된다. 하지만 그 누구도 내가 말실수 했다고 해서 내 한국어 능력 자체가 문제가 많다고 하지는 않는다. 한국어 능력 자체는 충분하게 있지만, 이것을 언어로 표현, 즉 수행(performance)을 하는 데 있어서 말실수가 생기고 또 그런 경우는 여러분들이 스스로가 말실수를 고칠 수 있는 능력을 가지고 있다.

우리말 언어유희 하나만 해 보려 한다. 눈으로 일단 무슨 뜻인지만 파악해 보자. "내가 그린 기린 그림은 긴 기린 그림이고, 니가 그린 기린 그림은 안 긴 기린 그림이다." 눈으로 읽고서 뜻은 잘 알 수 있을 것이다. 이제 윗 문장을 소리내 읽어 보자. 말실수 안 하는 사람은 대단한 사람이다. 여러분 중 제대로 못 읽었다고 하더라도 한국어 능력 자체가 없다고 볼 수 없다. 이런 것을 언어의 실수, 즉 mistake라고 구분하고 있다. 재미삼아 하나 더 해 보자. '저기 있는 말뚝이 말 맬 말뚝이냐, 말 못 맬 말뚝이냐?' 실수해도 좋다. 오류(error)는 아니니까.

정리하자면, 오류(error)라는 것은 스스로가 그것을 고칠 수가 없는 것이다. 능력 자체가 없기 때문에 나타나는 현상을 오류라고 하는 것이고, 내 스스로 고칠 수 있는 말실수로 인해 나타나는 것을 실수(mistake)라고 구분하고 있다. 아무튼 Chomsky는 사람들의 언어능력을 머릿속에 어떤 추상적인 언어능력(language competence)과 실제로 말을 하는 언어수행(language performance)으로 양분해 놓았다는 것이 중요하다.

그런데 사실 언어능력이나 언어 발화의 구분은 새로운 것이 아니다. 아마도 여러분들은 중·고등학교를 다니면서 19세기 스위스 언어학자였던 페르디낭 드 소쉬르(Ferdinand de Saussure, 1857~1913)라는 이

름을 들어보았을 것이다. '누구지?' 하고 고개를 갸웃거리더라도 언어의 자의성(恣意性, arbitrariness)이라고 하면 아마 기억하실 것이다. 즉, 꽃을 꼭 '꽃'이라고 부를 이유가 없고, 영어에서는 '플라워(flower)', 일본어에서는 '하나(はな, 花)'라고 부르는 것도 언어의 자의성 때문이다.

〈사진 38〉 Ferdinand de Saussure

소쉬르의 또 다른 유명한 개념은 랑그(langue)와 빠롤(parole)이다. 랑그는 지금까지 Chomsky가 이야기하고 있는 언어능력(competence)에 해당되는 것이고, 빠롤이라고 하는 것은 사람들이 실제로 사용하고 있는 것을 말한다. 그래서 Chomsky 식으로 이야기를 하면 언어수행(performance)에 해당되는 내용이다. 따라서 소쉬르가 정리한 구분들을 사실 Chomsky가 비슷하게 차용해서 competence와 performance 구분을 만들어 내고 있는 것이다.

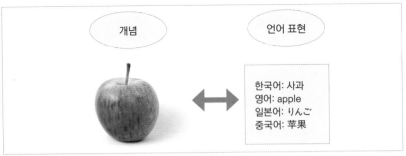

〈그림 17〉 언어의 자의성

좀 더 생각을 확장시켜 이러한 언어의 문제를 철학적으로 생각해 볼 때, 어떤 현세가 있고, 내세가 있다는 이원론적 개념들에도 적용될 수 있는 부분이다. 우리가 실제로 고통을 느끼며 사는 현세와, 착하게 살다 죽고 나면 가게 될 내세, 즉 꿈과 희망에 해당되는 유토피아 같은 천국이 있을 것이라고 구분 짓는 종교적 생각도 관련이 있다. 철학에서도 플라톤이 이야기하고 있는 이데아(idea)의 세계, 즉 피안(彼岸, 저 세상)의 세계와 차안(此岸, 이 세상)의 세계의 구분이 해당된다. 어쩌면 사람들은 현상을 이것 아니면 저것으로 딱 나누는 이원론적 사고를 좋아하는지도 모르겠다. 모 아니면 도, '심플'하게 보이니까.

〈그림 18〉 플라톤[15]

〈그림 18〉에서 플라톤의 손가락이 가리키는 것을 한번 보자. 플라톤은 중요한 건 지금 우리가 존재하는 이 세상이 아니라, 저기 위에 있는 이상향, 즉 이데아세계라고 하는 것 같다. 플라톤 식으로 생각하면 언어수행은 이 세상, 언어능력은 이데아세계 혹은 저 세상이겠다.

어쨌든 Chomsky는 사람들의 이런 경향을 언어학적으로 이야기를 해서 사람들이 실제로 이야기하는 것을 언어수행(performance)이라고 했고, 실제로 이야기하지는 않지만 사람들이 머릿속으로 가지고 있는 그런 능력들을 언어능력(competence)으로 구분했다. Chomsky는 추상적인 언어능력 덕분에 우리가 성공적인 의사소통을 할 수 있고, 다양한 의미를 가지고 있는 것을 올바르게 문맥에 따라 해석을 할 수 있고, 문장 자체가 복잡할 때도 우리가 올바르게 의미파악을 할 수 있다고 했다. "Sam loves Jane who has a dog which likes to eat salad which contains lots of kidney beans which have been imported from Canada."와 같은 복잡한 문장이 있을 때, 일단 문장 길이가 기니까 조금 압도되는 면이 있지만, 가만히 들여다보면 관계대명사절로 계속 연결되어 있는 거라고 나름 머릿속으로 분석해 볼 수 있다. 따라서 복잡해 보이는 언어도 해석해낼 수 있는 이런 능력들은 Chomsky에 의하면 우리가 언어능력을 가지고 있기 때문이라는 것이다.

Chomsky의 언어능력은 우리가 일상생활에서 흔히 접하는 중의적, 즉 여러 의미를 지닌 문장을 올바르게 해석할 수 있는 능력이기도 하다. 영어 문장에서 "John gave her dog biscuits."라는 문장은 구문상 두 가지로 해석이 된다. 하나는 "존이 그녀의 강아지한테 과자를 주었다"이고, 또 다른 하나는 "존이 그녀에게 강아지 과자를 주었다"이다. 상황에 따라서 우리가 이러한 문장들을 오해 없이 해석하고 반응할 수 있는 것도 언어능력이라는 것이다.

인간 언어의 중의성과 관련된 개념으로는 John Austin(존 오스틴)의 화행(話行, speech acts) 이론이 있다. "아, 여기 덥네(Oh, it's hot in here)."라는 사람의 말에는 적어도 2가지의 다른 해석, 다른 반응(reaction)이 있을 수 있다. 높은 분이 실내에 들어왔을 때, 그가 "Oh, it's hot in here."라는 말을 했을 때 그것은 객관적인 사실로서 정보를

〈사진 39〉 John Austin

이야기하는 것일 수도 있다. 반면에 센스가 있고 눈치가 있는 사람들이라면, 윗분이 들어왔을 때, "Oh, it's hot in here."라고 이야기한다면, 창가 쪽 문을 연다거나 아니면 에어컨을 켠다거나 하는 행동을 취할 수 있다. 그런 경우에는 그 말을 한 윗분은 "여기가 덥구나!"라고만 말한 것이 아니라, "더우니까 네가 혹은 그쪽에 있는 사람들이 문을 열어 줄래? 아니면 에어컨을 켜 줄래?"라는 의도였을 것이다.

이런 식으로 사람들이 언어를 사용했었을 때, 언어를 올바르게 해석해내고, 그것에 따라 올바른 행동을 취할 수 있는 그런 능력들이 있기 때문에 "Oh, it's hot in here!"라는 짧은 문장도 2개 이상의 다른 뜻으로 해석이 될 수 있다고 볼 수가 있다. 다만 Chomsky의 언어능력의 예시인 강아지 비스킷 예문에서는 문장의 구문 자체가 중의적 해석을 가능하게 하는 반면, 위의 방이 덥다는 예시에서는 상황적으로 해석이 여러 가지가 된다는 점이 다르다.

상황적 해석의 다양성을 John Austin(1962)은 화행 이론으로 더 구체화해서 발전시켰다. 화행이라는 것은 위에서 "여기 덥네"라는 말을, 표면적 의미, 즉 이곳의 온도가 높다는 사실적 정보의미를 전달하는 발화적(發話的, locutionary) 행위, 그리고 "더우니까 네가 문을 열어다오"라고 의미하는 숨은 속뜻을 나타내는 언표내적(言表內的, illocutionary) 행위, 발화 효과가 실제 결과로 드러난 언향적(言向的, perlocutionary) 행위(이 경우에는 덥다는 말을 들은 상대방이 문을 열거나 에어컨을 켜는 실제 행위가 된다)로 세 가지로 나눌 수 있다고 한다. Austin이 사용한 용어가 좀 어렵긴 하지만 중요한 것은 개념이지 용어 자체는 아니다.

이처럼 Austin의 화행 이론은 상황적 맥락에 따라서 해석이 달라지는 점에 초점을 맞췄다는 점에서는 언어의 사회적 측면을 고려하고 있다. 반면 Chomsky는 자신의 관심사는 사회 속에서 발현되는 언어수행이 아니라 언어능력이라고 한다. 이는 언어수행(performance) 부분에서는 사람들이 말실수도 많이 하고 그날그날의 몸 컨디션에 따라 똑바로 이야기를 못하는 경우도 있기 때문에, 언어수행과 같이 실수투성이의 자료를 가지고 언어학을 연구한다는 것에 대해서 탐탁지 않게 생각했기 때문이다. 그래서 Chomsky는 학문으로서 언어를 탐구하는 것에 있어서 중요한 것은 사람이 머릿속에 가지고 있는 추상적인 능력에 해당되는 언어능력(competence)을 연구해야 된다고 이야기한다.

3. 넌 언어능력과 언어수행을 구분할 수 있니?

Chomsky는 사람들의 언어능력을 일상생활에서의 언어수행과는 엄격하게 분리하고 있다. 그가 관심을 두고 있는 언어능력이라는 것은 이것이 문법에 맞는 말인지 맞지 않는 말인지를 연구하는 것으로, 문법적인 능력에 주로 중점을 두고 있다. 따라서 문장을 분석해서 이것이 왜 문법에 맞고, 문법에 맞지 않는지에 대한 연구를 주로 하고 있다. Chomsky의 이런 연구는 영향력이 있으면서도 그의 이런 외골수적인 연구 경향성에 대해 반대하는 사람들도 있다.

　이미 이야기했듯이, 사람들이 실제로 말을 하는 것은 100퍼센트 모두 다 언어수행인데, Chomsky는 언어수행은 오류투성이이기 때문에 진지한 언어학적 탐구 대상으로 볼 수 없다고 간주하기 때문이다. Chomsky 반대론자들은 추상적인 언어능력을 연구하는 것, 즉 우리가 귀로 들을 수도 없고 눈으로 읽을 수도 없는 머릿속에만 있는 언어 요소를 탐구한다는 것이 무슨 의미가 있을까라고 많은 비판을 했다. Chomsky의 연구에는 아주 추상적인 내용들이 많아서 혹여나 학자들만의 탁상공론으로 끝나는 것이 아닌지 하는 염려 및 비판이 많았다는 것이다. 또 그 연구 방향성 자체가 문장 수준에서 이것이 문법적으로 맞는지 틀린지를 판단하는 능력이 무엇인지에 대해 초점을 두고 있기 때문에, 우리가 영어를 어떻게 가르쳐야 학생들이 잘 배우는지에 대해서는 별반 큰 도움이 안 될지도 모른다는 회의적인 생각들을 많이 하게 되었다.

　Chomsky의 연구에 대해 학문적 비판을 가하고 있는 유명한 학자 중 사회언어학을 전공한 Dell Hymes(델 하임즈)가 있다. 1972년도에 이분은 인간의 언어능력에 속하는 내용들을 더 확장시켜 실제로 사람들이 의사소통을 어떻게 할 수 있는지, 또 사람들의 의사소통 능력에는 뭐가 있을까를 넓은 관점에서 제시했다. Hymes가 관심 있는 것은 실제로 어떤 사람이 다른 사람들을 만나서 성공적인 의사소통을 가능하게 하는 것은 무엇인지이다.

4. 델 하임즈가 말하는 의사소통 능력

〈사진 40〉 Dell Hymes

Dell Hymes(1927~2009)는 1955년에 미국 인디아나 대학교에서 박사 학위를 받은 후 버지니아 대학에서 오랫동안 교편을 잡았다. 이 분은 촘스키의 언어능력과 언어수행의 구분에서 언어수행(performance)의 역할이 너무 폄하되어 있고, 더 나아가 실제 사람들이 사용하는 언어수행 그 자체가 언어학의 중심이 되어야 한다고 생각한다. Hymes는 인간의 의사소통 능력에 다음과 같은 네 가지 하위 능력이 있다고 한다.

첫 번째는 문법성(grammaticality)이다. 이 문법성은 Chomsky가 관심을 가지고 있는 것과 같은 맥락이다. 전혀 문법에 맞지 않게 뒤죽박죽인 말을 하면 의사소통 자체가 안 되기 때문에 사람은 일단 말의 규칙인 문법에 맞는 말을 하는지가 중요할 것이다. 즉, 문법성에 초점을 두는 것, grammaticality가 첫 번째 요소이다. 두 번째는 심리적 실현가능성(feasibility)이다. 상대방과 이야기할 때에 한 문장이 말도 안 되게 길다거나, 어떤 이야기를 하고 싶었을 때 그것을 직접적으로 이야기에서 다루는 것이 아니라 너무나 간접적으로 이야기한다고 가정할 때, 사람들은 그 내용을 올바르게 기억할 수 없을 뿐더러 그것을 똑바로 이해할 수가 없을 것이다. 이와 같이 가급적 명확한 말로써 사람들에게 기억될 수 있는 그런 말을 해야 되는 것을 심리적 실현가능성이라고 한다. 세 번째는 상황에 과연 적합한 말을 하는가에 대한 사회적인 적합성(appropriateness)이다. 상황에 적합한 말을 해야 하는 것이고, 동문서답하면 안 된다는 것이다. 즉, 때와 장소에 맞는 말을 해야 된다. 마지막으로, 실제적인 개연성(probability)이다. 실제 어떤 상황에서 할 수 있는 말인가에 대한 것이다. 예를 들어서 처음 만나는 사람한테 "당신, 얼굴이 정말 못생겨서 짜증나네요."라고 이야기를 한다거나 처음 만나는 사람한테 "당신, 일 년 연봉이 얼마야?" 하고 물어보는 것은 적절하지 않은 표현이다. 그런 무례한 표현들은 문법성에 다 맞는 말이고, 명료하고, 명확하고, 짤막짤막한 말임에도 불구하고 사회적으로 적합하지 않기 때문에 의사소통이 올바르게 될 수 없는 것이다. Hymes는 이 네 개의 측면을 사람이 의사소통을 올바르게 할 수 있게 만드는 중요한 요소로 보고 있다.

Chomsky가 생각하고 있는 문법성은 Hymes가 제시하는 의사소통의 네 가지 큰 영역들 중 하나에 국한되어 있다. 따라서 Hymes의 관점에서는 Chomsky가 강조하는 문법성은 실제로 사람들이 사회생활을 하면서 올바르게 의사소통하는데 그 역할이 1/4밖에 되지 않는다고 비판할 수 있는 것이다. 문법성 이외에도 심리적 실현가능성, 적합성, 개연성도 있으니 4분의 1이다. Chomsky는 좀 더 이론적인 순수 언어학자이고, Hymes는 사회 안에서 사람들이 어떻게 말을 올바르게 할 수 있는지에 대해 관심을 가지고 있는 사회 언어학자이다. 이 두 학자들의 관점은 첨예하게 다르지만, 둘 다 우리가 모국어를 습득하고 사용할 때 우리 머릿속에 담겨 있는 언어능력이 무엇으로 구성되어 있는지를 탐구했다는 공통점이 있다.

5. 언어에 일곱 가지 기능이 있다고?! 마이클 할리데이

　사람들이 언어를 배우는 일차적 이유는 의사소통을 위해서이며, 언어는 우리가 의도하는 바를 다양하게 표현하는 효과적인 수단이다. 같은 표현도 때와 장소에 따라서 다르게 해석될 수 있고 나와 내 말을 듣는 상대방의 배경 지식, 생활 습관 등이 다르다면 다르게 해석될 가능성도 항상 있다. 예를 들어, 담배를 많이 피우는 애연가에게 담배는 때로는 스트레스를 날려버리는 구원의 상징으로 인식되겠지만, 담배를 피우지 않는 사람에게 담배란 폐암과 각종 암을 유발하는 백해무익한 일종의 마약일 뿐이다. 따라서 우리들 각자가 태어나서 생활하고 생각하며 교육받은 모든 것들은 다 다르기 때문에 우리의 의도를 정확히 전달해서 성공적인 의사소통이 이루어지게 되는 것은 참 신기하고 대단한 일이다.

　사람이 사용하는 언어의 기능에는 어떤 것이 있을까를 체계적으로 정리한 사람은 영국 출신의 호주 학자인 Michael Halliday(마이클 할리데이)이다. 할리데이의 인생 여정은 아주 흥미롭다. 1925년 영국 리즈(Leeds)에서 태어난 Halliday는 가정환경 자체도 언어를 좋아할 수밖에 없는 환경이었다. 어머니는 프랑스어 전공자였고, 아버지는 방언 연구자, 시인 겸 영어 선생님이었다. 2차 대전 중인 1942년에는 영국 정부에서 지원하는 외국어 연구소에서 중국어를 18개월 동안 집중적으로 공부한 후에 인도에서 중국어 첩보를 탐지하는 첩보 요원 임무를 수행했다. 1945년

〈사진 41〉 Michael Halliday

〈사진 42〉 John R. Firth

에 2차 세계대전이 영국을 포함한 연합국의 승리로 끝나고 영국으로 돌아온 Halliday는 런던 대학에서 중국어로 학사 학위를 받고, 이후에는 중국으로 건너가 베이징 대학(北京大學)과 링난 대학(嶺南大學)에서 중국어를 공부한 뒤, 다시 영국 캠브리지 대학에서 J. R. Firth(퍼스, 1890~1960)의 논문 지도 아래 중국어 연구로 박사 학위를 받았다.

여기서 잠시 Firth에 대해서 살펴보면, 그는 원래 음운론, 즉 영어의 소리에 대해서 연구하다가 연구 영역을 언어의 의미와 의미를 결정짓는 환경으로 넓혀갔다. Firth의 유명한 말 중 하나는 "당신은 어떤 단어를 그 단어를 사용하는 사람들로 인해 알게 될 것입니다(You shall know a word by the company it keeps)."라는 것이 있다. 즉, 단어의 본질적인 의미라는 것은 없고 항상 어떤 구체적인 맥락과 상황이 결부되어서 언어가 사용된다는 말이다. Firth는 런던 대학에서 오랫동안 재직하면서 이른바 런던 학파를 키워냈는데, 그중 한 명이 Halliday이다.

Halliday는 일생동안 언어의 의미와 기능이 언어 형식에 어떻게 반영되는지를 진지하게 고민한 학자이다. 그의 이론을 종합해서 체계-기능 문법(Systemic-Functional Grammar)이라고 한다. 복잡하고 어려운 이론이어서 다 설명할 수는 없지만 문법 체계를 분석할 때에 Chomsky처럼 심층 구조와 표층 구조를 구분하여 이분법적으로 파악하는 것이 아니라, 언어가 어떤 기능을 수행할 때에는 정해진 어떤 구조를 사용하는지를 우선적으로 분석하는 문법 체계가 체계-기능 문법이라고 정리해 볼 수 있다.

언어의 기능에 대해서 Halliday는 다음과 같이 일곱 가지가 있다고 한다. 첫 번째는 사람에게 지시하거나 환경을 유리하게 만들어서 어떤 일이 이루어지게 만드는 도구적(instrumental) 기능이다. 가게에 가서 "I want to buy this.(이걸 살게요)"라고 말하는 경우에는 이 말을 통해서 돈을 주고받고 물건을 가져오게 되므로 언어를 통해 듣는 이의 행동이 이루어졌다. 두 번째 기능은 언어를 통해 마치 법정에서 판사의 판결문처럼 어떤 통제 기능을 수행할 때 생기는 규정적(regulatory) 기능이다. "Now I pronounce the convicted guilty(피고는 유죄입니다)."라고 판사가 말한다면 꼼짝없이 그 용의자는 감옥으로 가게된다. 이 기능은 인간의 행동을 규정하고 통제한다. 세 번째 기능은 정보를 기록하고 무엇인가를 표현할 때 사용하는 정보적(informative) 기능이다. 정보에 대해서 객관적으로 설명하는 경우가 이것인데, 선생님이 강의나 수업을 하는 것이나, 교과서에 설명된 사실 등등이 정보적 기능이다. 예를 들어 "The earth orbits around the sun(지구는 태양 주위를 공전합니다)."라는 것은 객관적 사실을 기술하는 것이다. 이것은 때로는 표상적(representational) 기능이라고도 한다. 네 번째 기능은 사회적 관계를 유지시켜 주는 격식이나 친교적 언어의 상호작용적(interactional) 기능이다. 잘 모르는 사람인데도 "Hi, hello, good morning." 하면서 인사하는 것은 상호작용적 기능이다.

더 재미있는 것은 영어 표현에서 "How are you today? How's it going?" 아니면 우리말에서 "식사 하셨어요?" 등을 말하는 사람은 사

〈사진 43〉 B. Malinowski

실 상대방의 건강이나 안부 자체가 정말 궁금하다기 보다는 그냥 길거리에서 지나칠 때에 뻘쭘하니까 툭툭 던지는 말이다. "식사 하셨어요?"라는 인사를 실제 질문으로 받아들여서 "아니오, 아직 안 먹었구요, 1시 반에 먹을 겁니다"라고 대답하는 경우는 별로 없다. 설령 식사를 안 했어도 그저 "아, 예. 안녕하세요." 정도로 얼버무리면서 우리는 서로 인사를 나누는 게 보통이다. 우리가 만일 상대방이 식사했는지 자체에 대해 관심이 없다고 해서 그냥 아무 말도 안하고 무뚝뚝하게 지나가면 아마 상대방은 '어 저 친구 왜 저래? 이상한 녀석이야…'라고 좋지 않게 생각할 수도 있다. 이러한 언어의 친교적 기능을 폴란드계 영국 인류학자인 Branislaw Malinowski(말리노프스키)는 20세기 초반에 친교적 언어행동 혹은 패틱 커뮤니언(phatic communion)이라고 했다. 다섯 번째는 스스로의 감정이나 기분을 이야기하는 개인적(personal) 기능이다. 기분이 어떻다, 즉 '기쁘다, 슬프다, 화난다, 날아갈 것 같다' 등등의 개인의 감정을 표현하는 기능이다. 상대방에게 욕을 하는 것들도 여기에 속하겠다. 여섯 번째 기능은 지식을 습득하기 위해 질문 같은 것을 할 때 사용하는 발견적(heuristic) 기능이다. 아이가 어렸을 때에 부모님께 "이건 뭐야?", "저건 뭐야?", "왜?" 하고 밑도 끝도 없이 물어보는 것은 아이가 세계에 대해서 모르는 지식을 쌓고 세계를 이해하려는 본성적인 노력으로 볼 수 있다. 마지막 기능은 실제로 존재하지 않는 상상을 표현하기 위한 상상적(imaginative) 기능이다. 가장 자주 발견되는 것은 문학 작품, 특히 아동용 동화 등에서 볼 수 있다. "Once upon a time, there lived a very beautiful princess(옛날 옛적에 아주 예쁜 공주님이 살았어요)."라고 말하면서 말하는 사람이나 듣는 사람이나 '아, 그런가보다' 하고 마음속으로 믿는 것이다. 만약에 "에이 그런 게 어디 있어. 완전 뻥(?)이야!"라고 듣는 사람이 확 그렇게 말해 버리면 재미없는 상황이 된다.

위에서 살펴본 언어의 일곱 가지 기능을 Halliday는 다음과 같이 일 목요연하게 정리하고 있다.

Instrumental	"I want…"
Regulatory	"Do as I tell you…"
Informative	"I've got something to tell you…"
Interactional	me and you
Personal	"Here I come"
Heuristic	"Tell me why"
Imaginative	"Let's pretend"

6. 커낼리와 스웨인(1980)이 제안하는 외국어 학습에 필요한 의사소통 능력

Dell Hymes가 의사소통 능력을 모국어 습득의 관점에서 4개 하위 요소를 포함한 것에 비해서, Canale(커낼리)와 Swain(스웨인)은 제2 언어 혹은 외국어를 배우는 데 어떠한 의사소통의 하위 기능들이 속하 는지에 대해서 1980년도에 상세하게 설명하였다. 이들이 첫 번째로 이 야기하고 있는 것은 역시 문법적 능력(grammatical competence)이

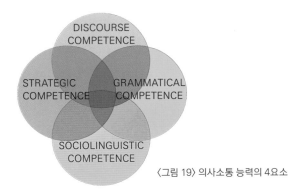

〈그림 19〉 의사소통 능력의 4요소

다. Hymes는 이를 grammaticality라고 명명했다. 바로 어휘 항목이나 형태소, 통사, 의미, 음운론의 각종 규칙에 대한 지식, 그리고 그것을 올바르게 활용할 수 있는가를 문법적 능력이라고 판단했으며, 이를 첫 번째 요소로 구분했다.

두 번째로는 담화 능력(discourse competence)이다. 문법, 문장 수준에서 문법적인 능력이 있다고 하더라도 담화 능력이 없다면 제2언어나 외국어를 사용한 올바른 의사소통이 불가능하다. 담화능력이라는 것은 음성 언어나 문자 언어에서 말이나 글을 조리 있게 논리적으로 잘 연결해서 맥락에 맞게 이야기하는 것을 뜻한다. 영어에서 두 개 이상의 문장이 있다고 했었을 때, 우리는 두 문장으로 그냥 말할 수도 있지만, 보통 접속사와 같은 여러 가지 장치들을 사용한다. 예를 들어, 앞 문장과 연결되는 말을 접속사를 사용해서 쓴다고 했었을 때, and로 연결할 수 있다. 혹은 앞 문장과 대조가 되는 말을 할 때 but을 사용해서 쓴다거나, 아니면 전혀 다른 이야기를 하기 위해서 도입하는 by the way를 쓸 수 있다. 이렇듯 인간의 언어에는 문장과 문장을 연결하는 여러 가지

장치들이 존재한다. 그래서 사람들이 그냥 문장 수준이 아니라 그 문장과 문장을 긴밀하게 잘 연결해서 자기가 전달하고자 하는 메시지를 올바르게 상대방에게 전달하는 능력을 담화 능력(discourse competence)이라고 한다.

세 번째, 사회언어학적 능력(sociolinguistic competence)도 역시 중요하다. 문법적 능력과 담화 능력이 있다고 하더라도, 사회언어학적 능력이 없으면 의사소통이 무너진다고 볼 수 있다. 사회-문화적인 대화, 글쓰기 규칙에 대한 지식, 언어 사용의 사회적 맥락에 대해 잘 알고 있어야 외국어로 이야기를 했었을 때도 의사소통이 올바르게 이루어진다. 언어라는 것은 사람들의 문화를 담고 있는 도구이기 때문에 때로는 문화의 차이가 언어에 반영이 된다. 따라서 서로 불필요한 오해가 생기는 경우가 있을 수 있다. 1970년대 미국 대통령과 일본 수상이 정상회담을 했다. 미국 대통령 쪽에서 어떤 제안을 했었을 때 일본 수상이 듣고 나서 "검토해 보자. 생각해 보자."라고 이야기를 했다. 그래서 미국 대통령은 그 대답을 듣고서 정상회담에서 제안한 사항이 기대한 대로 잘 될 것 같다고 이야기를 했는데, 일본 쪽에서는 그런 의미로 이야기한 것이 아니었다. "생각해 보자."라고 이야기를 하는 것은 일본 문화권에서는 아주 완곡한 거절이었다. 일본 문화에서는 상대방이 행여 기분 상하지 않을까 미리 염려해서 완곡한 표현을 사용한다는 것을 모르는 데에서 벌어진 일이다. 이 경우에는 동상이몽, 즉 서로 다르게 자기 편한 대로 해석한 것으로 볼 수 있는데, 이런 것이 서로 표면적인 언어적 요소들만 해석을 했기 때문에 벌어지는 오해의 예이다. 즉, 서로 사회문화적인 맥락을 잘 이해하지 못했기 때문에 벌어진 문화 간의 충돌이라고 볼 수가 있다.

네 번째는 전략적인 능력(strategic competence)인데, 실제로 다른 사람과 만났었을 때 때로는 우리가 이야기할 소재가 생각이 안 난다거나 특정한 언어표현이 생각이 안 나는 경우들이 많이 있다. 여러분들이 영어를 사용하는 사람과 대화를 해야 하는 상황인데, 어떤 단어나 표현들이 생각이 나지 않는 경우를 가정해 보자. 그랬었을 때 어떻게 그 위기상황을 모면하는가 하는 점도 능력 중 일부라고 보는 것이 전략적 능력이다. 즉, 어떤 언어능력이 부족하다거나 상황적인 여러 요소들 때문에 대화가 올바르게 수행이 안 되었을 때 어떻게 만회시키는가에 해당되는 것이 바로 전략적인 능력이다. Canale와 Swain은 그 내용들을 좀 더 정교화시켰는데 대화가 제대로 되지 않는 그런 위기의 순간에 회피를 한다거나 그 주제가 아니라 다른 이야기로 주제를 돌린다거나 하는 방법을 사용할 수 있다고 설명한다. 즉, 대화주제가 어렵다거나 상대방이 내가 생각하지 못했던 이야기를 해서 내가 대답할 수가 없는 경우 사람들은 회피한다. 일상생활에서도 상대방이 나한테 잘 모르는 것을 물어봤었을 때 대답을 안 한다거나 내가 좀 더 익숙하고 주도적으로 대화를 이끌어가기 쉬운 다른 이야기로 주제를 바꾸는 회피전략(avoidance strategies)을 사용할 수 있다는 것이다.

때로는 반복을 통해 상대방에게 좀 더 확실하게 질문을 받길 바라는 경우 "Could you say that again?" 혹은 "Please repeat."와 같은 표현을 통해 다시 한 번 이야기해달라고 할 수가 있다. 그리고 어떤 특정한 표현이 생각이 안 났었을 때는 좀 더 쉽게 처리할 수 있는 다른 표현으로 바꾸어 이야기를 할 수가 있다. 예를 들어, 'They got married.'에서 got이 만약에 생각이 나지 않았다면 'They married each other.' 식으로 좀 더 풀어서 이야기를 하는 것들이 바꾸어서 말하기(circumlocution)이다. 혹은 풀어서 말하기(paraphrasing)도 가능하다. 단어가 생각이 나지 않았을 때, 예를 들어 운전자(driver)가 생각이 안 났을 때 "The person who controls a car"가 풀어 말하기에 해당된다. (물론 the person who controls a car를 말할 수 있는 사람이 driver와 같은 단어가 기억이 안 나는 경우는 별로 없겠지만. 아무튼..) 아니면 상대방에게 도움을 요청할 수도 있는데, 이것도 전략적인 능력에 해당이 된다.

지금까지 앞서 이야기한 것들을 다시 한 번 정리해 보면, Hymes가 이야기 했던 것은 모국어를 습득하고 모국어를 활용했을 때의 의사소통 능력에는 어떤 것이 있는가에 대한 것이었고, Canale와 Swain은 네 가지의 의사소통 능력이 특히 제2언어를 배우는 데 있어 유용하게 활용될 수 있다고 언급하였다.

Canale와 Swain은 캐나다 토론토 대학교에서 오랫동안 프랑스어 몰입교육을 연구했던 학자들이다. 1970년대에 활발한 연구를 통해 제2언어 학습자들이 갖추어야 할 언어적 능력이 문법적 능력 이외에도 전략적 능력까지 포함된다고 생각한 것은 뛰어난 통찰력이라고 볼 수 있다. 물론 21세기 관점에서는 '뭐 당연한 것 가지고 왜 그러나?' 하는 의문을 가질 수 있지만, 그 당시의 분위기가 언어학을 연구한다고 하면 마땅히 Chomsky가 강조하는 문법적 능력을 탐구하는 분위기였다는 것을 생각해 보면, 다른 학설을 제안하는 것이 그리 쉬운 일은 아니었을 것이다.

영어교육계에서 저명한 학술지인 『응용언어학(Applied Linguistics)』 창간호에 실린 Canale 와 Swain의 1980년도 논문에서 언급된 제2언어교육의 의사소통능력 네 요소는 그 이후에 많은 사람들에게 계속 언급되면서 유명세를 타게 된다.

〈사진 44〉 학술지 『응용언어학』

7. 제임스 커민스(1979)의 BICS와 CALP란?

토론토 대학의 James Cummins(제임스 커민스) 교수는 외국어 학습자들의 언어능력을 두 가지로 구분하였다. 첫째는 '기초적 상호 의사소통 기술(Basic Interpersonal Communication Skills; BICS, 빅스)'이고 다른 하나는 '인지적 학술적 언어 능숙도

〈사진 45〉 James Cummins

(Cognitive Academic Language Proficiency; CALP, 캘프)'이다. 이 둘의 구분은 단순하면서 명확하게 인간의 언어능력이 영역에 따라 두 가지로 나뉜다는 것을 잘 보여 주고 있다.

먼저 BICS는 우리가 이른바 생활 영어회화 등에서 배우는 대화문(dialog) 등에 해당된다. 미국에 가서 식당에서 음식을 주문할 때나 물건을 살 때, 간단하지만 내가 하고 싶은 말을 명확하게 이야기하는 방식이다. BICS는 말하는 사람이나 듣는 사람의 기분, 상황, 장소, 시간 등

말을 하는 맥락과 크게 관련이 있다. 상대방이 누구인지에 따라서 부탁을 할 때에도 "Would you please open the window?(문 좀 열어 주시겠습니까?)"처럼 말씨를 공손하게 하기도 하고 "Open the window.(문 열어)"처럼 평이하게, 때로는 무례하게 하기도 하는 등 BICS는 상황 의존적인 측면이 많다. 반면 교수가 대학에서 강의를 한다거나 방송에서 8시 뉴스를 진행하는 아나운서가 하는 말 등은 누가 듣던 명확하게 이해가 되고 비속어나 축약형을 좀처럼 사용하지 않는다. 이런 것들은 인지적 학술적 언어 능숙도(CALP)라고 하는 것이다. 학술적 상황이나 공식적인 대중 연설 등에서 사용하는 CALP는 맥락이나 상황에 의존하지 않는다. 교수의 강의가 그날의 기분이나 날씨 등 맥락에 따라 내용이 확 바뀐다면 강의 내용에 일관성이 없다고 볼 수 있다. 따라서 BICS에 비해서 CALP는 맥락 의존성이 낮다.

BICS와 CALP의 구분은 우리가 외국에 이민한 사람들이 몇 년이 지나도 왜 이른바 '맥도날드' 잉글리시를 벗어나기 힘든지를 잘 말해 준다. 외국에서 오래 산 사람도 다른 원어민들과 일상 회화는 스스럼없이 나름대로 능숙하게 하는 반면 정치, 경제, 문화 등을 포괄하는 학술적인 토론이나 학술 논문을 읽는 데는 아주 힘들어하는 경우가 많다. 이 이민자 같은 경우에는 BICS는 잘 발달했지만 반면 CALP는 발달되지 않았다고 할 수 있다. 반면에 미국 유학을 가서 몇 년 동안이나 공부를 하고 박사까지 받았는데도 스타벅스 커피점에 가서 커피 주문하기도 부담스러워 하는 이들도 있다. 전문 분야의 세계 최고의 논문을 쓰고 그런 책을 막힘없이 읽고 이해하는 이들도 이런 게 어렵다고 고백하는 경우가 많다. 이 경우에는 CALP는 발달했지만 BICS가 아직 그 정도로 발달하지 않았기 때문이다.

8. 다른 나라 사람과 이야기할 때 명심해야 할 타문화에 대한 이해

Canale와 Swain이 제2언어를 배우는 데 있어서 필요하다고 제시한 의사소통 능력 이외에도, 영어를 배우고 가르치는 데 있어서 우리가 특히 신경 써야 할 점이 문화간 의사소통능력(intercultural communicative competence)이다.

요즘에는 정말 많은 사람들이 영어를 모국어 혹은 제2언어로 사용하고 있다. 여러분들도 앞으로의 인생에서 '난 영어를 절대로 쓰지 않을 거야.'라고 생각하는 사람은 없을 것이다. 그 정도로 우리 실생활 안에서는 영어가 많이 침투해 있기 때문에, 영어를 아예 안 하는 '영어 까막눈' 인생으로는 살 수가 없다. 여러분들이 사용하는 영어는 한국인으로서 한국에서 영어를 가르치고 배우고 있는 사람들이 사용하는 영어일 것이다. 또한 여러분들이 사용하는 영어에는 한국인으로서의 가치, 규범, 판단들, 그리고 여러분들이 중요시하고 있는 생각들과 믿음들이 반영되어 있다. 그런 상황들은 세계 여러 나라의 영어 사용자들에게도 마찬가지로 적용될 수 있다. 즉, 일본에서 영어를 배우는 학생들, 중국에서 배우는 학생들, 스리랑카에서 배우는 학생들, 필리핀에서 배우는 학생들, 캐나다에서 배우는 학생들, 뉴질랜드에서 배우는 학생들 모두 영어를 생활의 중요한 수단인 의사소통 도구로서 사용하기 때문에 서로 다른 문화권에 사는 사람들과 영어로 이야기를 하게 되는 그런 상황들이 있다. 예를 들어, 영어 문화권에서 사는 영어 원어민과 한국 혹은 일본 등의 동양 문화권에서 사는 영어 비원어민이 만났을 때의 상황 중에 가끔 우스운 경우가 있다. 영어권에서 상대방의 용모, 옷차림 등에 대해서 칭찬을 하는 상황과 그것에 대해서 대답하는 한국인이 간혹 서로 문화가 다르기 때문에 벌어지는 경우이다.

영어 원어민이 "I like your sweater(네 스웨터 좋아보여!)."라고 말하면, 영어 문화권에서는 당연히 칭찬으로 하는 말이고, 이에 대한 올바른 응답은 "Thank you(고마워)."가 적절하다. Thank you라고 말하는 것의 숨은 뜻은 '네가 나의 스웨터에 대해서 칭찬한 것을 잘 인지했고, 그것에 대해서 고맙다'는 것이다. 그런데, 동양 문화권에서 우리는 겸손 혹은 겸양이 미덕이라고 배워 왔다. 따라서 칭찬을 그대로 인정하고 "감사합니다/고맙습니다"라고 하는 경우도 있지만, 때로는 한국식으로 "아니에요. 뭐 비싼 옷도 아닌데요 뭐."라고 말할 수도 있다. 우리말로 하면 별 문제없이 잘 이해되지만, 이것을 영어로 "Oh, no, no. It's not an expensive one."이라고 말해 버리면 아마도 상대방은 '이 사람 뭐라는 거야?' 하는 멍한 표정을 지을 것이다. 이러한 예는 모두 문화권이 다른 사람들이 의사소통을 하기 때문에 일어날 수 있는 실제 상황들이다.

때로는 문화권이 서로 다르기 때문에 영어 사용자들 간에 충돌이 생기는 경우가 있다. 이런 경우는 앞으로 더욱 많아질 것이기 때문에, 영어를 사용한다는 것이 단순히 특정 외국어를 사용하는 것이 아니라, 영어를 통해 세계의 다양한 문화, 다른 가치, 규범, 믿음들을 가진 사람들과 접촉해야 한다는 점을 꼭 기억해야 한다. 그렇기 때문에 문화 간 의사소통 능력이 중요하다. 서로 다른 문화권 사람들끼리 만나서 영어로 의사소통을 하며 다른 나라 문화권에 대해서도 존중하고 내 문화권에 대해서도 자랑스럽게 다른 사람들에게 이야기를 할 수 있는 문화다원론(multiculturalism)적인 생각을 기른다는 것은 영어교육의 가장 큰 목표 중 하나이다.

이러한 영어교육의 목표, 즉, 문화 감수성을 가진 화자를 길러내는 것 혹은 문화 간 화자(intercultural speaker)를 길러내야 한다는 것은 교육부에서 공시한 교육 과정에도 명시되어 있다. 문화 간 의사소통 능력의 중요성은 영어가 점점 국제어로서의 위상을 확고하게 하고 있기 때문에 그 중요성이 나날이 증대되어 가고 있다.

9. 문화와 언어에 대한 편견은 NO!!!

우리 모두는 살면서 많은 것을 듣고 보게 된다. 이러한 세상에 대한 지식은 다른 문화권이나 다른 언어를 사용하는 사람들에 대해 때로는 지나치게 단순화된 생각을 갖게 한다. 예를 들어서 우리는 일본의 총리나 정치인들이 독도를 다케시마로 부르고 2차 세계대전 때 그들이 저지른 참혹한 반인륜적 범죄인 위안부 제도에 대해 증거가 없다느니, 필요했던 제도라느니 하는 궤변을 늘어놓는 것을 보면서 '일본 사람들은 모두 정말 잔인하고 못된 녀석들이구나, 그러니까 원자폭탄을 맞지~' 하는 생각을 할 수도 있다. 또 중국은 어떤가? 나이가 많은 분들 중에서는 중국인들에 대해서 '떼놈'이라는 말을 하는 경우도 있는데, 그것은 중국인이 청결 관념이 없고 지저분하다는 편견이 작용해서 붙인 말이다. 이러한 것들을 영어로 스테레오타입(stereotype)이라고 한다. 특정한 민족이나 문화를 단순하게 '그 사람들은 이렇다'는 식으로 이해하고 그 이미지를 정해진 것으로 이해해서 좀처럼 변화하지 않는 불변의 속성이 있다고 생각하는 것을 스테레오타입이라고 부르는 것이다.

사실 스테레오타입이 '편견'이라는 의미로 사용된 것은 20세기 초반의 미국 사회학자 월터 리프만이라는 사람 때문이다. 이 분은 〈여론〉이라는 저서에서 현대인들의 순간적이고 단편적인 인식의 문제점을 꼬집으며, 현대인들은 사건이나 사물에 대해서 종합적으로 이해하기 보다는 이미 머릿속에 저장되어 있는 고정관념이나 이미지에 의존해서 판단하려는 경향이 있다고 한다. 이를 지칭하기 위해서 그때까지는 인쇄소에서

〈사진 46〉 다문화에 대한 이해[16]

〈사진 47〉 세계의 많은 나라들[17)

활자를 찍는 데 사용했던 연판(鉛版)을 의미하던 스테레오타입을 편견이라는 뜻으로 확장시켰다.

　문화 간 의사소통 능력은 우리 마음속에 도사리고 있는 편견과 고정관념을 타파하는 것에서 시작되는 것이다. 영어를 사용하면서 우리는 한국 문화가 좋고 다른 문화가 좋지 않다는 생각이나, 반대로 영어권 문화는 좋고 그것에 비해 한국 문화는 더 수준이 낮다는 생각을 버리는 자세가 필요하다. 또 어떤 국가와 그 나라 국민들을 동일시해서 '너는 어느 나라 출신이니까 분명히 그럴 거야'라는 마음속의 편견을 극복하려고 부단히 노력해야 하는 것이다. 그것이 영어를 국제 공용어로 쓰는 사람들이 갖추어야 할 올바른 자세일 것이다.

10. 영어가 갑(甲)이면 우리말은 을(乙)일까?!: 언어의 우열?

영어는 힘센 언어이고, 영어를 잘하는 사람은 왠지 '있어 보인다'는 생각이 드는 것은 왜일까? 영어를 잘하면 다른 사람들에 비해 유리한 고지에 있을 수 있다는 점에서 여러분들이 영어를 잘하고 열심히 노력하면 사회의 지배 계층의 위치에 속하게 된다고도 볼 수 있다. 여러분들이 영어교육에 관심을 갖는 이유도 가만히 생각해 보면 아주 쉽게는 '나중에 취업이 잘 되니까…' 하는 생각을 갖고 있기 때문일 것이다. 반면에 다른 제2외국어(예를 들어, 독일어, 프랑스어 등)의 경우는 사정이 상당히 다르다. 한국 사회에서는 영어를 조금이라도 잘한다면 더 유식해 보이고 더 멋져 보인다는 생각을 많은 사람들이 하고 있는 것이 사실이다. 그렇기 때문에, 우리말로 표시해도 될 광고 간판이나, 각종 표지판에도 영어가 범람하고 있고, 아이돌 가수들이 부르는 랩에도 많은 부분이 영어로 되어 있는 것을 볼 수 있다. 또 일상생활을 하는 데에도 영어단어를 끼워서 넣는 습관이 많이 나타나고 있다. 필자는 우리가 전적으로 한글을 써야 한다는 한글전용론을 말하는 것이 아니라, 외국어인 영어가 한국이나 기타 많은 나라에서 객관적인 외국어로서의 위상보다 더 큰 지위를 누려온 것이 사실이라는 점을 말하는 것이다.

1990년대 말 소설가 복거일 씨를 중심으로 한 일부 언론에서 영어공용화를 주장한 적이 있다. 한국어를

〈사진 48〉 『영어를 공용어로 삼자』, 복거일

사용해서는 영어권의 앞선 생각과 과학 기술을 신속하게 받아들이기 어려우니 차라리 영어를 국가 수준에서 공용어로 채택하는 것이 나라의 발전에 도움이 될 것이라는 것이 이 주장의 핵심이다. 이것에 대해서는 언어제국주의(linguistic imperialism)를 다룰 때에 더 상세히 이야기할 것이지만, 우리가 태어나서 지금까지 멀쩡히 사용하고 있는 모국어인 한국어와 같은 비중으로 영어를 국가공용어로 채택하자는 주장까지 등장할 정도로 영어는 정치, 경제, 사회, 문화의 각 분야에 있어서 막대한 영향을 끼치고 있다는 점에 주목해야겠다. 한국어 관점에서 볼 때에는 영어가 위협적인 존재라고도 볼 수 있겠다.

〈사진 49〉 『영어, 내 마음의 식민주의』, 윤지관

영어를 사용하는 데 있어서 원어민과 비원어민 사이의 불필요한 우월의식도 주의해야 한다. 윤지관은 2000년대 초에 『영어, 내 마음의 식민주의』라는 책에서 영어를 쓰는 우리들의 마음 한 구석에는 영어를 씀으로써 원어민들에 나도 가까이 갈 수 있다고 생각하며 그것을 열망하는 식민주의적인 근성이 도사리고 있다고 지적한다. 우리가 원어민을 생각할 때에는 뭔가 키가 훤칠하고, 백인에 금발 머리, 눈은 파랗고 선남선녀인 그런 이미지를 떠올린다. 어찌 보면 상상 속에서만 존재하는 원어민들이다. 영어 선생님들이 이런 상상 속의 원어민들을 자꾸 연상하게 하고 학생들에게 원어민을 동경하게 한다면 크게 반성해야 할 일이다.

처음 미국과 캐나다에 가서 놀랐던 것 중 하나는 '여기 사람들은 왜 이렇게 뚱뚱해?'였다. 뚱뚱한 사람을 싫어해서가 아니라(필자도 배 나온 아저씨입니다), 정말 한국사람 기준으로는 상상할 수 없을 정도의 초고도 비만인 사람들이 엄청나게 많다는 것에 놀랐다. 책에서 보고, 영화에서 보아 왔던 날씬하고 예쁘고 잘생긴 금발의 푸른 눈은 어디로 갔는지 좀처럼 보이지 않았다. 영어를 사용하는 사람들도 나랑 비슷하거나 또 나보다 못난 그냥 사람(?)이라는 걸 깨닫는 데에는 시간이 좀 걸렸다.

간혹 학생들이 파워포인트로 슬라이드를 만들어서 발표할 때 영어 원어민 사진을 집어넣는 경우, 백인 서양인 사진을 넣는 경우가 많다. 불행히도, 불특정한 인물 사진을 슬라이드에 집어넣는 경우 흑인 남성, 흑인 여성, 흑인 어린이를 찾아서 넣은 경우를 필자는 좀처럼 보지 못했다. 간혹 여러 명이 있는 사진에 같이 섞여 있는 경우는 있지만, 독사진으로 흑인만 집어넣는 경우는 거의 없다. 이 흑인이 아마도 영어를 사용하는 원어민일 가능성도 있는데 말이다.

필자가 강조하고 싶은 점은 영어 원어민이라고 머릿속으로 여러분들이 상상하는 그 이미지 속에는 은연중에 인종적 우월성과 인종 간의 위계질서가 숨어 있지 않은지를 반성해야 한다는 점이다. 우리나라에 들어와 있는 많은 원어민 영어 교사들 중에 여러분들은 흑인 선생님을 얼마나 만나 보았을까? 아마 여러분들이 중·고등학교 혹은 대학, 학원에서 원어민 교사를 만났던 경우를 생각해 보면, 대부분 백인 혹은 한국계 미국인·캐나다인·영국인·호주인 등이었을 것이다. 흑인은 좀처럼 없다. 왜 그럴까? 그것은 우리 스스로가 원하지 않기 때문이다. 왠지 좀 '아닌 것 같다'는 바로 그 느낌이 여러분들에게 있지는 않은지?

윤지관이 영어를 사용할 때에 우리 마음속에 식민주의가 도사리고 있다고 언급한 것은 이러한 점을 날카롭게 파고드는 것이다. 일제강점기 때 일본 경찰보다 더 악랄하게 같은 조선인을 괴롭힌 사람들이 조선인 순사였다는 말을 여러분들의 할아버지, 할머니로부터 들은 사람들도 있을 것이다. 영어의 경우에도 대입해 보면 영어를 잘하는 사람들이 은연중에 영어단어를 과시하고 그것을 우월함의 상징처럼 여기고, 더 나아가 황인종인 대한민국 사람인 자신이 마치 백인 앵글로 색슨계 미국 사람에 더 근접하여, 같은 동포인 다른 한국 사람들을 깔보려는 마음이 있지는 않은가?

여러분들이 만일 우리나라에서 누군가에게 영어를 가르친다면, 그것은 예쁘고 착한 우리나라의 어린이와 청소년들을 세계 시민 의식과 함께 나라를 사랑하는 마음을 가진 건강한 국민으로 길러내야 하는 것을 의미한다. 이때에 우리가 지향해야 하는 것은 한국인으로서의 정체성을

〈그림 20〉 세계의 다양한 문화

가진 다음 세대를 길러내야 한다는 것이다. 영어 선생님은 영어만 잘 가르치는 것이 능사가 아니라, 그것은 기본이고, 더 나아가 건전한 국가 의식을 가진 학생을 키워내야 한다는 것을 명심해 주길 바란다.

여러분들이 영어교사 혹은 영어교사가 될 사람이라면 가르치는 교수 방법이 혹시 이러한 더 큰 수준의 교육 목표와 상충하지 않는지도 미리 잘 생각 해 봐야 한다. 많은 영어 학원에서는 우리 학생들에게 영어식 이름을 사용하기를 적극적으로 권하고 있다. 내 이름이 김태영이어도 학원에서는 '로버트 킴'으로 새로운 영어 이름을 짓는 경우도 있다. 심지어는 이메일도 'robertkim0910@gmail.com'으로 아이디를 짓는 사람들도 많다. 물론 영어 이름을 짓는 데에는 여러 가지 타당하고 그럴 듯한 이유들이 있겠다. 원어민 선생님이 더 잘 기억을 해 주니까 영어 이름을 쓴다거나 영어 원어민들이 내 이름을 발음하기 어려워 하니까 영어 이름을 쓴다는 것이 그 이유 중 하나일 것이다. 뭐 우리나라는 자유민주주의 국가니까 영어로 이름을 짓건 프랑스어로 짓건 그건 개인의 자유니까 그럴 수 있다.

자, 그럼 다른 경우를 생각해 보자. 요즘에는 우리나라도 국제사회의 책임 있는 일원으로서 해외 봉사를 조직적으로 하고 있고, 그러한 기관 중 하나가 한국국제협력단(KOICA)이다. 여러분이 만일 KOICA 자원봉사단으로 선발되어 해외에서 한국어를 가르치게 된다고 가정해 보자. 예를 들어 여러분이 아프리카 콩고에서 한국어 교사로서 자원봉사를 한다고 할 때, 여러분이 상대방의 이름이 발음하기 어려우니까 "넌 호마리키에프비엔베뉘가 아니라, 오늘부터 순돌이로 하자"라고 할 수 있을까?

아니면 콩고 학생이 자발적으로 "난 한국 이름을 김순돌로 할께요."라고 하면 어떨까? 우스운 상황이 될 것이다. 영어 원어민님(?)께서 불편해하실까봐 알아서 내 창피한 한국 이름을 버리고 우아하고 우월한 영어식 이름을 새로 짓는 창씨개명을 하는 것이 타당한 것인지는 각자 잘 생각해 보기 바란다.

여러분들 마음속에 행여라도 있을지 모를 언어 간의 우월의식, 그리고 영어권 문화가 한국 문화보다 우월할지 모른다는 옳지 못한 생각은 다문화주의에 정면으로 위배되는 생각들이다. 또 위험한 생각이기도 하다. 이런 옳지 못한 문화 간 우열의식 때문에 일부 몰지각한 우리나라 사람들이 동남아 관광을 가서 국제사회의 에티켓에 맞지 않는 민폐와 추태를 부리는 것이다.

불과 한 세대 정도 전이었던 1960년대에 경제기획원청사 건물과 미국대사관 건물을 시공하는 과정에서 우리는 미국과 '필리핀'의 기술 원조를 받았다. 1960년대 당시 필리핀은 아시아에서 대단히 뛰어난 과학 기술 선진국이었다. 이제 와서 우리가 경제적으로 평균적으로 조금 더 잘

〈사진 50〉 KOICA 해외 봉사[18]

〈사진 51〉 영어원어민 교사와 우리 학생들[19]

산다고 해서 필리핀을 무시할 수 있을까? 1950년 6.25 전쟁이 발발했을 때 참전했던 16개국 중에는 아프리카 에티오피아도 있었다. 이처럼 힘들게 살았던 대한민국 사람들이 이제는 필리핀이나 에티오피아는 태초부터 못살았던 나라라고 생각하는 것은 못난 심보이고 위험한 것이다. 못살면 무시해도 된다는 생각은 근절해야 하는 것이다. 또한 모든 나라와 민족의 언어, 문화, 국가 간에는 우열이 없는 것이다. 내 문화가 소중하다면 상대방의 문화 역시 소중하고 존중받아야 한다는 것을 머릿속에 꼭 명심하기 바란다. 문화다원주의적 생각을 갖지 못하고 우열이 있다는 잘못된 생각에 빠지게 되면, 영어에 대해서 자발적으로 굴종·복종하는 태도가 형성될 수 있기 때문에 늘 경계심을 가지고 있어야 한다.

사자성어 중에 재승박덕(才勝薄德)이라는 한자어가 있다. 재주가 뛰어나지만 덕이 없다는 의미인데, 영어를 잘하는 것은 중요하지만 영어만 잘해서는 다른 사람들에게 도움이 되지 않고, 우리 사회에도 해를 끼칠수도 있다는 점 또한 생각해 볼 필요가 있다. 다음의 글을 읽고 누구를 말하는 것인지 생각해 보자.

그는 아버지 이호준에 대한 효성이 지극했으며 집안 조상들도 지성으로 섬겼다. 그는 공무로 바쁜 중에도 눈이 오나 비가 오나 하루도 빠짐없이 아버지께 문안인사를 드렸다고 한다. 그는 25세의 나이로 과거에 급제한 후, 규장각 대교 검교, 홍문관 수찬, 동학교수, 우영군 사마, 해방영군 사마 등을 거쳐서 1886년 육영공원에 입학하여 영어를 배우면서 해외에 대한 식견을 넓히고 후에 대한제국 주미 공사로 2년을 미국에서 보냈다.

윗글은 위키피디아에서 이 사람에 대한 설명 중 일부를 발췌해서 가지고 온 것이다. 누구일까? 아버지 성이 이씨인 것으로 미루어 보아 이 누구누구일 것 같고, 여러 관직을 두루 거치고, 1886년에 고종황제가 세운 육영공원에서 영어를 배우고 요즘으로 치면 미국 대사까지 역임한 분이다. 그 당시에 미국 대사까지 했을 정도면 영어를 상당히 잘한 분으로 추측해 볼 수 있다. 누구일까? 대한민국 초대 대통령이었던 이승만 박사일까?

정답부터 말하면 을사늑약을 주동했던 친일파의 거두이자 을사오적(乙巳五賊) 중 하나인 이완용(1858~1926) 후작이다. 일반인들의 생각에 친일파 이완용으로 알고 있기 때문에, 일본어를 참 잘했을 것으로 추측되지만, 애초에 이완용은 영어를 배워서 친미파로 행세하면서 대한제국 말기에 총리대신(지금의 국무총리)으

〈사진 52〉 을사오적 이완용

로 최고의 정치권력을 누렸던 사람이다. 영어 하나만은 잘했겠지만, 결국 1905년 고종 황제를 협박하여 조선의 자주 외교권을 일본에게 반납하고, 급기야 1910년에는 한국을 일본의 속국으로 강제 병합시킨 장본인이다. 일설에 의하면, 이완용은 일본어를 몰라서 이토 히로부미나 테라우치 총독과 영어로 의사소통을 했다고 한다. 임진왜란 속에서도 꿋꿋이 지켜냈던 조선은 일본 사람이 아닌, 영어 배워서 승승장구하던 조선 사람 이완용에 의해 주권을 빼앗기고 말았다.

이완용의 예는 영어를 배우고 가르친다는 것의 의미를 사회와 국가 차

원에서 되돌아보게 하는 사례이다. 여담으로 하는 이야기이지만, 일본이 한국을 병합해서 결과적으로는 한국도 근대화되고 좋지 않았느냐는 생각을 가진 사람들, 특히 일본 사람들이 있다. 그렇다면 식민 통치는 UNICEF와 같은 UN산하기구의 국제 원조사업처럼 못사는 나라를 도와주기 위한 원조였을까? 식민 통치의 제1의 목적은 내지인(內地人), 즉 일본인들의 이익을 극대화하기 위해 군대와 무장경찰과 같이 제도화된 폭력을 동원해 값싼 노동력과 자원을 착취하는 것이다. 조선이 도움을 받았다는 것은 역사의식의 부재에서 오는 싸구려 궤변에 지나지 않는 것이다. 어찌되었든 이완용의 사례는 사리사욕과 개인의 출세를 위해 영어가 철저히 이용당한 씁쓸한 경우이다. 영어를 배우는 사람들은 이것을 반면교사로 삼고 경계해야 하겠다.

제4장

영어교육은
머리, 마음, 환경이 모두 다 함께!

　지금까지 우리는 영어를 배울 때 작용하는 언어적 요인들과 모국어 습득, 그리고 외국어를 습득할 때 어떠한 점들이 있는지 살펴보았다. 또한, 아이들이 대체로 비슷한 순서에 따라 모국어를 배워나간다는 것과 Chomsky는 우리 마음속에 언어 습득 장치가 있고 언어능력을 언어수행보다 더 중요하게 생각했다는 점에 대해서도 살펴보았다. 이러한 노력들은 사람들이 언어를 사용할 때에 누구에게나 적용된다는 점에서 공통적인 사항들에 초점을 둔 것이다.

　4장에서는 우리가 영어를 가르치거나 배울 때 고려해야 하는 여러 가지 변인들을 살펴보자. 변인이란 영어를 배우는 사람들마다 아주 다르게 나타나는 혹은 나타나지 않는 특징을 의미한다. 수많은 다양성 중 이

번 장에서는 편의상 인지적(cognitive), 정서적(affective), 사회문화적(sociocultural) 고려사항으로 나누어서 보도록 한다. 우리의 이성을 활용하는 부분에 해당되는 것이 인지적인 요인이고, 감수성, 감정, 동기를 유발하는 부분인 정서적인 요인, 그리고 한국 사회에서 영어를 가르치고 배울 때 생각해봐야 할 사회문화적으로 복잡한 요인들은 무엇이 있는지에 대해서 살펴보자.

1. 영어를 배우는 건 머리로 하는 일이지! 인지적 요인들

1) 지능과 언어 적성

인지적인 요인들은 우리가 영어를 배울 때 우리의 두뇌와 관련되어 있는 부분들이다. 먼저, 언어를 배울 때에는 머리가 좋으면 잘 배울 것이라고 생각해 볼 수 있다. 보통은 우리가 지능을 이야기할 때 두 가지 능력을 고려한다. 첫 번째는 언어적인 요인이고, 또 다른 하나는 수리공간적 요인이다. 그래서 IQ 검사를 할 때 절반 정도의 문제는 우리 한국어 문장을 보면서 판단하는 문제로 되어 있고, 나머지 절반 정도는 간단한 산수 문제 혹은 정육면체 큐브나 각종 다각형 도형을 놓고 변형하였을 때에 올바른 모양을 고르게 하는 문제들로 구성된다. 지능과 관련된 대표적인 오해 중의 하나가 지능이 높으면 공부를 잘할 것이다, 지능이 높으면 성장해서 훌륭하고 유명한 사람이 될 것이라는 것이다. 이러한 생각

〈사진 53〉 Lewis Terman

들은 대부분 틀린 것으로 밝혀졌다. 다만 다른 변수들을 다 통제할 수만 있다면 지능이 높은 사람이 외국어를 배울 때에 좀 더 잘 배울 수 있다는 연구 결과가 보고되어 있다. 그러나 이것도 학생들의 영어학습 동기나 생활환경 등에 의해서 얼마든지 바뀔 수 있기 때문에 일반화하기는 어렵다.

흥미로운 것은 인간의 지능이 높다는 것과 사람들의 인생이 행복한 것과는 전혀 관련성이 없다는 것이다. 스탠포드-터먼 연구가 이러한 사실을 보여 주는 연구들 중 하나인데, 1921년 미국 서부의 스탠포드 대학교의 젊은 심리학자 Lewis Terman(루이스 터먼, 1877~1956)은 IQ라는 개념을 처음 체계적으로 도입한 프랑스인 알프레드 비네의 개념을 발전시켜서 여전히 IQ 검사에 표준 검사지로 통용되고 있는 스탠포드-터먼 IQ 테스트를 만들었다. 모든 인간의 평균적 지능을 100으로 고정시키고 그 이상이면 똑똑하고 미만이면 그렇지 않다는 지금의 개념은 Terman에게서 나온 것이다. 자신의 이름을 딴 검사까지 만들었으니 당연히 이 사람은 IQ의 신봉자가 되었다. Terman은 스탠포드 대학이 있는 캘리포니아 주에 살던 초·중·고등학생 25만 명 중 IQ 135가 넘는 이른바 '천재' 1,521명을 선발했다. 그는 확신에 차서 이렇게 뛰어난 영재들은 앞으로 인생에서 미국 최고의 엘리트가 되어 영웅적인 업적을 이뤄낼 것이라고 공언했다. 하지만 Terman의 기대에 부응할 만큼의 업적을 이뤄낸 천재는 결국 나타나지 않았고, 이들 중 절대다수는 평범한 직장인으로 살다가 생을 마감했다. 나중에 그는 내키지는 않았지만 성공이라는 것은 지능보다는 성품, 인격, 좋은 기회를 잡는 것이 중요하다고 결론을 내렸다. 하지만 미련은 남았는지, 지능이 높은 사람들이 더 건강하고 안정적인 삶을 산다는 주장은 끝까지 버리지 않았다고 한다.

〈사진 54〉 George Valliant

또 다른 지능 관련 연구는 미국 동부에서 이루어졌다. '하버드 종단 연구' 혹은 '그랜트 연구'라고 불리는 연구가 그것인데, 1930년대 말에 미국 최고의 대학인 하버드 대학교에 입학한 2학년 학생들 268명을 72년간 추적 조사한 것이다. 이 연구의 결론은 좋은 대학을 나오고 지능 지수가 높다고 해서 소위 말하는 성공적인 삶은 돈을 많이 벌거나 큰 기업의 회장이 되는 것 등과는 전혀 관련이 없다는 것이다. 우리나라에도 『행복의 조건』이라는 책으로 번역 출판되었는데, 저자인 하버드 의대 교수 George E. Valliant(조지 베일런트)는 인간을 행복하게 만드는 것은 지능지수보다는 인생의 역경을 어떻게 인식하고 받아들이는가에 달려 있다고 한다. 흥미로운 일화는 Valliant 교수 자신 뿐 아니라 아버지 역시 하버드 대학을 졸업한 성공한 학자였다고 한다. Valliant 교수 아버지는 고고학자로서 뉴욕 자연사박물관장으로 일하면서 명성을 쌓은 학자였는데, Valliant가 만 10살이 되던 해에 뜻밖에도 권총 자살이라는 방법으로 비극적으로 삶을 마감했다고 한다. 충격에 빠진 어린 Valliant는 왜 사람들은 겉으로 훌륭한 명성, 부, 학력을 가졌는데도 비극적인 삶을 사는지에 대해서 평생을 바쳐 연구하기로 결심했다.

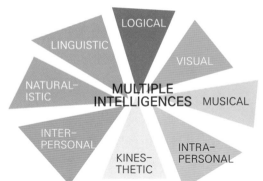

〈그림 21〉 다중 지능

Valliant 교수는 이후 그랜트 연구팀에 합류해 40년이 넘는 세월 동안 1930년대에 최초 연구에 참여했던 하버드 대학 졸업생들을 추적 조사해 오고 있다고 한다.

그렇다면 사람이 행복하게 살고 이른바 성공하게 만드는 요인이 무엇일까? 그 해답으로 요즘에는 '다중 지능(multiple intelligences)'이라는 개념이 많이 언급되고 있다. 다중 지능 이론은 전통적으로 생각했던 언어적인 능력과 수리-논리적 능력뿐만 아니라, 시각적 지각력, 음악적 능력, 감각-운동 능력, 대인관계 지능, 자아 성찰 능력, 자연에 대한 감수성 등을 포함해서 인간의 두뇌의 능력을 종합적으로 고려하고자 하는 시도이다. Howard Gardner(하워드 가드너, 1943~)라는 하버드 대학교 심리학과 교수가 다중 지능 이론의 창시자이다. 이렇듯 다양한 개념을 지능이라는 요소에 포함시킨 것은 커다란 발상의 전환이라고 볼 수 있다.

종종 우리 주변에서는 IQ는 좋지만 주변 사람들에 대한 배려심이 없고 눈치가 없는 얼간이 같은 사람들도 발견할 수 있고, 반면 IQ가 높지도 않고 공부를 잘하는 것도 아니지만, 자기 스스로에 대한 성찰력이 뛰어난 사람들도 있고, 음악적 재능이 뛰어난 사람들도 많이 있다. 예를 들어 한류 팝스타들은 아마 수리논리력이나 언어적 능력보다는 음악적 재능이 월등할 것이고, 만약 댄스 아이돌 가수라면 감각-운동 능력도 출중할 것이다. 이처럼 사람이 행복하고 주목받는 삶을 산다는 것은 예전처럼 IQ

〈사진 55〉 Howard Gardner

가 높다는 것으로 설명되기 어려운 다양한 지능 요인을 포함해야 한다는 것이 Howard Gardner 교수 주장의 핵심이다.

지능과 함께 영어를 배울 때 고려해야 하는 인지적 요인 중 언어 적성도 있다. 미국에서는 외교관을 선발하거나 또는 군대에서 언어 적성 검사를 시행하여 높은 점수를 받는 사람들을 우선적으로 선발하여 집중적으로 언어 훈련을 한다. 언어 적성 검사 중 가장 널리 활용되는 것은 현대 언어 적성 검사(Modern Language Aptitude Test; MLAT)이다. 이 검사가 측정하는 것은 언어를 잘 배우는 적성을 보는 것이 아니라, 한정된 시간과 조건 하에 다른 사람들에 비해서 어느 정도 언어를 잘 학습할 수 있는지를 본다고 한다.

1953년에서 58년 사이에 하버드 대학교 연구팀이었던 John Carroll(존 캐럴)과 Stanley Sapon(스탠리 세이폰)이 개발한 MLAT은 애초에는 미 육군 장병 중 외국어교육을 받을 적임자를 선발해서 도청 및 외국 스파이를 양성하기 위해서 만들어 졌다고 전해지고 있다. MLAT에는 음운을 잘 인식할 수 있는 능력, 문장 구조 안에 있는 단어의 문법적 쓰임새를 인식하는 능력, 새로운 언어 단위를 단순 암기할 수 있는 능력, 논리적으로 추론할 수 있는 능력 등 네 가지 기능을 평가한다. 사실 언어 적성은 영어나 기타 외국어를 배울 때에 앞으로 어느 정도나 성공할지 그 여부를 예측할 수 있는 가장 큰 요인이기도 하다. 하지만 MLAT은 이미 개발된 지 50년이나 지난 옛날 것이고, 학습에서 매우 중요한 부분을 차지하고 있는 학생들의 영어학습 동기 부분이 측정 변수에서 제외되어 있기 때문에 비판을 받고 있다.

2) 장(場)독립성과 장(場)민감성

학습자의 개인차를 형성하는 인지적 요인 중 또 하나 고려해야 하는 부분이 '장(場)독립성(field independence)'과 '장(場)민감성(field

〈사진 56〉 틀린 그림 찾기[20]

sensitivity)'이다. 장민감성은 장의존성(field dependence)이라고도 한다. 장독립적 학습자는 전체와 부분을 잘 구분하는 학습자이다. 쉽게 예를 들면 숨은 그림 찾기를 잘하는 사람은 장독립적 성향이 강한 사람이다. 예전에 한때 『월리를 찾아라(Finding Wally)』라는 숨은 그림 찾기 책이 유행을 했던 적이 있다. 수없이 많은 사람들이 있는 그림 속에서 월리라는 한 인물을 찾아내는 그림책인데, 월리를 잘 찾아내는 사람도 있고 잘 못 찾는 사람도 있고 참 천차만별이다.

장독립적인 학습자는 전체에서 부분적인 것을 떼어서 잘 파악하는 능력이 높은 것으로, 개별적인 아이템을 배우는 데 능하다. 예를 들어서, 영어 문법 항목을 외운다거나 관련성이 없는 단어들을 보고서 비교적 빨리 외울 수 있는 사람이 장독립적 학습자라고 볼 수 있다. 단순 암기로 새로운 영어단어 50개를 순식간에 외운다거나 하면 이 학생은 개별적으로 따로따로 떼어서 학습을 하는 스타일인 것이다. 반면에, 장민감적 학습자는 전체에서 부분을 구분하는 것은 잘 못하지만, 전체적인 연관성을 파악하는 능력이 뛰어나고, 맥락을 잘 파악할 수 있다. 즉, 눈치가 빨라서 영어회화를 할 때에 상대방과 원활한 의사소통이 가능하다. 연관성과 맥락을 잘 파악하는 것은 한국어이든 영어든 대화에 잘 참여할 수 있음을 의미한다. 따라서 실제 의사소통 환경에서는 장민감적 학습자가 좀 더 원활하게 소통을 하고, 장독립적 학습자는 교실에서의 전통적인 학습, 즉 단어와 문법을 배우는 상황에서 좀 더 강점이 있다는 점이 밝혀져 있다. 또한 나이에 따라서 아이들은 장민감적 성향이 강하고 성인들은 장독립적 성향이 더 강하다고 한다.

〈사진 57〉 숙고성[21)

3) 숙고성과 충동성

　영어를 배울 때에 영향을 끼치는 인지적 요인에는 숙고적 인지양식(reflectivity)과 충동적 인지양식(impulsivity)이 있다. 이 부분은 사람들의 성격과도 관련되어 있다. 어떤 사람들은 어떤 사건에 대해 즉각적인 반응을 하지 않고, 어떻게 행동하면 좋을 것인지에 대해 시간을 들여서 오랫동안 생각을 해서 잘 결정을 한 후에는 좀 느리긴 하지만 정확하게 행동을 하려는 경향을 보인다. 마치 셰익스피어의 희곡 햄릿처럼 생각이 너무 많아서 생각 속에 파묻혀서 사는 사람은 숙고성이 강하다고 한다.

　또 다른 부류의 사람들은 일단 먼저 행동에 착수하여 즉시 반응을 나타내는 경향이 있다. 다른 사람이 생각 좀 하고 하려는 사이에 벌써 몸을 움직여서 뭔가를 하고 있는 사람이다. ('Just do it!' 마치 나이키 영어 광고처럼) 세르반테스의 소설 돈키호테와 같이 앞뒤 안 가리고 일단 저지르고 보자는 사람이 충동성의 전형이라고 할 수 있다.

교실 상황에서도 이러한 인지양식을 반영해서 영어로 대화를 진행할 때 영어 질문에 즉시 대답을 하는 사람이 있고, 한 박자 느리더라도 좀 더 생각을 해 보고 실수를 하지 않으려는 사람이 있다. 숙고적인 성향을 많이 지닌 학습자들은 말을 할 때 반응이 느린 측면이 있지만, 오류나 실수가 적은 경우가 많다. 여러 번 머릿속으로 리허설을 한 다음에 말을 하기 때문이다. 반면에 충동적인 성향이 높은 학습자들은 즉각적으로 반응하지만 문법이나 어휘 선택에서 오류가 좀 더 많은 측면이 있다. 다시 말해, 충동적 학습자는 유창성은 높지만 정확성이 부족한 경향이 있고, 숙고적 학습자는 유창성이 떨어지는 반면에 정확성이 높은 경향이 있는 것이다. 따라서 숙고성과 충동성 중에 뭐가 일방적으로 좋다 나쁘다고 이야기하기 어렵다.

4) 모호성에 대한 관용과 불관용

모호성에 대한 관용(ambiguity tolerance)과 불관용(intolerance)은 종종 개방성과 폐쇄성이라고 불린다. 새롭게 접하는 정보 혹은 학습하는 항목들에 대해서 비교적 잘 수용하는 사람이 있는 반면에, 비판적인 성향을 가지고 자신이 납득하기 전에는 그것을 잘 받아들이지 않는 사람도 있다. 전자가 개방적인 유형이고 후자는 폐쇄적인 유형이라고 일컬어진다. 아이들에 비해서 성인들은 좀 더 **폐쇄적이다.** 자라면서 형성해 온 기존의 가치판단 체계가 정립되어 있기 때문에 새로운 것을 배우는 데 있어서 거부하는 반발심이 강한 것이다.

영어를 배우는 데 있어서, 예를 들어 40~50대 가량의 성인이 된 이후에 미국으로 이민 간 사람의 경우는 미국 문화에 대해 비판적인 시각을 가지거나 때로는 불만을 느끼기도 한다. 이미 한국 사회에서 형성한 가치 규범을 지니고 있기 때문이다. 극단적인 경우는 "세계 어딜 가도 한국 것이 제일이야" 혹은 "우리나라처럼 사계절이 뚜렷하고 살기 좋은 기후가 어디 있어?" 하면서 국수주의적인 태도를 갖는 사람까지 있다. 폐쇄성은 외국 문화를 받아들이는 데에도 부정적으로 작용할 수 있다.

우리나라도 지금은 많이 너그러워졌지만, 여전히 동성 결혼이나 동성 간의 애정을 공공장소에서 드러내 놓는 행위는 사회적 금기 사항이다. 나체 시위 등도 경범죄로 처벌된다. 반면 미국에서는 개인의 자유에 초점이 두어져 있기 때문에 2015년 6월 26일부로 동성 결혼이 합법이 되었고 나체 시위도 용인된다. 개인의 폐쇄성이 강할수록 그런 장면을 목격하면서 문화 충격에 휩싸일 수 있고, 영어를 배우는 데 부정적으로 작용한다. 반면에 아이들이 어렸을 때 이민을 가서 미국이나 캐나다에서 학교를 다닐경우에는 기존의 한국적 가치체계가 덜 성숙되어 있기 때문에, 새로운 영어권 국가의 규범이나 생활환경에 다시 잘 적응한다. 영어를 배우는 데에도 일단 도움이 되는 개방적 태도라고 할 수 있다. 이렇듯 아이들의 폐쇄성이 적고 개방적인 태도는 어른들에 비해 아이들이 영어를 더 잘 배울 수 있는 조건들 중 하나가 된다.

5) 내향성과 외향성

다음으로는 '내향성(introversion)'과 '외향성(extroversion)'이 있다. 영어교육에서는 우리가 보통 생각하듯 내향성은 소극적인 사람, 외향성은 적극적인 사람으로 이분법적으로 구분하기가 어려운 경우가 종종 있다. 우리 한국 사회는 과거의 농경 사회의 전통에서 벗어나 이제는 세계 10대 무역 대국이기도 하고 급격한 현대화로 인해서 사회생활에서는 암묵적으로 외향적으로 살아야 성공할 수 있다는 믿음이 존재하는 것도 사실이다. 내향적인 사람들은 왠지 사회 부적응자나 은둔형 외톨이로 여겨져서 '너는 성격을 바꿔야 성공할 수 있어.' 등의 직간접적인 압력을 많이 받는다. 그러나 최근의 연구 성과들은 내향적인 사람들이 사회적으로 소극적인 사람들이 아니라는 것이 드러나고 있다.

내향적이거나 외향적인 성향의 학술적 기준에 따르면, 자신의 삶에 대한 에너지를 다른 사람으로부터 받는 사람은 외향성을 지니고 있다고 보고, 스스로에 대한 성찰로부터 에너지를 받는 사람은 내향성을 지니고 있는 것으로 본다. 더 쉽게 설명하자면 친구들과 어울려서 서너 시간 웃고 떠들다가 집에 올 때 기운이 넘치고 즐거우면 외향인, 힘이 없고 피곤하면 내향인이라는 말이다. 내향성과 외향성에 관련하여 외국어를 배울 때 어떤 성향이 더 좋다는 결론은 없다. 내향적인

〈사진 58〉 내향성[22]

〈사진 59〉 외향성[23]

사람들은 교실 상황에서 영어를 발화할 때 오류를 더 적게 범하고 발음을 정확하게 한다는 연구 결과들이 있고, 반면 외향적인 사람들은 실제 영어회화 상황에서 다양한 전략들을 효과적으로 사용해서 영어로 하는 임기응변에 능하다는 결과들이 있다.

2. 영어를 배우려는 마음이 중요하지! 정서적 요인

1) 감정이입

　정서적으로 영어를 배우는 것에 도움이 되는 요인 중 하나는 감정이입을 얼마나 잘하는가이다. 감정이입(empathy)은 이심전심을 뜻하는 것으로, 이 부분은 외국어뿐만 아니라 우리가 대화를 하는 데 있어서 상당히 중요한 요인들 중의 하나이다. 상대방의 기분과 감정을 느끼고 그것에 맞춰서 대화를 할 수 있는 능력도 정서적인 요인으로서 언어를 배우고 사용하는 데 중요하게 작용하고 있기 때문이다. 앞으로 PART III에서 여러분이 살펴보게 될 '공동체 언어 학습법(community language learning)'이라는 방식에서도 가르치는 사람이 학생들이 어려워하고 속상해하며 답답해하는 부분들을 도와주는 조력자의 역할을 해야 한다는 측면이 있기 때문에, 감정이입이 필요하다.

2) 동기

　정서적인 요인에서 가장 많은 연구가 이루어지며 가장 중요하게 여겨지는 것은 학습 동기(motivation)이다. 동기 이론들 중에서 가장 잘 알려진 부분은, 외국어를 배울 때와 제2언어로 언어를 배울 때에 해당되는 동기가 다르다는 것을 Robert Gardner(로버트 가드너)가 밝혀낸 것이다. Gardner는 캐나다 온타리오 주(州) 런던에 있는 웨스턴 대학교에

<사진 60> Robert Gardner

서 평생 동안 많은 학생들을 가르쳤는데, 학생들이 새로운 언어를 배울 때에 보통은 두 가지 유형의 동기가 있다고 한다. 그것은 '통합적 동기(integrative motivation)'와 '도구적 동기(instrumental motivation)'이다. 우리가 한국에서 영어를 배울 때 대부분의 경우는 도구적 동기에 해당된다. 많은 학생들은 "영어공부를 왜 해요?"라는 질문에 "좋은 대학 가려고요." 아니면 "나중에 취업에 도움이 될 것 같아서요." 등으로 보통 이야기한다. 직장인들이 토익이나 다른 영어시험공부를 할 때에는 아마도 일정 점수 이상을 받아야 나중에 승진이나 다른 더 좋은 직장으로 옮길 수 있으니까 그럴 것이다.

이렇듯 새로운 언어를 배움으로써 목표로 삼고 있는 다른 것들을 이룰 수 있다고 믿는 경우는 도구적 동기를 지니고 있는 것이다. 심지어는 학생들이 영어를 열심히 배워서 높은 성적을 받고 부모님이나 선생님께 칭찬을 받으려 하는 경우도 도구적 동기에 포함된다. 반면 통합적 동기는 영어를 외국어로서 배우는 상황이 아니라, 예를 들어 미국이나 캐나다에서 영어를 배울 때 교실 밖에서도 실제 그 언어를 듣고 사용하는 상황에 나타나는 것으로 볼 수 있다. 다른 사람들과 어울리고 그 언어로 생활을 하고 생계를 이어가야 하는 경우에, 해당 언어를 구사하는 절대다수의 사람들에게 잘 동화되고 조화롭게 어울려서 살기 위해서 영어를 배우는 동기를 통합적 동기라고 한다. 지금껏 수행된 많은 연구들에 따르면 도구적 동기는 우리나라처럼 영어를 외국어로 배우는 EFL 환경에서 자주 발견된다고 하며, 통합적 동기는 교실 밖에 나가면 영어를 일상적으로 들을 수 있는 환경인 ESL 상황에서 더 강하게 나타난다고 한다.

또 하나의 유명한 구분은 Edward Ryan(에드워드 라이언)과 Richard Deci(리쳐드 디씨)라는 미국 로체스터 대학교의 교육심리학자들이

〈사진 61〉 Edward Ryan과 Richard Deci

제안한 '내재적 동기(intrinsic motivation)'와 '외재적 동기(extrinsic motivation)'이다. 더 평이하게는 내적 동기, 외적 동기라고 보통 부른다. 사실 이 동기들은 이분법적으로 구분되는 것은 아니고 더 큰 이론적 틀인 자기결정성 이론(self-determination theory) 안에서 이해할 필요가 있지만, 여기서는 이 두 가지 유형의 동기에 대해서만 살펴보자.

내적 동기는 학습 자체가 흥미롭기 때문에 공부를 계속하는 것이다. 즉, 배우는 것 그것 자체가 자신에게 순수한 기쁨을 주고 즐겁기 때문에 언어를 배울 때에 내적인 동기가 충만한 것이다. 이때, 언어를 배우는 것이 즐거운 것 이외에 다른 목적은 없다. 때로는 여학생들은 프랑스어의 발음이 아름답게 들리고 우아하게 느껴져서 그 언어를 배우기를 원하는데, 그것도 언어 그 자체가 좋기 때문에 배우는 내재적 동기의 예가 될 수 있다. 반면, 언어를 배움으로써 다른 것을 얻고자 하는 목적이 개입되는 경우는 외재적 동기가 작용하는 것이다. 외재적 동기는 바로 위에서 이야기한 Gardner의 도구적 동기와 상당히 유사한 측면이 있다. 바람직한 사례는 아니지만, 엄마가 어린 아이에게 영어 시험에서 만점을 받으면 용돈을 준다고 하는 경우가 해당될 수 있다. 보상, 학점, 대학 입

학, 취업, 승진 등을 추구하는 것과 같은 외국어 그것 자체에 대한 흥미 외에 다른 일체의 요인들이 외재적 동기에 해당된다.

우리나라에서도 영어를 배우는 학생들에게는 어떤 동기가 있을까에 대해서 많은 연구들이 이루어졌는데, 결론적으로 우리나라 학생들에게는 대부분이 통합적 동기 보다는 도구적 동기가 우세하고, 외재적 동기가 내재적 동기보다 우세하다는 연구 결과가 나와 있다. 하지만 영어공부를 아주 잘하는 학생들의 경우에는 통합적 동기나 내재적 동기도 종종 나타나고 있다는 것이 밝혀져 있다. 자, 여러분들은 영어를 왜 배우는지 한번 생각해 보자.

3. 영어 배울 때는 우리 주변 환경도 중요해! 사회문화적 요인들

1) 문화적 편견

외국어를 배우고 가르치는 것에 대한 사회문화적인 요인들에 대해서도 생각을 해 보자. 옛날에 우리나라가 경제적으로 어려웠던 1950~60년대에는 미국이나 일본에서 들어온 외국 제품에 대해서 감탄하면서 "아 역시 미제(美製)라 달라! 좋네!" 하면서 좋아했던 분들이 많았다. 요즘도 역시 미국을 중심으로 한 서양 문물을 선호하는 풍조는 우리나라에 만연해 있다. 헐리우드 영화들도 자유와 평등의 나라가 미국이라는 생각을 자꾸 우리들에게 이미지로서 주입시키고 있다. '~맨'으로 끝나는 수퍼맨, 배트맨, 아이언맨, 스파이더맨 등의 만화나 영화 속 캐릭터도 결국 미국의 가치가 인류 보편적 가치라는 것을 알려 주는 수단이라 볼 수 있다. 이런 면에서는 요즘 한류가 유행이라지만 미류(?), 즉 미국문화의 흐름에 비하면 정말로 찻잔 속의 태풍 수준일지도 모른다.

그래서 우리는 자칫 잘못 생각하면 미국, 캐나다, 영국, 호주, 뉴질랜드를 포함하는 영어 문화권이 더 멋지고 세련된 것이라고 간주할 수 있다. 그러한 생각은 문화적 편견(cultural stereotype)과 결부되어 있는 것이다. 이는 자신이 속한 곳이 더 우월하고 다른 문화들은 좋지 않다는 생각이나 또는 반대로 내가 속한 곳은 열등한데 다른 문화권은 더 좋은 것이라는 생각을 가지는 것이다. 즉, 나의 문화와 다른 문화의 정신적 위계의식을 만들어 버리는 것이다. 참 부끄러운 이야기지만, 간혹 우리나라 사람들이 동남아 국가에 여행을 가서 공중도덕을 지키지 않아 신문이나 뉴스에 보도되는 경우가 있다. 이 경우 마음속에 한국 문화가 더 우월하고 그쪽 동남아 문화가 낮은 문화니까 그 동네에서는 막 해도 된다는 못된 생각이 깔려 있기 때문이다. 여러분도 영어를 배우고 때로는 가르치게 될 입장에서 반드시 생각해 보아야 할 것이 영어를 가치중립적으로 여겨야 한다는 것이다. 영어가 다른 언어에 비해 더 좋다거나 영어권 문화가 다른 문화보다 우월하다거나 하는 생각을 가지고 있는 것은 잘못된 것이다. 그러한 생각은 언어제국주의와 긴밀하게 연결되어서 19세기에는 영국의 식민주의, 20세기에는 미국의 팽창주의 정책과도 큰 관련을 가지고 있다. 이 내용은 뒤에서 더 자세히 보도록 하겠다.

2) 세계의 다양한 영어들!

영어를 가르치고 배우는 데 있어서 영어 정책은 중대한 문제이다. 우리나라에서도 어느 지역에서 사용되는 영어를 가르쳐야 하는지 교육 정책적으로 신중하게 생각해 볼 필요가 있다. 우리나라에서는 확실히 미국식 영어를 선호하는 느낌이지만, 일본이나 홍콩, 인도, 싱가포르 등지의 아시아권 많은 나라에서는 오히려 영국식 영어도 미국식 영어 이상으로 존중하고 때로는 더 호의적으로 받아들이는 경우도 있는 것 같다.

우리나라에서는 1882년 조미수호통상조약 이래 서양 국가 중 미국과 가장 많은 인적, 물적 교류가 있어 왔고, 게다가 해방 이후에 6.25 전쟁 그리고 그 이후의 많은 경제적 도움 등으로 인해 절대다수의 사람들은 미국 영어가 가장 표준이라고 생각한다. 이러한 생각이 워낙 강하다 보니, 웃지 못할 해프닝도 가끔 생기는데, 우리나라에서 영어를 가르치는 영국 사람들이 그 해프닝의 당사자들이다. 요즘에는 학부모님들도 인식이 많이 높아졌기 때문에 이런 일이 별로 없지만 한 10년 정도 전까지만 해도 영국 사람들이 우리나라 학교나 학원에서 원어민 교사로 일할 때 발음이 이상하다고 해서 학부모들이 항의를 하는 경우들도 있었다. 몇몇 소심한 영국출신 영어 강사들은 미국식으로 새로 발음을 배워야 하는지를 진지하게 고민하기도 했다고 한다. 21세기에 들어서면서 많은 나라들이 영어를 모국어 혹은 공용어로 사용하고 있기 때문에 국가 차원에서 구체적으로 어떤 영어를 가르쳐야 하는가를 결정하는 것은 매우 중요한 문제일 수 있다.

Braj Kachru(브라즈 캐츠루)는 이러한 영어의 표준화 문제, 더 나아가서는 영어를 사용하는 국가 간의 평등한 관계를 수립하고 싶어 하는 세계 공용어로서의 영어(English as a lingua franca) 혹은 세계 영어들(World Englishes)을 주장하는 학자이다.

Kachru는 인도 태생으로 미국 일리노이 대

〈사진 62〉 Braj Kachru

학에서 오랫동안 열정적으로 학생들을 가르쳤다. 위에서 '영어들(Englishes)'은 의도적으로 복수형이 사용된다. 영어는 단일한 언어, 즉 The English가 아니라 이미 많은 '영어들'이 존재하고 있으며 이러한 영어의 다양성을 받아들이는 열린 자세가 필요하다는 것을 말해 주는 것이다. 그는 동심원 모델을 제시하고 있는데, 영어를 구사하는 국가는 어디이며, 인구는 어느 정도 있는지를 세 가지 권역(The Three Circles)으로 구분하였다. 첫 번째 권역은 내심 권역(Inner Circle)으로 본래부터 전통적으로 모국어가 영어인 나라들이 이 권역에 속한다. 여러분들이 떠올릴 수 있는 영어권 국가들, 미국, 영국, 아일랜드, 캐나다, 호주, 뉴질랜드 등이 포함된다. 적어도 3억 8,000만 명이 있다고 한다.

내심 권역에 속하는 나라들뿐만 아니라 요즘에는 영어를 공용어로 사용하는 나라들도 많이 있다. 그래서 영어가 중요한 제2언어로서 기능하고 있는 싱가포르, 말레이시아, 필리핀, 홍콩, 인도, 나이지리아, 케냐, 푸에르토리코 등의 나라가 있다. 캐나다도 때로는 이 구분에 들어간다. 이

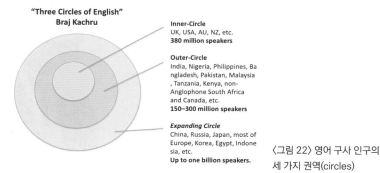

"Three Circles of English"
Braj Kachru

Inner-Circle
UK, USA, AU, NZ, etc.
380 million speakers

Outer-Circle
India, Nigeria, Philippines, Ba
ngladesh, Pakistan, Malaysia
, Tanzania, Kenya, non-
Anglophone South Africa
and Canada, etc.
150–300 million speakers

Expanding Circle
China, Russia, Japan, most of
Europe, Korea, Egypt, Indone
sia, etc.
Up to one billion speakers.

〈그림 22〉 영어 구사 인구의
세 가지 권역(circles)

중언어 국가이기도 하고 실제로 퀘벡 주를 중심으로 프랑스어 사용자들
이 많이 있다. 이 나라들에서는 영어가 공용어로서 전체적인 나라의 통
합을 위해 모국어 못지않게 활용된다. 이러한 나라들이 외심 권역
(Outer Circle)에 속하며, 그 인구수만 해도 3억 명이 포함되어 있다.
가장 바깥쪽에 위치한 것이 확장 권역(Expanding Circle)이다. 10억
명의 인구가 공용어는 아니지만 중요한 외국어, 국제어로서 영어를 배우
고 있다. 이 동심원 모형이 처음 제안된 것이 1985년이니까 구체적인 인
구수는 그때에 비해서 지금이 훨씬 더 많다고 보아야겠다.

이처럼 많은 지역과 국가에서 사용되는 현재의 영어 위상을 생각해 본
다면, 우리나라에서 영어를 가르친다고 할 때 어느 나라, 어느 지역의 영
어를 가르쳐야 하는지는 꽤나 머리 아픈 일이 되고 말았다. 우리나라에
서는 정치, 경제, 문화적 필요성 등으로 미국식 영어를 선호하고 있지만,
잊지 말아야 할 것은 영어에는 다양한 종류들이 존재하고, 단지 미국이
국력이 강하기 때문에 미국식 영어를 맹목적으로 따라야 한다는 생각

<사진 63>
미국식 영어만을
가르쳐야 할까?[24)

은 문제가 있다는 것이다. 영어 안에서도 편가르기를 해서 더 좋은 영어, 더 나쁜 영어로 굳이 세력 다툼을 한다는 생각은 옳지 않다. 만일 그렇다면, 내가 혹시라도 운이 나빠서 인도에 태어났다면 인도식 영어를 하게 되고 그걸 나는 슬퍼하고 내 운명을 저주해야 할까? 아니면 운 좋게 미국의 동부의 중산층 백인 계층에서 태어나 미국식 영어를 잘 구사한다는 사실만으로 우쭐하고 다른 영어를 쓰는 사람들을 멸시해야 할까?

영어는 의사소통을 위한 도구이기 때문에 서로가 자신의 의사를 전달하고 정보를 교환하며 교감하는데 어려움 없이 사용하는 것이 중요하다. 그래서 특정 발음이나 특정 지역의 영어만을 고집하는것은 근거가 희박한 발상이라고 할 수 있다.

3) 제2언어로서의 영어(ESL), 그리고 외국어로서의 영어(EFL)

21세기에 들어서면서 ESL과 EFL 상황의 국가를 명확하게 구분하는 것 또한 쉽지 않은 일이 되어버렸다. 예를 들어, 영어를 전공하는 경우, 영어로 작문을 하고 영어로 생각을 해야 하는 상황들이 점점 더 많아진다. 요즘은 대학에서도 일상적으로 영어로 수업을 해야 하고, 영어 답안을 채점해야 하는 게 현실이다. 앞으로의 한국의 영어교육 상황은 영어 시간에 영어로 수업이 더 많이 진행될 것이고 학생들도 영어를 일상적으로 더욱 많이 접하게 될 것이다. 그렇다면 전통적으로 EFL 환경으로 구분되어 있는 우리나라도 점차 영어를 일상생활에서 접하게 되는 비중이 높아지게 되고, 필자처럼 직업에 따라서 상당히 많은 시간을 영어로 이야기하고 영어로 쓰인 책을 읽고, 영어로 글을 써야 하는 상황, 즉 실질적인 ESL 환경에 살게 될 수도 있다.

또한 핀란드, 스웨덴과 노르웨이에서는 영어가 모국어가 아님에도 불구하고 많은 사람들이 영어를 유창하게 구사하고 기본적인 일상생활에서 영어로 대화하는 것에 큰 무리가 없다. 스칸디나비아 국가들은 2차 대전이 끝난 후 피폐해진 국가를 재건하는 과정에서 적은 인구, 부족한 자연 자원 등을 극복하려면 인접 국가인 영국, 더 나아가서는 세계 초강대국인 미국의 언어인 영어를 배우는 것이 국가 발전에 도움이 될 것이라고 인식하게 되었다. 따라서 TV나 방송 등에서도 영어로 제작된 것을 자막 처리 없이 그대로 방송하는 것을 볼 수 있다. 물론 이들 나라의 언어가 영어와 유사한 면도 있기 때문에 우리나라 사람들이 영어를 배우는 것 보다야 조금은 더 쉽게 배울 수 있다. 이 스칸디나비아 국가들인 핀란드, 스웨덴, 노르웨이는 영어를 제2언어로 공식적으로 사용하는 것이 아니기 때문에 엄밀하게는 EFL 환경임에도 불구하고 실질적으로는 ESL 환경으로 구분이 되어야 한다.

또 하나 반대의 경우를 생각해 보자. 미국에 이민을 간 한국 사람들이 만약에 LA 한인타운(Korea Town)에 정착해서 산다고 하면 이민을 가서 10, 20년이 지나도 영어 실력이 오십보백보 별로 크게 늘지는 않는다. 특히 그런 환경에서 산 이민 1세대와 1.5세대 분들은 영어가 좀처럼 많이 늘지 않는 경우도 많다. 당연히 생활환경에서 한국어를 사용하게 되고 영어를 많이 사용하지는 않기 때문이다. LA에서 한국 불고기, 김밥, 순대, 심지어 소머리국밥이나 짜장면도 배달시켜 먹을 수 있고, 각종 편의시설이 완비된 곳에서 영어를 쓸 일이 많지 않으니, 이때에는 미국의 ESL환경이지만 실제로는 한국에서 사는 것과 별 차이 없이 EFL 환경으로 될 수 있다는 것이다. LA 중국집 사진이 재미있어서 〈사진 64〉에 넣어 보았다. (수타짜장면이 4불 99센트, 세트메뉴(combo)는 19불 95센트이군요. 한국과 비교해 봐도 크게 가격 차이도 나지 않네요!)

이처럼 ESL과 EFL 환경이 생각만큼 명확하게 구분되는 것이 아니라

〈사진 64〉 LA 한인타운 중국집 전단지

는 것은 한번 생각해 볼 필요가 있다. 왜냐하면 우리나라에서 영어를 배울 때에도 우리가 약간의 부지런함만 있으면 미국이나 캐나다에서 어학연수하는 것과 별 차이 없이 좋은 환경을 만들 수 있다는 것을 의미하기 때문이다. 아침에 CNN을 듣고, 영자신문을 읽고, 영어토론 동아리에 가입하고, 저녁에는 영어회화 학원에 가고 등등의 노력을 하는 학생이라면 굳이 영어권 국가에 어학연수를 하러 가서 한국 친구들과 어울리면서 우리말을 하는 것보다야 훨씬 좋을 수 있다. 환경은 어떻게 우리가 만들어 가는가에 따라 얼마든지 영어를 잘 배울 수 있게 만들 수 있다.

4) 언어제국주의, 그리고 언어권리

이제는 언어제국주의라는 조금 심각한 이야기를 해 보자. 영어를 배우고 가르치는 것은 과연 가치중립적인 것일까? 우리가 영어를 배우면 외국 사람들과 의사소통을 할 수 있고 더 잘 살 수 있으니까 그저 좋기만 한 것일까? 이러한 생각으로 인해 언어를 빼앗기고, 삶의 터전을 빼앗기고, 민족과 부족이 송두리째 사라져 버린 사람들이 있다.

잘 알려져 있듯이 호주, 캐나다, 미국의 경우 본래 백인들의 나라가 아니었다. 필자의 고등학교 시절 세계사 책에는 「콜롬버스의 신대륙 발견」

〈그림 23〉 콜럼버스의 신대륙 발견(?)

이라는 소단원이 있었던 것으로 기억한다. 지금도 많은 책이나 잡지에서 콜럼버스의 신대륙 발견이라는 설명이나 만화는 여전히 자주 발견된다.

'신대륙' 땅에는 당연히 원주민들, 우리가 인디언(Indian)이라고 말하는 사람들이 살고 있었다(Indian이라는 말은 정치적으로 올바른 것이 아니기 때문에 현재는 Aboriginal people 또는 Indigenous people이라고 한다). 원주민의 관점에서 보았을 때, 원래 본인들이 살고 있던 나라에 백인들이 영국에서 건너와서 살던 땅을 빼앗고 원주민들을 학살하기도 한 것이다. 정복자였던 백인들은 원주민들의 문화와 언어를 탄압하기 시작했고, 이를 유럽 문명에 대한 동화로 아주 당연히 여겼다. 심지어 20세기 초반에는 원주민의 자손들이 호주나 캐나다의 주류 사회에 더 쉽게 동화되기 위해서 부모와 격리시켜서 기숙학교에서 교육시켜야 한다고 하여 백인 정치인들은 원주민 아이들을 위한 기숙학교를 만들어 원주민 부모와 자식들을 강제로 격리시켜 아이들을 모두 기숙사 생활을 시켰다. 〈사진 65〉는 캐나다 원주민들이 교육받았던 기숙학교의 사진이다.

백인 교사에게 백인의 언어, 즉 영어로 수업을 받고 영어권 문화에 대

〈사진 65〉 캐나다 원주민 기숙학교[25]

해서만 교육을 받은 원주민 아이들은 너무도 당연히 자신들의 모국어와 문화를 배울 기회가 전혀 없었다. 지금 21세기 관점에서는 나라에 더 쉽게 동화시키기 위해 부모와 자식을 강제로 격리시키는 것은 반인륜적 범죄와 마찬가지이다.

우리가 일제강점기 때 일본이 우리에게 일본어를 강요하고 내선일체(內鮮一體)라는 궤변으로 조선 문화를 억압하고 일본 문화를 이식하려고 했던 것과 무엇이 다를까?

이러한 영어를 사용하는 백인들의 언어제국주의에 희생된 원주민의 자손들은 스스로를 스톨른 제너레이션(stolen generation), 즉 잃어버린 세대라고 한다. 이후 호주에서는 국가 차원에서 National Sorry Day라는 기념일을 제정하게 된다. 사실 호주는 백호주의(白濠主義), 즉 백인들의 호주를 오랫동안 선호했고, 아직도 인종적 편견이 잔존하고 있는 나라이기도 하다. 얼마 전에도 인종 혐오 범죄가 발생해서 한국인 어학연수생 몇 명이 좋지 않은 일을 당하기도 했다. 원주민들에게 배상을

〈사진 66〉 잃어버린 세대, 스톨른 제너레이션[26)

요구하는 사회 각층의 목소리가 1990년대에 꾸준히 증가했음에도 호주 연방 정부에서는 처음에는 이러한 배상이나 국가 차원의 사과를 하지 않으려고 했다. 그러나 1998년에 각 도시 및 지방 정부에서 이러한 운동에 적극적으로 동참하면서 결국 호주에서는 수상이 국회에서 연설 도중 국가 차원에서 원주민들에게 사과를 하고 배상을 약속했다. 지금도 매년 National Sorry Day는 국가 기념일로 많은 행사가 수반되고 있다. 사진에서는 호주 어린이들이 "잃어버린 세대에게 미안합니다"라고 적힌 푯말을 들고 있다.

  이러한 역사적 사실들은 영어를 배운다는 것을 가치중립적으로 단순하게 생각할 것이 아니라, 다른 언어가 발달하고 다른 문화가 육성되는 것을 방해하고 말살하는 데 영어가 일조했을 수 있다는 점을 시사하는 것이다. 앞서 이야기했듯이, 호주와 캐나다에서는 국가 차원에서 배상을 했고 잃어버린 언어를 복원하기 위한 많은 노력을 지속적으로 기울이고 있다.

이렇듯, 영어로 인해 과거의 정치, 사회적인 문제들과 맞물려서 부작용이 생겼다는 점을 이해할 필요가 있고, 이것을 언어제국주의라고 한다.

영어가 행사하는 힘은 우리나라에서도 국가적인 이슈가 되고 있다. 예를 들어, 사교육의 경우 부모의 경제력이 높은 학생들은 소위 좋은, 비싼 학원에서 영어를 배우게 된다. 영어를 잘 구사할 수 있는 기회가 부모의 경제력에 따라서 달라질 수 있다는 것이다. 이런 점에서 사회적으로 진지한 고민을 해야 하는 부분이 잉글리시 디바이드(English divide), 즉 영어 격차이다.

요즘에는 아버지의 경제력이 조금만 되어도 유치원생, 초등학생들에게 짧게는 방학 때 1~2달, 길게는 1년 이상씩 영어권 국가에서 어학연수를 시키는 경우가 많다. 가족끼리 이산가족이 되고 아이와 엄마는 외국에 있고, 아빠는 한국에서 돈을 버는 기러기 아빠 이야기는 너무 흔해서 이제는 사회적으로 이슈가 되지도 못할 지경이다. 한국 사회에서

〈사진 67〉
National Sorry Day[27]

영어교육을 알면 영어가 보인다

영어는 상당한 관심의 중심에 있고 영어를 많은 사람들이 필요로 하고 좋아하니까 단지 열심히 가르치고 배우기만 하면 된다는 생각은 매우 단편적인 생각이라 하겠다. 우리는 영어와 관련된 복잡한 정치, 사회, 경제, 문화적 문제에 대해 반드시 인식하고 있어야 한다.

4. 언어, 사고, 문화, 그 관계에 대하여…

〈사진 68〉 William Labov

인간의 언어가 사회적 맥락에 따라서 어떻게 다르게 사용되는지를 연구하는 학문 분야를 사회언어학(sociolinguistics)이라고 한다. 사회언어학의 대부라고 일컬어지는 사람은 펜실베니아 대학교의 William Labov(윌리엄 라보브) 교수이다. Labov는 1960년대에 영어를 모국어로 쓰는 사람들이 사회적 계층 및 언어적 환경에 따라서 어떻게 다른 발음을 하게 되는지를 연구해 왔다. 또 다른 학자로는 1960년대에 Chomsky의 문법 능력의 한계를 지적하면서 의사소통 능력을 강조했던 Dell Hymes가 있다.

Labov와 Hymes는 인간의 언어는 사회와 문화를 반영한다고 생각하여 Chomsky처럼 모든 인간에게 적용되는 언어능력(competence)을 살피는 것이 아니라, 실제 우리가 때와 장소, 대상에 따라 다르게 발화하는 언어수행(performance)에 더 많은 관심을 두고 있다.

사회언어학적 탐구는 영어뿐 아니라 우리 모국어인 한국어에도 적용된다. 예를 들어, 한국어에서도 사회적으로 지위가 높다고 인식되는 직업을 표현하는 말은 변화하지 않았다. '대통령'과 '의사'가 그 예이다. 그런데 '간호사'의 경우, 이전에는 '간호부'라는 표현이 쓰였다. 이 표현이 이 직종 사람들을 낮춰 부른다는 어감이 있다고 하여 '간호원'으로 바뀌게 되었고, 90년대로 넘어가면서 '간호사'라는 말로 점차 정착되었다. '청소부'가 '환경미화원'으로, '혼혈아'가 '다문화가정아동'으로 변한 것들도 비슷한 예이다. 간호사, 환경미화원, 다문화가정아동에 대한 사회적인 인식이 부당하게 낮음을 반영하여 그 인식을 바꾸고자 생겨난 변화들인 것이다. 때로는 영어 명칭을 붙이는 현상도 있다. 옛날에는 그냥 '보험아줌마'로 부르던 보험방문판매원이 이제는 '라이프 플래너(life planner)'등의 멋진 명칭으로, '꽃집 아가씨'가 이제는 '플로리스트(florist)', 주방장이 이제는 '마스터 쉐프(master chef)'처럼 그럴싸한 영어 명칭으로 불린다. 더 드라마틱한 변화는 북한을 탈출한 용감한 '귀순용사'가 이제는 '탈북자'나 '새터민'으로 불린다는 것이다.

필자가 초등학교를 다녔던 1980년대 초만 해도 아직 미국과 소련의 냉전이 계속되던 시대였고, 북한과 남한의 경제력이 크게 차이나지 않던 시절이었다. 그때는 북한에서 누가 남한으로 넘어왔다고 하면 신문 1면에 크게 보도가 되었고, 신문사와 방송사 기자들을 불러놓고 기자회견을 크게 하던 시절이었다. 1990년대 중반까지도 그랬으니까 오래전 일도 아니다. 아마 남한으로 넘어오는 사람이 얼마 없기 때문에 그랬던 것 같다. 〈사진 69〉는 1983년에 미그 19 전투기를 몰고 남한으로 귀순한

〈사진 69〉 1983년 귀순한 리웅평 대위의 기자회견(출처: e 영상 역사관)

리웅평 대위의 기자회견 사진이다. 기억하기로는, 오전 11시쯤에 갑자기 공습경보가 울리면서 "이것은 실제 상황입니다"라는 민방위 방송 싸이렌 소리가 들려서 나라 전체가 깜짝 놀랬었다. (귀순 후에도 대한민국 공군에서 모범적으로 성실히 복무해 대령까지 진급하였으나 안타깝게도 2002년에 간경화로 사망하였다.)

그런데 요즘에는 어떤가? 통계청 자료를 보면 요즘에는 꾸준히 2,000명 이상이 한국으로 입국하는 것으로 나타나고 있다. 이제는 기자회견하는 '귀순용사'가 그냥 '탈북자' 이거나 '새터민'이다. 흥미로운 것은 그 용어를 사용하는 사람들의 전반적 인식이 개선되지 않는다면 또 언젠가는 그 용어들이 바뀔 것이라는 점이다.

영어를 말하는 데 있어서 영어는 영어권 사람들의 생각과 문화와 결부되어 있다는 것 또한 인식해야 한다. 마찬가지로 한국어는 우리 한국 사람들의 생각과 문화를 반영한다. 예를 들어 영어에서는 상대방이 누구인지에 관계없이 "Did you have a good sleep?"이라고 물어볼 수 있겠지만, 우리말에서는 "안녕히 주무셨어요?"나 "잘 잤니?" 등으로 달라진다. 우리말에서 상대방이 누구인지 그 대상에 따라 '밥 먹었니'라는 표현도 달라진다. 부모님께는 "진지 드셨어요?"라고 하지만, 동생이나 친구에게는 말 그대로 "밥 먹었니?"라고 물어본다. 대상에 따라서 어휘나 표현이 바뀐다는 것은 우리 문화에 위계질서가 반영되어 있다는 것을 의미한다. 반면 영어를 사용하는 곳은 위계질서로 된 사회가 아니라 상대적으로 인간관계의 위계가 덜 엄격하다는 것을 의미하는 것이다.

언어와 문화의 연관성은 명백하다. 우리의 문화는 가치를 반영하고 있고 이것은 언어를 통해 표현된다. 위에서 설명한 것을 쉽게 정리하면, 긍정적인 가치로 여겨지는 언어나 어휘는 지속성이 높은 반면 상대적으로 부정적 가치를 지닌 언어나 어휘는 계속 바뀌는 경향이 있다는 것이다. 예를 들면, "청소부"가 "환경미화원"으로 변화하고, 한때는 "튀기, 혼혈아"로 불리던 결혼이주자 가정 자녀 혹은 이민자 자녀는 "다문화가정아동"으로 변화하고 있다. 사람이 쓰는 말은 그들의 사고와 가치를 반영하고 있기 때문에 절대로 가치중립적이지 않다고 할 수 있다.

이러한 맥락에서 Lakoff(레이코프)는 사용하는 언어에 맞게 사고가 형성되는 것을 틀 짜기 혹은 프레이밍(framing)라고 불렀다. 다시 말하면, 일상적인 언어와 어구들은 사람들이 생각하는 방식을 형성하는 데 중요한 작용을 하며 각 문화별로 가진 문화적인 코드(예를 들면, 동양의 체면치레나 존칭어법 등) 또한 언어에 반영되어 나타난다.

이와 관련하여 Edward Sapir(에드워드 세이피어, 1884~1939)와 그의 제자 Benjamin Whorf(벤자민 호프, 1897~1941)는 언어가 사람의 사고를 결정한다고 믿었으며 이들의 이론은 때로는 언어결정주의

(linguistic determinism)나 언어
상대성(linguistic relativity)으로
불리기도 했다. 이들은 미국 원주민
호피(Hopi) 족 언어를 연구하던 중
이들이 모든 날아다니는 것 중 새를
제외한 모든 것, 즉 날파리, 비행기,
연 같은 것들을 모두 '마사이카타'

〈사진 70〉 Edward Sapir와 Benjamin Whorf

라는 한 단어로 표현한다는 것을 알았다. 반면 미국 알래스카에 살던 에
스키모 원주민들에게는 눈을 나타내는 단어가 적어도 10개 이상이라는
것도 밝혀냈다. 내리는 눈, 땅에 쌓여 있는 눈, 얼음처럼 단단하게 뭉친
눈, 진눈깨비 등등이 모두 다른 단어로 나타난다는 것을 알아냈다. 왜
이런지를 생각해 보면, 호피족에게는 새 이외의 날아다니는 것은 이들
에게 별관심이 없는 것이었고, 에스키모족에게는 늘 눈이 내리는 환경
에서 눈의 질과 양은 이들의 삶에 큰 관련이 있기 때문에 여러 단어로 구
분된다는 것이다.

  이들의 언어결정주의를 재미있게 나타내주는 일화도 있다. Sapir와
Whorf는 1차 대전 중 미 육군의 위촉을 받아 유류고 사고를 예방한 적
이 있다. 당시 미군 유류고에서는 폭발 사고가 잦았다고 한다. 보초를 서
는 미군 병사들이 담배를 별 생각 없이 피우다가 기름통에 불이 옮아 붙
어서 큰 폭발이 자주 일어났던 것이다. 언어가 인간의 사고를 지배한다
는 이들의 견해를 뒷받침이나 하듯 이 유류고에는 "Half Empty"라는
경고문이 붙어 있었다. 즉, 절반쯤 차 있는 기름통 앞에 이런 경고문들

〈그림 24〉 반이나 비었네? 반이나 차있네?

이 있었다는 것이다. 아마도 이 경고문을 작성한 사람은 '절반쯤 비어 있을 뿐이니까 절반은 차 있다. 조심해라'는 뜻으로 만들었을 것이다. 그러나 보초를 서는 병사들에게는 무의식중에 '절반이나 비어 있으니까, 기름이 꽉 찬 드럼통보다야 안전하겠네'라는 생각이 들게 되었고, 결국 대담무쌍하게 그 기름통들 앞에서 담뱃불까지 붙이게 된 것이다. Sapir와 Whorf의 처방은 아주 간단했다. 경고문을 "Half Empty"에서 "Half Full"로 단 하나의 단어만 바꾼 것뿐이었다. 그 후 폭발 사고는 눈에 띄게 줄어들었다고 한다.

우리 한국어에서는 영어로는 rice라고 하는 것을 '모, 벼, 쌀, 밥' 등의 다양한 어휘로 구분해서 사용한다. 한국어는 농경문화가 바탕이 되어 벼농사를 짓고 밥을 지어 먹었던 한국 문화를 반영하고 있기에 순수 한글 단어인 모, 벼, 쌀, 밥으로 의미가 분화되는 것을 알 수 있다. 논에 심기 전의 어린 벼를 모라고 하고, 논에 심은 후에는 벼, 벼에 열린 곡식 낱알을 도정한 것을 쌀, 쌀을 익혀서 먹을 수 있게 만든 것을 밥으로 부르는 것이다.

흥미롭게도 영어에서는 동물들은 죽어서 고기가 되어야 고상해 진다고 한다. 무슨 말인가 하면, 살아 있는 가축 상태일 때에는 앵글로 색슨계 어휘인 수소 ox나 암소 cow, 어린 송아지는 calf, 양은 sheep, 돼지는 pig 등의 단어를 사용하지만, 이것들을 도축해서 고기로 식탁에 올려두면 모두 프랑스계 어휘인 beef(불어는 boef), veal, mutton, pork로 변신한

〈사진 71〉 Cow? No! Beef![28]

다. 영국에는 음식 문화가 발달되지 않았기 때문에 본격적으로 요리를 할 때에는 영어 어휘 자체가 없었고, 따라서 다채로운 요리가 발달한 프랑스에서 단어까지 수입해 왔다는 사실이 영어단어에 반영된 것이다.

　이러한 다양한 예는 결국 우리의 언어는 우리의 사고와 문화를 반영하고 더 나아가 행동을 지배할 수도 있다는 입장을 제시하고 있다. Sapir-Whorf 가설은 원래 언어결정주의로서 우리가 사용하는 언어가 우리의 사고를 지배한다는 상당히 강한 입장을 취했다. 하지만 위에서 예로 든 미국 호피족 원주민들이 새 이외의 모든 날아다니는 것을 '마사이카타'라고 부른다고 해서 비행기와 날파리를 구분하지 못하는 것은 아니기 때문에 이들의 언어가 사고까지 완전하게 지배하지는 않는다는 것을 알 수 있다. 그래서 요즘에는 언어가 사고를 지배한다는 강경한 주장보다는 언어와 사고가 서로 관련이 되어 있다 정도의 상당히 완화된 주장이 더 힘을 얻고 있다. 이 입장은 Ronald Wardhaugh(로널드 워드호프)라는 사회언어학자에 의해 지지되고 있다.

Part
II

지금껏 영어를 어떻게
가르쳐 왔을까?
영어교육사 이야기

제1장

GTM부터 새로운 시도의 혼란기까지
(1970년대까지)

1. 라틴어 문법 교육이 서양에서의 외국어교육!

영어에서 문법을 뜻하는 'grammar'라는 단어는 그리스어에서 파생된 것으로 'gramma' 즉, '쓰인 것, 글자'라는 뜻을 가지고 있고, 'grammatikos'는 '글자를 알다'라는 뜻을 가지고 있다. 문법의 원래 의미는 문자 또는 글에 대한 학문이라는 의미이며, 최초의 외국어 학습은 라틴어나 그리스어를 공부하는 것이었다. 특히 중세시대에는 고전의 이해, 성서의 이해, 그리고 식자 간의 의사소통 수단으로서 라틴어나 그리스어가 많이 사용되었기 때문에 이에 대한 교육이 많이 이루어졌다.

고대나 중세, 또 서양에서 19세기 중반 이전까지만 해도 외국어를 배우는 것은 현대적 의미의 의사소통 기능의 함양과는 별다른 관련이 없었다고 볼 수 있다. 인간의 활동 반경이 극히 제한적인 경우가 많았기 때문에 평범한 사람들은 일생 동안 자신이 속한 마을이나 지역을 크게 벗어나지 않았고 따라서 외국어를 배워서 이웃 나라 사람과 대화를 하는 것을 꿈꾸기에는 이들의 삶이 팍팍했다고 볼 수 있다.

1872년에 발표되어 많은 인기를 끌어 만화로도 만들어졌던 소설 『플랜더스의 개(A Dog of Flanders)』에서 벨기에의 플랑드르 지방의 안트베르펜 지역에서 살던 소년 네로와 네로 할아버지의 평생소원은 이탈리아 베니스 여행이었다. 19세기까지만 해도 많은 유럽인들의 평생의 소원은 로마 여행 혹은 그리스 여행이었다고 하니, 좀처럼 자신이 살던 마을을 벗어날 수 없었던 이들의 인생이 반영된 것 같다. 많은 사람들이 마음만 먹는다면 1년에 몇 번씩 해외여행을 갈 수도 있는 요즘 상황과는

〈사진 1〉 플랜더스의 개[1]

〈사진 2〉 라틴어 교재

달리 그 당시 유럽 사람들은 같은 유럽 대륙에 있던 이탈리아에 여행하는 것 조차도 쉽지 않았던 것 같다.

근대 초엽만 해도 서로 다른 언어를 쓰는 사람들의 교류가 많지 않았기에 외국어를 배우고 가르치는 것은 옆 나라의 언어에 대한 것이 아니라, 이미 죽어서 널리 사용되지는 않는 언어인 라틴어, 혹은 고전 그리스어가 중심이 되었다. 라틴어와 그리스어 강독을 통해 그 당시 사람들은 고대인들의 고상한 인격과 사상을 본받을 수 있다고 믿었고, 라틴어와 그리스어의 복잡한 격변화, 굴절 어미를 암기하는 과정을 통해 지적 능력을 기를 수 있었다고 믿었다니, 현대인의 관점에서는 다소 기묘한 생각처럼 여겨지기도 한다.

지금도 미국, 캐나다, 영국 등지의 전통 있는 사립 고등학교에서는 정규 커리큘럼 중 일부 시간에 라틴어 혹은 그리스어 강독을 편성하는 경우가 있다. 이러한 수요를 반영해 Oxford 출판부에서는 라틴어 초·중·고급별 교재를 출판하고 있기도 하다. 옛날에는 고전 라틴어를 구사할 수 있는 계층은 상당히 한정되어 있었고, 이는 곧 그 사람이 상당한 상위 귀족 계층 혹은 성직자라는 것을 의미했다. 로만 카톨릭에서는 1960년대까지 미사를 집전할 때에 라틴어를 사용하였다고 하니, 그 이전 시대에는 라틴어가 성직자들 사이의 공용어 역할을 했다. 로마 제국이 멸망한 이후에도 적어도 카톨릭 사제들 간에는 라틴어가 의사소통 기능을 했던 것이다.

2. 외국어교육의 시작은 라틴어와 그리스어에서부터(17~19세기)

이 절에서는 영어 교수법의 변화에 대해서 살펴보자. 먼저 17세기부터 19세기까지의 영어 교수법을 살펴보자면, 앞서도 말했듯이 이 당시 서양에서는 라틴어나 그리스어 교육이 이루어졌다. 외국어를 배울 수 있던 계층은 재산이 넉넉하고 교양을 쌓아 고상한 생활을 누릴 수 있었던 왕족 및 귀족 계층 혹은 성직자에 국한되어 있었다. 또한 중산층에 대한 보통 교육이 점차 확산되어 가던 이 시기의 외국어교육은 문법 요소 암기에 치중되어 있었다.

대부분의 유럽인들은 이탈리아 로마 관광이 평생의 소원이다 할 정도로 먹고 사는 게 바쁘고, 다른 언어를 배울 시간 및 기회가 없어서 관광을 할 수가 없는 지경이었다. 언어를 배워도 실제로 다른 나라에 가서 의사소통을 할 수 있는 사람들이 많지 않았다. 그러니 17~19세기의 외국어교육은 학교에서 라틴어와 그리스어 교육에 집중하였다고 볼 수 있다. 이 그리스어와 라틴어를 배우는 데 활용이 된 방법들이 '문법-번역식 교수법(Grammar-Translation Method)'이다. 문법-번역식 교수법은 이미 여러분들에게 익숙한 방법이다. 예를 들어, 수능 독해를 할 때 해석이 어떻게 되는지, 이 문장의 구조는 어떠한지, 또한 사용된 단어의 동의어나 반의어는 무엇인지 공부하는 것이다.

우리나라에서도 여전히 이 방법이 사용되는 데에는 여러 가지 이유가 있다. 먼저 수능체제가 영어의 수용적(receptive) 기능인 듣기와 독해 능력을 평가하는 것을 중심으로 하기 때문에.선생님들이 문법-번역식 교수법을 사용해서 단어 및 문장 설명 및 독해를 해 주는 것을 생각해 볼 수 있다. 또 하나는, 아무래도 가르치는 사람 입장에서는 문법-번역 식 교수법이 편하기 때문이다. 작년에 가르쳤던 내용을 올해 또 가르쳐 도 되고, 절대적으로 교사가 주도해서 단어와 문법 설명을 할 수 있다. 또한 복잡하게 짝 활동이나 모둠 활동을 학생들에게 시키지 않아도 되 기 때문에 교사의 편리성 측면에서 문법-번역식 교수법이 사용된다고 볼 수 있다. 다른 이유로는 이 교수법이 중시되는 경우에는 문법 및 어휘 지식이 전적으로 영어 실력을 판가름하는 중요한 기준으로 작용하기 때 문에 교사의 권위가 유지되기 쉽다는 점이다. 영어 교사는 같은 내용을 몇 년씩 가르치면서 학생들에 비해 같은 내용을 반복적으로 접하게 되 며, 이 과정에서 교과서에 등장하는 문법 및 어휘에 대해서 교사는 거의 완벽한 지식을 갖추게 된다. 이 축적된 지식을 학생들 앞에서 과시할 수 있다는 장점이 있는 것이다. 반면 학생들은 이런 문법이나 어휘를 새롭 게 외우고 학습해야 하기 때문에 아무래도 교사의 지식을 앞세운 권위 에 절대적으로 복종할 수밖에 없게 된다.

사실 외국에서 장기간 체류하지 않고 외국어의 유창성을 갖추기는 쉽 지 않은 일이다. 게다가 1980년대 이전까지 우리나라에서는 해외여행이 나 체류 자체가 금지되어 있었기 때문에 실제로 의사소통 중심의 유창 한 영어 구사능력을 지닌 선생님은 많지 않았을 것이다. 이러한 상황에 서 영어 선생님이나 학생들이나 결국 의존하게 되는 것은 정해진 교재, 즉 교과서, 그리고 그 교과서에 있는 문법과 어휘를 외우는 것이었다. 이 러한 시대 상황에서 영어공부를 하신 많은 부모님 세대 분들은 아직도 영어공부라는 것은 끝없는 문법 규칙과 어휘의 암기로 생각하시는 분들이 많고, 의사소통 중심 방식으로 영어공부를 하는 것은 마치 아이들이 공부를 안 하고 끼리끼리 시간 때우면서 잡담하며 노는 것이라는 선입견을 가지신 분들이 꽤 있다. 또 그런 기성세대의 편견에 편승해서 영어 사교육 기관에서는 여전히 문법과 어휘 중심으로 암기 위주의 전통적인 방법을 공공연히 사용하는 경우도 있다.

문법-번역식 방법이 전혀 효과가 없다고는 볼 수 없다. 외국어의 뼈대에 해당되는 문법과 어휘에 대한 상당한 지식을 쌓을 수 있다는 장점은 분명 있다. 또 과거 6.25 전쟁 후의 열악한 환경 아래에서 이 방법 이외에 한국 사람으로서 영어를 배우기 위해서 딱히 할 수 있는 방법이 무엇이 있었겠는가라는 시대적 배경을 고려한다면, 우리는 지금까지 슬기롭게 이러한 역경을 극복하면서 문법-번역식 방법에 의해 우리나라의 근대화를 성공적으로 수행해 왔다고 할 수 있다. 하지만 문법-번역식 방법으로 배운 영어는 영어에 관한 지식은 차고 넘쳐도 정작 영어를 말하고 들을 수 있는 사람이 되기 힘들다는 치명적 단점이 있다. 이런 단점이 없었다면, 우리나라는 지금보다 훨씬 더 영어를 편안하게 잘 구사하는 50~60대 분들이 많을 것이다.

3. 19세기의 직접식 교수법과 큰 성공을 거둔 벌리츠 어학원

　19세기로 넘어가면서 유럽에서는 외국어교육을 둘러싼 상황이 조금씩 변하게 된다. 18세기 후반 증기기관이 발명되고, 산업혁명이 영국을 중심으로 전 유럽으로 확산되고 있었다. 또한 생산수단이 급속도로 증가하고 생산물이 늘어나게 되면서, 사람들은 무역을 해야 할 필요성을 많이 느꼈다. 이전까지만 해도 우리 동네에서 생산된 물건은 우리 동네에서 다 소비하는 식이었지만, 이제는 잉여생산물이 생기게 되고 다른 나라, 다른 지역에서 잉여생산물을 팔고, 그리고 우리가 부족한 물건은 사와야 하는 시대로 발전한 것이다. 따라서 19세기를 넘어서면서부터는 옆 나라의 언어에 관심을 가지고 배워야 할 필요성이 급증했다. 이에 19세기 중반부터 새로 등장한 언어교수법은 'Direct Method(직접식 교수법)'이다. 이 Direct Method에는 흥미로운 에피소드들이 많이 있다.

　프랑스인 François Gouin(프랑소와 구엥, 1831~1896)은 프랑스와 독일 접경지역에 살았는데, 이 사람은 독일에 가서 독일 사람과 이야기해 보고 싶다는 마음이 생겨서 독일어 사전을 샀다. 사전에 있는 것을 전부 다 외우면 옆 나라인 독일에 가서 서로 이야기할 수 있을 것이라 생각했던 것이다. 그래서 사전을 몇 년 동안 공들여 다 외워서 독일로 갔다. (참 대단하다. 사전을 다 외운 사람이 있다니!) 독일에 가서 'Guten Tag(영어의 Good Morning)'이라고 첫 마디를 했는데, 첫 마디 후 독일 사람들이 하는 말을 하나도 알아들을 수 없었고, 의사소통이 되지 않아 크게 실망한 채 다시 프랑스로 돌아왔다. 프랑스로 돌아온 Gouin은 자기 조카가 엄마가 하는 말을 듣고 따라 하면서 모국어인 프랑스어를 배우는 모습을 보게 되었다. 아이는 엄마가 하는 말을 들은 후, 하나하나 엄마와 같이 동작을 해 보고, 짧은 문장도 따라하면서 언어를 배운다는 것을 깨닫게 되었다.

〈사진 3〉 François Gouin과 그 부인

그 후 Gouin은 어린 아이가 언어를 배우는 과정에 착안하여 외국어를 배우는 것도 마치 엄마가 아이에게 가르쳐 주듯이, 그 해당 언어로 가르쳐 주어야 한다는 생각을 하게 되었다. 바로 이것이 몰입 교육에 해당하는 것으로, 해당 외국어를 그 외국어로 직접 가르치는 근대적 외국어 교수법은 프랑스인 Gouin이 처음 생각하였다고 볼 수 있다. 이 방법을 우리는 Direct Method, 때로는 Gouin Method 혹은 Series Method라고 부른다.

그렇지만, 이런 방법은 Berlitz Method(벌리츠 방식)로 가장 널리 알려졌다. Maximilian Berlitz(1852~1921)는 독일 사람으로, 외국어 교사로 출발해서 학원 사업을 크게 한 사람이다. 이 사람은 Gouin과 유사한 생각을 하게 되었다. 외국어는 원어민이 체계적으로 가르쳐야 한다는 생각으로 학원 사업을 시작한 것이다. 자기가 직접식, 몰입 교육 커리큘럼과 책을 만들어, 미국 동부 로드

〈사진 4〉 Maximilian Berlitz

아일랜드 주 프로비던스 지역에 1878년 첫 어학원을 세운 후, 보스턴, 뉴욕, 워싱턴 DC로 학원 사업을 확장했다. 성공적인 CEO였기에 Berlitz는 자신의 학원을 다른 나라에 알리는데도 열심이었다. 1900년에 개최된 파리 세계 박람회에도 참가하여 전 세계 사람들에게 자신의 어학원을 홍보하였고, 그 결과 점차 체인망을 전 세계로 확장하였다. 모든 Berlitz 어학원에서는 동일한 교재를 사용하고, 전부 원어민들이 가르치는 것을 원칙으로 하였다.

19세기의 이러한 현상들은 해당 외국어를 그 언어의 원어민에게 배워야겠다는 생각에서 출발한 것이고, 이것은 그 이전 시대까지 2000년 넘게 내려오던 문법-번역식 교수법 방식을 개혁한 최초의 움직임이라고 볼 수 있다. 요즘 우리나라에서 많은 사람들이 관심을 가지고 이야기하는 영어 몰입 교육, 혹은 이머전(immersion) 방식이 이 직접식 교수법의 아이디어와 같은 것이다. 우리나라에서 19세기 말 처음 서양 언어를 사람들에게 가르쳤던 방법도 이 직접식 교수법이었다. 미국의 언어인 영어를 학습할 필요성을 절감한 조선시대 고종황제의 뜻에 따라 미국의 대학 졸업자를 초빙해 원어민 영어교육을 시킨 것이 1886년에 설립된 최초의 관립 외국어교육기관인 육영공원이었다.

4. 먹고살기 바빴던 1920년대: 세계 대공황과 외국어교육의 쇠퇴

　Berlitz 어학원은 직접식 교수법을 사용하면서 원어민 교사가 해당 외국어로 학생들을 가르치는 방식을 사용하여 큰 인기를 끌었다. 하지만 1920년대 말부터 약 10여 년간은 이 직접식 교수법이 급격히 쇠퇴하게 되는데, 그것은 교수 방법 자체의 문제 때문이라기보다는 사회경제적 요인 때문이었다. 우리가 관심 있어 하는 영어교육의 전개 과정은 그 당시의 정치, 사회, 경제 요인과 밀접하게 관련될 수밖에 없다. 많은 이들이 알고 있듯이 1929년 10월 24일 미국 뉴욕의 월가(Wall Street)에서는 주가 대폭락 사건이 벌어지게 된다. 2008년의 서브프라임 모기지 사태와 유사하게 경제 대공황의 큰 원인은 아마도 인간의 그칠 줄 모르는 탐욕 때문인 듯하다.

　제1차 세계대전의 승리에 힘입어 1929년까지 미국은 생산성이 증대되고 풍요로운 시대가 한동안 계속되었다. 재정적으로 남는 여윳돈은 미국 증권시장으로 흘러들었고, 많은 사람들이 주식시장을 마치 황금알을 낳는 거위 정도로 생각하기 시작했다. 그러나 '검은 목요일' 사태로 불리는 주식시장 폭락의 여파는 그 이듬해 미국 뉴욕의 주요 은행이었던 유나이티드 스테이츠 은행을 파산시켰고 50여 만 명의 예금 인출을 불가능하게 하였다. 한마디로 은행에 넣은 돈을 다 날렸다는 말이

〈사진 5〉 검은 목요일 후 미국에 닥친 대공황[2]

다. 급기야는 1930년에서 34년까지 4년간 매주 평균 6만 4,000명의 실업자가 양산되었고, 1934년 말 미국 전체적으로 1,600만 명이 실업자로 전락했다. 당시 미국에는 주 정부에서 운영하던 무료 급식소가 실업자들을 대상으로 대대적으로 운영될 정도였다. 세계사적으로 살펴보면, 1920년대 말부터 미국의 주가 대폭락은 그 여파가 영국, 독일 등에도 미치고 또 일본에도 미치고 여러 나라에 그 영향력이 미쳐서 전 세계적으로 경제 사정이 몹시 어렵게 되었다.

미국 전체적으로 1,600만 명의 생계유지 자체가 어려운 상황에서 원어민 교사를 통해 외국어를 직접 배운다는 것은 꿈같은 일이 되어 버리고 말았다. 그 이유는 원어민을 고용할 경우에 막대한 비용이 들기 때문이다. 원어민이 자기 고국을 떠나 외국에서 먹고 자고 하면서 외국 학생들을 가르치려면 이들의 월급뿐 아니라 숙박료, 식비 및 때때로 고국을 방문하기 위한 왕복 교통비 등이 계속 들어가게 된다. 그렇지 않아도 학생들이 수업료에 민감한데 이렇게 원어민을 채용하게 되면 학비는 더욱 올라갈 것이 뻔하므로, 결국 직접식 교수법은 1920년대 말부터 1930년대 말까지 약 10년 동안 잘 활용되지 않게 된다.

그 당시 발생한 대공황은 결국 원어민 교사의 대량 해고 사태를 불러왔고, 원어민 교사를 통한 직접식 교수법보다 훨씬 저렴하게 수업을 운영할 수 있는 방안이 모색된다. 그래서 다시 문법-번역식 교수법으로 회귀하거나 다양한 독서를 통해 외국어의 독해 능력 및 어휘력의 신장을 도모하는 독서 방식(Reading Method) 등이 사용되었다.

5. 계속 듣고 될 때까지 따라합니다(1940~1970년대 초반): 청화식 교수법

앞서 설명했던 미국의 주식시장 대폭락은 대서양 건너 유럽 여러 국가에도 직격탄을 날리게 된다. 1차 세계대전 후 수립된 독일 바이마르 공화국 정부에서는 살인적인 인플레이션이 발생하여 1932년까지 600만 명의 실업자가 양산되었다. 이에 불안한 국민 정서를 등에 업고 강력한 국가 통제, 경제를 좀먹는 외국인들 추방, 사회적으로 암적인 존재인 유태인 박멸을 주장한 국가사회당, 이른바 나치당이 독일에서 집권하게 된다.

〈사진 6〉 히틀러와 나치당의 집권

1939년에 독일 수상이었던 히틀러는 인접 국가 폴란드를 침공하여 강제 병합하면서 제2차 세계대전이 발발하게 되었다. 그러나 미국은 유럽에서 발생한 전쟁은 유럽 자체적으로 해결할 문제라고 판단하여 한동안 군수 물자만 공급하면서 별로 신경을 쓰지 않고 있었다. 그런데 1941년 12월 7일 일요일 이른 아침 일본이 미국 태평양 함대의 심장부였던 하와이 섬 진주만(Pearl Harbor)을 폭격하면

서 미국도 자의반 타의반으로 2차 세계대전에 가담할 수밖에 없는 상황으로 급격히 반전되었다. 진주만 기습으로 미국이 입은 피해는 천문학적이었다. 〈사진 7〉은 미국 전함 아리조나 호가 일본의 카미카제(神風)식 공격에 격침되는 장면이다. 이

〈사진 7〉 진주만 공습과 아리조나 호 침몰[3]

틀 동안 불에 타다가 침몰한 아리조나 호는 아직도 진주만 해저에 묻혀 있다고 한다.

미국은 이제 일본과 동맹국의 관계를 가지고 있던 이탈리아와 독일과도 전면적으로 싸워야 하는 입장에 놓이게 되었다. 따라서 미국에서는, 언어를 가르치는 입장에서 대공황의 여파로 경제가 안 좋으니 독서 방식(Reading Method)이나 문법-번역식 교수 방법을 사용해야겠다고 생각하고 있다가, 갑자기 전쟁에 참전하면서 적국으로 분류되는 나라의 언어인 일본어, 독일어, 이탈리아어 능력이 출중한 군인 및 민간인을 신속하게 양성해야 할 필요성이 생겼다. 적국의 암호를 해독해야 하고, 스파이 요원들을 양성해야 하기 때문에 외국어를 할 줄 아는 사람들이 많이 필요하게 된 것이다. 그래서 육군 방식(Army Method), 즉 군대식 교육 방식을 생각하게 되었다. 좀 더 고상하게는 청화식 교수법(audiolingual method)이라는 명칭을 쓴다.

이 청화식 교수법의 아이디어는 사실 단순 명료하다. 외국어는 최대한 많이 듣고 알아서 깨닫고 열심히 말하는 방식이다. 애초에 군인들에게 적용했던 방식인 만큼, 우선 지원자들을 언어에 소질이 있는지 MLAT을 비롯한 언어 적성 검사 등으로 테스트하고, 그 결과 언어에 소질 있는 것으로 판명되면, 부스에 가둬 놓고 헤드폰을 씌우고 계속 그 언어를 무한반복으로 들려 주는 것이다. 모범 예문을 계속 듣게 하고, 따라하게 하는 이런 방법이 1940년대 중반부터 육군 방식(Army Method)으로 창안된다. 이것에 대해서 학술적인 뒷받침을 한 것이 Skinner의 행동주의이다. Skinner는 학습에 대해 자극과 강화, 반복을 통한 좋은 습관 형성(habit formation)을 강조하였다. 그는 언어를 배우는 것도 습관 형성의 과정으로 볼 수 있다고 했으며, 무한반복을 통해 계속 따라하면 그 언어가 입에 붙어서 그 언어를 잘하게 된다고 하였다. 이것은 Skinner 식 행동주의의 가장 단순한 형식이라고 볼 수 있다.

그리고 또 하나의 학술적 뒷받침은 대조분석(contrastive analysis)이었다. 이것에 대해서는 PART I에서 다루었지만, 정리하자면 내 모국어와 해당 외국어 간의 차이가 크면 클수록 배우기가 어렵고, 비슷한 점이 많으면 배우기 쉽다는 것이다. 많은 사람들이 한국 사람에게는 일본어가 배우기 쉽다고 이야기한다. 이는 어순이 비슷하고, 때로는 조사도 똑같은 부분이 있기 때문이다. 따라서 언어가 유사하면 배우기가 쉽고, 언어가 다르면 배우기가 더 어렵다는 것이 대조분석에서 이야기하고 있는 부분이다. 이 대조분석의 아이디어는 그 당시의 청화식 교수법과 결합되어 모국어와 외국어의 차이를 성공적으로 극복하려면 끊임없이 자꾸 듣고, 정해진 패턴을 똑같이 반복 연습하는 패턴 연습(pattern drill)이 제일이라고 생각하게 된 것이다.

그 당시, 1950년대부터 1970년대까지 전 세계적으로 유명했던 교재인 『라도 잉글리시(Lado English)』[4]를 살펴보자. Robert Lado라는 언어학자가 행동주의 심리학과 청화식 교수법의 원리에 따라 집필한 교재가 라도 잉글리시이다. 가장 쉬운 수준인 Book 1의 1과 첫 페이지를 보면 'memorize'라고 적혀 있다. 다짜고짜 '외워라'라고 나와 있는 것이다. 그러면서 여러 문장들이 제시되어 있는데, 이 문장들을 계속 따라하면서 외워야 하는 것이다. 외우고 나면 2~3페이지에서는 'substitute'

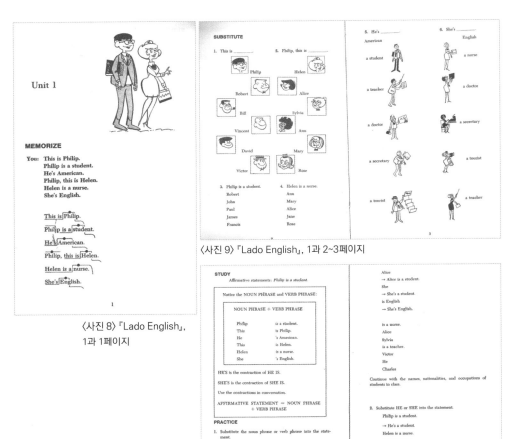

〈사진 9〉『Lado English』, 1과 2~3페이지

〈사진 8〉『Lado English』, 1과 1페이지

〈사진 10〉『Lado English』, 1과 4~5페이지

를 한다. 즉, 대체 훈련을 하는 것이다. 보통은 모범 예문을 철저하게 학습한 다음 핵심 어구를 다른 어구로 대체하여 계속 연습시키는 기계적인 훈련이다. 이 방법을 통해 목표 문법 구조를 학습하게 된다.

그 다음에는 문법 설명을 하는 'study'부분이 있다. Study 섹션은 바로 앞 페이지에서 살펴보았던 대체 훈련에 적용된 문법 규칙이 무엇이었는지를 설명하고 있고, 다시 대체 연습을 계속하는 practice로 되어 있다. 이런 식으로 구성이 된 것이 라도 잉글리시 시리즈이다. 이렇듯 1950년대에서 1970년대 사용되었던 영어교육 방식은 심리학적으로는 행동주의 심리학, 언어학적으로는 대조분석에 입각하여, 미국 육군에서 사용했었던 방식에 그 뿌리를 둔 청화식 교수법이었다.

〈사진 11〉 Robert Lado

여담이지만, Robert Lado(1915~1995) 교수가 집필한 이 『라도 잉글리시』 시리즈는 1958년 이래 지금도 출판이 되고 있고, 전 세계적으로 『English 900』이라는 교재와 함께 많이 팔렸던 베스트셀러이다. 그 자신도 스페인계 미국 이민자로 성인이 된 후에 영어를 배운 경우이다. 2차 세계대전 중에는 군사적인 목적 때문에 라틴 아메리카의 스페인어 구사자들에게 영어를 가르치는 가장 좋은 방법이 무엇일까를 연구하여 미시건 대학의 Charles Fries(찰스 프라이즈)라는 구조주의 언어학자와 함께 육군 방식(Army Method)을 창시했으며 대조분석(contrastive analysis)을 창안했고, 1960년에는 미국 워싱턴 DC의 조지타운 대학교의 언어학과를 창설하기도 했다.

6. 지루한 영어 랩 시간! 1970년대 청화식 교수법의 쇠퇴

1970년대로 넘어가면서 청화식 교수법이 재미가 없다는 비판이 자꾸 나오게 된다. 사실 군대에서 스파이를 양성하기 위해서 처음 개발되었던 방법을 어린 학생들에게까지 전면적으로 적용하려는 시도는 그리 현명한 것 같지 않다. 또한 1970년대에는 Chomsky의 인지주의적 접근법이 영어교육 학자들에게 널리 알려지고 일반인들에게도 조금씩 퍼지게 되었다. 즉, 언어의 본질은 지금까지 배웠던 것을 반복해서 들으면서 외우는 수동적인 과정이 아니라, 매우 창의적인 과정이며, 지금까지 듣지 못했던 문장들도 사람들은 창의성을 발휘하여 나름대로 잘할 수 있다는 것이다. 따라서 언어교육에 있어서 청화식 교수법에 의한 반복이 최선의 올바른 방법이 아닐지도 모른다는 회의감이 사람들 사이에서 퍼져 나갔다.

그런데 한국에서는 오랫동안 청화식 교수법이 지속된다. 그도 그럴 것이 지금같이 인터넷이나 국제전화가 발달되지 않았기 때문에, 그 당시에는 대부분 미국에서 유행했다고 하면 몇 년 정도 있다가 우리나라에도 천천히 도입되었고, 또 학문적 유행도 한 발짝 뒤떨어질 수밖에 없었다.

한국의 청화식 교수법에 대해서 2013년 초에 작고하신 고려대학교 영문과 김진만 교수님이 1994년도에 작성하신 글이 있다. 미국에서 청화식 교수법이 유행을 하다 보니 1960년대 미국의 경제 원조 및 평화봉사단이라고 불리는 교육 지원 프로그램에서 연세대학교와 서울대학교의 어학실습실 설치를 도와준다. 이 두 대학을 필두로 해서 각 대학에서는

'어학실습실', 즉 랩실(lab室)이 우후죽순처럼 설치되었다.

　요즘 중·고등학교나 대학교에 있는 어학실습실은 컴퓨터와 모니터 그리고 각종 음성 소프트웨어가 설치되어 있어서 멀티미디어 교육시설로 다양하게 사용되고 있지만, 1960년대만 하더라도 어학실습실에는 여러 개의 부스(booth)가 설치되어 있고, 각 부스에 카세트테이프를 넣을 수 있는 어학기와 헤드폰이 있었다. 그리고 교실 맨 앞에는 모든 것을 통제할 수 있는 전체적인 컨트롤타워(control tower)가 있고, 앞에서 교수 혹은 조교가 조정하면 학생들은 듣고 계속해서 따라하고 녹음하는 방식이 애초 '어학실습실'의 모습이었다. 이 당시 사람들은 어학실습실을 설치하여 실시하면 영어를 잘할 수 있겠다고 생각했다. 일단 그 당시에 영어 전공을 해서 뭔가 '있어 보이는' 부스에 들어가서 헤드폰을 딱 머리에 끼우고 연습하는 것은 영어 전공자의 특권처럼 멋있게 느껴지기도 했다. 필자도 대학에 영어교육학 전공으로 입학했을 때만 해도 이런 시설에서 한 학기 동안 영어음성학 실습을 받았던 기억이 있다. 영어 발음을 자꾸 반복해서 듣는 활동이었는데 솔직히 별로 재미는 없었다. 왠지 틀리면 교실 앞에 불려 나와서 혼날 것 같았다. 다음 글은 김진만 교수님이 『녹색평론』 18호에 쓰신 글의 일부이다.

〈사진 12〉 김진만 교수

　나는 60년대 말에 전에 있던 학교에서 처음으로 어학실험실이라는 것을 만들어서 운영해 본 경험이 있다. 그 후 '랩'이라는 것이 각급 학교의 기본 시설이 되고… 평가하는 그야말로 획기적인 사태가 벌어졌다. 미국의 어학훈련 기법과 장비가 우리 금수강산에도 파급된 것이다. 하지만 영어의 말소리와 기본적인 문형을 익히는데, 나아가서 영어로 일상적인 회화를 나누는데 그 값비싼 실험실 훈련이 별반 도움이 안 되는 것이 분명했다.

영어공부, 영어회화 공부에 대한 흥미, 동기, 기초실력 등이 천차만별인 백 명, 천 명의 학생들을 공장의 '컨베이어 벨트'를 통과시키듯이 일주일에 몇 시간씩 '랩'을 드나들게 해서 수업시간을 산술적으로 쳐서 주는 학점 외에 무슨 가슴 설레는 성과를 기대한다는 것은 지나친 낙관이었다. 그것은 돈과 인력과 시간의 엄청난 낭비라는 게 내 변함없는 신념이다. 어렵게 고용한 미국인이나 영국인 교사를 '랩' 속에 집어넣어서 기계를 켰다, 껐다 하는 기사 노릇을 하게 하는 웃지 못할 비극도 벌어졌다. '컨베이어 시스템' 혹은 '어셈블리 라인'식 영어교육에는 무리가 있고 한계가 있는 것이다.

〈사진 13〉 항공 승무원의 영어도 ESP[5]

따라서, 1970년대로 들어서면서 사람들은 청화식 교수법 이외에 어떤 방법이 있을지를 궁리하게 된다. 그 방편으로 등장하게 된 것이 "내가 필요한 영어 혹은 내 분야에서 필요한 영어만 잘하면 된다"는 실용주의적 발상이다. 즉, ESP(English for Specific Purposes), 특수목적의 영어교육이 유행하게 된다. ESP의 하위 분류로써 그 목적에 따라서 과학과 기술을 위한 영어(EST; English for Science and Technology), 무역과 경제를 위한 영어(EBE; English for Business and Economy), 사회과학을 위한 영어(ESS; English for Social Sciences), 학술적 목적을 위한 영어(EAP; English for Academic Purposes), 직업적 목적을 위한 영어(EOP; English for Occupational Purposes), 의학을 위한 영어(EMS; English for Medical Studies)와 같은 용어들이 존재한다. 이런 용어들을 다 외울 이유는 없겠지만, 적어도 EAP, 즉 학술적 목적을 위한 영어라는 용어는 영어교육학에서 종종 이야기를 하는 중요한 용어 중 하나임은 기억해 둘 필요가 있다.

특수목적으로서의 영어의 예는 우리 생활에서 무궁무진하게 생각해 볼 수 있다. 예를 들어 항공관제사나 비행기 조종사들은 빈번하게 외국에 가야 하므로 비행기를 정비하거나 운항하는 데 관련된 전문적 영어가 필요하겠다. 그리고 비행기를 탔을 때, 만나게 되는 항공승무원(스튜어디스)들도 영어가 필요하다. (참고로 더 객관적이고 요즘 권장되는 영어는 stewardess가 아니라 flight attendant이다.) 여러분들이 유심히 들어봤을지는 모르겠지만, 이런 분들이 사용하는 영어는 상당히 제한적이다. 항공승무원들이 기내에서 처리하는 중요한 일 중 하나는 승객들에게 음식을 대접하는 것인데 이때에 활용하는 영어 구문 등은 간단명료한 표현들로만 이루어져 있다. 즉, "coffee or tea?" 혹은 "What do you want to have, chicken or pork?"와 같이 그 사용되는 단어나 표현이 대체적으로 한정적이고 이와 같은 표현들을 잘하면 업무 수행하는 데 큰 문제가 없는 것이다. 물론 승객들 역시 비행기 기내에서 안면이 없는 승무원과 복잡하고 심오한 이야기를 할 이유는 별로 없기 때문에 간단한 영어만 사용하게 된다. 이러한 경우처럼 사람들은 각자 본인에게 필요한 수준의 영어만 잘하면 되겠다는 생각을 하게 되면서 1970년대에는 특수목적으로서의 영어(ESP)에 해당하는 여러 가지 커리큘럼이 개발되고 적용되기 시작하였다.

1970년대 이후부터는 청화식 교수 방식이 마치 닭장 같이 좁은 부스에 학생들을 잡아 놓고 헤드폰을 쓰고 계속 반복을 시키므로 비인간적이라는 생각도 퍼져 나갔다. 결국 교사들도 학생들이 언어를 배우면서 좀 더 인간적이고 더 재미있고 정신적인 충만감을 느낄 수 있도록 가르칠 수 있는 방법이 없을까 하는 생각을 하게 된 것이다. 그래서 1970년대에는 좀 더 인간적인, 휴머니즘이 살아 있는 그런 방법이 무엇인지를 교사와 학자들이 고민하게 된다. 이런 생각으로 싹트게 된 것이 인본주의적 접근법(humanistic approaches), 때로는 혁신적 접근법(innovative approaches) 혹은 대안적 접근법(alternative approaches)이라고 하는 것들이다. 이러한 접근법에는 공동체 언어 학습법(community language learning, CLL), 전신반응 교수법(total physical response, TPR), 침묵식 교수법(the silent way), 암시적 교수법(suggestopedia) 등이 포함된다.

7. 아이들 입장에서 생각해 보자구요:
1970년대에 등장한 인본주의적/대안적 접근법

지금부터 소개하는 여러 접근법들은 1970년대를 중심으로 소개되었던 생각들이다. 이 접근법들은 교사가 학생들에게 영어 지식을 주입하는 방법이 아니라, 학생들 관점에서 이들이 영어를 배우는 데 있어서 고민과 어려움은 무엇인지 파악하고, 스트레스를 낮춰주고, 최대한 스스로의 문제를 해결할 수 있도록 도와 마음에 와 닿는 영어수업이 되도록 노력하는데 중점을 두었다. 하지만 이 접근법들은 그 방법을 적용하는 사람의 경험과 능력에 좌우되는 측면이 있어서, 필요 이상으로 효과가 과장되었다는 비판을 받기도 했다. 이에 Richards(리쳐즈)와 Rogers (로저스) 같은 학자들은 이러한 접근법들의 인기에 대해 마치 유명 디자이너의 옷이 비싸게 팔리는 것과 같다고 언급했는데, 그래서인지 지금부터 소개하는 방법들은 풍자적으로 '디자이너 방법(designer method)'이라고 불리기도 한다. 다음 섹션에 등장하게 될 의사소통 중심 교수법 (CLT)이 개발되기 전까지 나름대로 징검다리 역할을 하고 있고, 지금도 종종 영어수업 시간에 활용되기도 하는 것이 이제 소개하려고 하는 인본주의적 대안적 접근법들이다.

1) 우리는 하나: 찰스 큐런(1972)의 '공동체 언어 학습법'

〈그림 1〉 공동체 언어 학습법

공동체 언어 학습법(Community Language Learning)은 미국 시카고에 위치한 로욜라 대학교의 심리언어학자인 Charles Curran(찰스 큐런)이 1972년도에 개발한 방법이다. 이 방법의 기본 전제는 학생들은 스스로 배우고 싶은 것을 머릿속에 품고 교실에 온다는 것이고, 교사는 학생들이 생활하면서 궁금한 점을 속 시원하게 풀어 주는 조력자(helper), 촉진자(facilitator), 카운슬러(counsellor)의 역할을 해야 한다는 것이다. 결국 학생들의 인지적 측면과 정서적 측면을 모두 고려하는 전인적(全人的)인 접근법이라고 볼 수 있는데, 이것은 1970년대 교육학에서 유행하던 인본주의 교육학의 영향을 받았다. 그래서 선생님의 역할은 학생들을 통제하고 강제로 지시를 하는 것이 아니라 학생들을 도와주고 학습을 촉진시키고, 조언을 해 주는 역할로 규정하고 있다. 그래서 학생들이 정말 배우고 싶어하고, 궁금해 하는 사항을 교사에게 질문하면 교사는 그것을 해당 외국어로 번역해 그 학생에게 알려 준다. 학생이 교사의 말을 이해하고 대답할 수 있다면 대답하고, 그렇지 않다면 교사가 다시 조언을 해 주게 된다. 선생님이 조언을 해 줄 때에는 학생의 뒤로 가서 마치 친구나 부모님이 들려 주듯이 기분 좋게 알려 주어야 한다고 한다. Curran은 이런 도움을 줄 때에 학생의 어깨에 손을 가만히 짚으면서 하면 더 좋다고 하는데, 이런 방법들을 사용해서 학생의 인지적인 부담을 줄일 수 있다고 한다. 따라서 선생님의 역할이 매우 중요하다. 일단 이 방법을 사용하려면 선생님의 외국어 능력이 출중해야 할 것이다.

앞에서 언급한 번역활동의 경우에 만일 선생님이 그것을 할 수 없다면 문제가 아닐 수 없다. 앞에서 언급한 활동을 인간컴퓨터(human computer)활동이라고 한다. 선생님은 필요하다면 학생들이 영어로 발화하는 부분을 녹음해서 완성된 영어 대화를 학생들에게 다시 들려 줄 수 있다. 즉, 학생들이 한국어로 말하고 싶은 내용을 영어로 선생님이 번역하여 알려 주면 학생들이 그 영어 문장을 발화할 때 선생님은 학생이 이야기하는 부분을 녹음하는 방식이다.

요즘에는 MP3 플레이어나 녹음기가 워낙 소형화되고 교단선진화 프로젝트 등으로 대부분의 교실에 컴퓨터와 소규모이긴 해도 멀티미디어 시설이 갖추어져 있으므로 파일을 컴퓨터로 전송해서 즉시 교실에서 학생들과 들어볼 수도 있다. 만약 학생들이 녹음기를 가지고 들어볼 수 있다면 모둠 활동을 통해서 학생 4~5명이 1개 조가 되어 영어를 잘하는 학생이 다른 학생들을 도와주는 교사 역할을 할 수도 있을 것이다. 혹은 원어민 보조 교사가 있는 수업의 경우에는 한국인 영어 교사와 원어민 보조 교사가 학생들을 도와주는 조력자 역할을 같이 수행한다면 학생 수가 비교적 많아도 학생들의 흥미를 끌어낼 수 있는 방법으로 선별적으로 활용할 수 있겠다.

선생님이 조력자의 역할을 하기도 하고 촉진자로서의 역할도 하면서 실제로 학생들이 관심 있는 것을 외국어로 가르쳐 주면서 학생들의 흥미를 계속 유지하는 것이 공동체 언어 학습의 주된 내용이다. 이 교수법은 사전에 정해져 있는 커리큘럼이나 교재가 없는 경우도 많다. 왜냐하면, 학생들이 서로 조별활동을 하면서 상대방에게 궁금한 내용이나 서로 이야기하고 싶은 부분들에 대해서 실제로 이야기하기 때문이다. 기존 교육 방법처럼 교재에 따라서 배워야 할 문장이나 어휘가 정해져 있는 것이 아니라, 실제로 학생들이 말하고 싶은 관심사를 친구들에게 외국어를 사용해서 말하고 그때 겪는 어려움을 선생님이 옆에서 도와주고 필요에 따라 설명도 해 주기 때문에 교재를 정하기도 어렵다. 또한 실제 서로 대화하고 녹음한 내용 자체가 학습할 수 있는 대화(dialog)로 활용되어 수업자료가 되기도 한다. 이런 점에서 공동체 언어 학습법은 상당히 학생 위주의 교수법이라고 볼 수 있다.

2) 날 따라 해봐요~ 요렇게♪: 제임스 애셔(1977)의 '전신반응 교수법(TPR)'

Total Physical Response(TPR)는 전신반응 교수법이라고 한다. 미국 새너제이(San Jose) 주립대학 James Asher(제임스 애셔) 교수가 1974년도에 시작한 교수법이다. 이 교수법은 알파벳도 모르는 초기 학습자들에게 'good morning'을 읽거나 말하게 하는 것은 너무 힘에 부칠 것이라는 생각을 하게 된 것에서부터 출발한다. 초급자들에게는 일단 외국어를 듣고 이해하는 것부터가 중요한 출발점이고, 생존 수준(survival level)에서는 사실 상대방이 무슨 말을 하는지만 귀를 쫑긋 세워서 잘 알아들을 수만 있어도 되는 것일지도 모른다. 전신반응 교수법은 아기가 모국어를 배우는 과정과 흡사하다. 즉, 비록 외국어지만 그 언어를 듣고서 잘 이해하고 몸을 움직여서 적당한 행동을 하면 되는 것이다. 이 방법을 사용하는 경우에는 선생님은 대부분 명령문을 사용해서 학생들에게 행동을 요구하게 된다. 다음은 실제 TPR을 사용하는 교사의 말이다.

"Gregory, find the picture of the beautiful woman with green eyes, long black hair and wearing a sunhat that has red stripes. When you find the picture, show it to the class and describe the woman!" (Asher 1974: 27)

위의 지시문에서도 볼 수 있듯이 전신반응 교수법은 학생이 교사의 말을 듣고 올바르게 행동을 취하는 식으로 구성된다. 이 방법은 당연히 초급 수준 및 중급 수준에서 더 많이 사용된다. 특히 학생의 나이가 어릴수록 더 좋은 교육 효과가 있는데, 요즘 유행하는 아동 대상 영어 학원(보통 '영어 유치원'이라고 부르지만 법적으로 엄밀히는 유치원은 아니다)에서도 주로 사용하는 방법 중 하나이다.

Asher는 외국어 학습을 처음 하는 사람들은 그 언어를 잘 듣고 이해하는 것이 먼저이고, 그 다음에 말하는 것이 중요하다고 믿기에 이 전신반응 교수법 방식을 생각하게 된 것이다. 이 방법으로 학습한 경우 학생은 계속 주의 깊게 들으면서 청취력이 많이 증가하게 된다. 그래서 전신반응 교수법에서는 청취에 중점을 두는데 많은 학자들은 언어의 4기능이라고 불리는 듣기, 말하기, 읽기, 쓰기 중 듣기가 다른 기능에도 가장 잘 전이된다고들 한다.

이 전신반응 교수법에 참여하는 학생들은 다른 방법보다 심리적 스트레스가 적다. 왜냐하면, 영어수업시간 때 선생님이 지적해서 무엇을 이야기해 보라고 하는 그런 상황이 많지 않기 때문인데, 학생들은 선생님의 지시에 따라 적절한 행동으로 보여 주면 되는 것이다. 선생님이 "Stand up, please." 하면 학생들은 일어나고 "Sit down, please." 하면 앉고, "Open the door." 하면 문을 여는 행동들을 하면 된다. 즉, 전신반응 교수법은 학생들이 몸을 움직여서 올바르게 이해했는지 확인하는 방법으로 구성되어 있다. 그래서 처음 단계에서는 학생들은 말을 할 필요 없이 몸으로 움직여서 배우고 익히며, 그 능숙도가 조금씩 올라가면 위에 제시한 Asher 책의 예문과 같이 그때부터 조금씩 말해 보는 방법들로 구성되어 있다.

3) 우리 선생님은 말이 없어요~: 칼렙 가테뇨(1963)의 '침묵식 교수법'

〈사진 14〉
Caleb Gattegno

이 교수법은 이집트 태생의 교육자였던 Caleb Gattegno(칼렙 가테뇨)에 의해 1960년대에 처음 도입되었다. Gattegno는 언어학에 관련된 정규 교육을 받았다거나, 영어교육 분야의 연구자가 아니었기 때문에 1960년대에 도입되었을 때에는 좀처럼 잘 활용되지 않다가 1970년대 초부터 창의적인 교사들이 간헐적으로 도입하게 된 특이한 방법이다. 따라서 이 책에서는 1970년대로 같이 묶었다. 이 침묵식 교수법은 선생님이 말을 많이 하지 않는 것이 특징이다. 이 방법은 활동 자체가 특이하게 '피델 차트 (fidel chart)'라고 불리는 총천연색 차트와 '뀌지네어 로드(quisinaire rod)'라고 불리는 색깔이 있는 막대기(colored rod)를 주로 활용하는 방법이다. 화려한 색깔을 중시하여 학생들에게 시각적으로 어필하는 것이 이 방법의 특징인데, 아마도 그 이

〈사진 15〉 뀌지네어 로드/색깔 막대기[6]

유는 Gattegno 자신이 수학 및 독서 교육 지도자였고 다양한 학생들의 흥미를 자극하는 방법은 색깔과 추상적 능력을 결합하는 것이라고 생각했기 때문일 것이다.

이 침묵식 교수법은 학생들에게 영어학습 초기의 발음 교육을 할 때

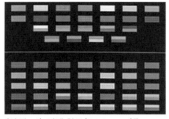

〈사진 16〉 피델 차트(fidel chart)[7]

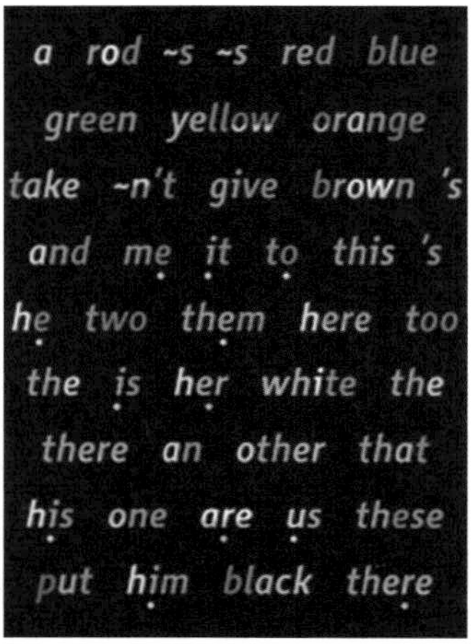

a rod ~s ~s red blue
green yellow orange
take ~n't give brown 's
and me it to this 's
he two them here too
the is her white the
there an other that
his one are us these
put him black there

〈사진 17〉 영어 발음 피델 차트[8]

종종 사용되어, 그림에서 보는 것처럼 색깔 있는 차트를 사용해서 수업을 진행한다. 〈사진 16〉의 피델 차트 그림은 모음을 학습하는 차트이고, 〈사진 17〉의 단어에 색깔을 입힌 것은 자음과 모음 발음을 동시에 익히는 차트이다. 따라서, 수업이 진행되는 방식을 보면 학생들은 처음에 이 색깔 차트를 서서히 전부 외우게 된다. 즉, 영어 발음에 해당하는 색깔들을 학생들이 외우게 된다. 그 후, 특정 발음에 대해서 색깔을 넣은 단어들을 선생님이 가리키게 되면 학생들은 그것을 소리내는 것이다. 즉, 선생님들은 소리를 내지 않고 가리키기만 하면 학생들이 소리를 내야 하는 것이다. 따라서, 이 침묵식 교수법은 학생들이 이야기를 해야 하고, 대부분의 경우 선생님은 침묵을 지킨다. 따라서 이 교수법이 Silent Way라고 이름 붙여지게 된 것이다.

다시 말하자면, 이 교수법에서는 색깔 있는 차트나 색깔 막대기를 사용해서 영어를 처음 배우는 학생들에게 발음을 먼저 가르치면서 훈련을 시키는 것이다. 처음에는 선생님이 올바른 소리를 알려 주고, 그다음에는 학생들끼리 서로서로 협동하면서 이 소리가 어떤 발음인지 서로 찾아내고 알려 주며 상의하는 방식으로 수업이 구성되어 있다. 이 교수법에서는 선생님이 잘 이야기해 주지 않기 때문에, 선생님이 한 번 이야기할 때, 학생들은 선생님이 하는 말을 집중해서 들어서 머릿속에 암기하고 서로 연습을 하는 식으로 진행이 된다.

이 침묵식 교수법이 진행되는 교실을 한번 묘사해 보려 한다. 선생님은 첫 시간부터 학생들에게 외국어를 사용할 수 있게 유도한다. Gattegno의 1972년도 책을 참고하면 다음과 같은 방법을 쓸 수 있다. 첫 시간에 교사가 작은 막대기들이 담긴 상자를 가지고 와서 책상 위에 놓고 그 안에서 막대를 하나 꺼내서 학생들에게 영어로 'a rod'라고 이야기를 한 다음에 책상 위에 올려놓는다. 곧바로 또 하나의 막대를 꺼내서 'a rod'라고 다시 이야기를 하는 식으로 7~8번을 반복한다. 이제 교사가 막대를 하나 더 꺼내면서 학생들에게 손짓으로 막대를 가리키면 학생들은 a rod라고 말을 하게 된다. 좀 생뚱맞기는 하지만 이제 학생들은 '아하! 우리 선생님이 뭘 하시려는지 이제 알겠다!'는 생각이 들 것이다. 다른 낱말들도 이런 식으로 몇 번 하면 학생들은 나름 고도의 집중력을 발휘해서 단어를 발화하고 머릿속에 기억하게 된다.

형용사도 이런 식으로 명사와 결합시켜서 학생들에게 발화시키고 기억하게 할 수 있다. 파란색, 빨간색, 검은색 등등의 막대기를 꺼내면서 'a blue rod', 'a red rod', 'a black rod' 이렇게 말하면 학생들은 이제 조금씩 색깔 형용사를 깨달아 가게 된다. 더 나아가 간단한 구문도 학습할 수 있고, 나중에는 접속사 and, but 등을 사용해서 연결까지 하면서 교사는 몇 마디 안 하지만 학생들이 외국어로 열심히 말을 하게 된다. 이렇듯 학생들은 모국어를 하나도 쓰지 않게 된다.

위에서 묘사한 침묵식 교수법의 특징을 정리하면 다음과 같다. 먼저 모국어 사용을 절대로 하지 않는다. 선생님이 분위기를 잘 조성하면 학생들은 이게 외국어인지 모국어인지를 인지적으로 생각하기도 전에 외국어로 서서히 말을 하기 시작한다. 둘째로는 선생님은 모범이 될 수 있는 말을 처음에 몇 번만 샘플로 제시하고 대부분은 학생들이 말을 한다. 위의 예시에서 선생님은 'a rod' 등 몇 번 안 되는 영어를 말했을 뿐이다. 침묵식 교수법의 세 번째 특징은 학습자가 대부분 이야기하고, 스스로 배움을 형성해 가기 때문에 학습자가 자신의 학습에 대해서 책임을 지게 된다. 선생님은 학생들의 추리력을 자극하고 최소한의 언어 입력을 제공하여 학생들이 스스로 올바른 발음, 단어, 구문을 생각해서 활발하게 이야기하게 유도한다. 학생들의 주의집중과 의식적인 노력이 극대화되므로 Gattegno는 이를 학생들의 '자율교육(self-education)'이라고 부른다. 또 학생들이 스스로의 지적 능력을 활용해야 하므로 인지적 접근법의 성격도 가지고 있다고 볼 수 있다.

가르치는 선생님의 관점에서는 열강을 하지 않아도 되니 수업 시간에 육체적 피로감이 줄어드는 긍정적인 측면이 있다. 선생님이 앞에서 강의하는 식이 아니라 선생님은 몇 가지를 짚어 주고 학생들이 서로 말하게 하기 때문이다. 하지만 이 침묵식 교수법만을 전적으로 사용하여 수업을 진행하는 선생님은 우리나라에 없다고 보아야 한다. 다만 피델 차트와 색깔 있는 막대를 활용해 자음과 모음의 결합과 정확한 발음을 강조할 수 있기 때문에 발음 교육 등에 창의적으로 활용될 가능성은 여전히 있다.

4) 바로크 음악과 함께 편안히~: 게오르기 로자노프(1970)의 '암시적 교수법'

암시적 교수법이라고 번역하는 Suggestopedia (써제스토피디어)는 불가리아의 정신치료사인 Georgi Lozanov(게오르기 로자노프, 1926~2012)가 1970년도에 창시한 방법이다. 이 용어가 파생된 영어단어인 suggest의 뜻 자체는 보통 사용되는 의미인 '제안하다'가 아니라 'imply(~에

〈사진 18〉 Georgi Lozanov

대해서 넌지시 암시하다)'의 뜻을 가지고 있다. 이 교수법은 학생들이 영어를 배우는 데 있어서 최대한 편한 감정을 갖게 하여 긴장이 전혀 없는 상태에서 언어를 들었을 때 기억도 오래 하고 학습이 오랫동안 지속될 수 있다는 생각을 기반으로 한다.

Lozanov가 개발한 이 방법은 영어교육의 방법으로 애초에 개발된 것이 아니라 전반적인 교육 방식으로 개발되었고, 처음에는 suggestology (써제스톨로지)라는 명칭을 썼다. 이것을 언어교육으로 더 발전시킨 것을 우리는 암시적 교수법(suggestopedia)이라고 한다. Lozanov는 인간의 잠재력을 극대화하고 학습을 오랫동안 유지할 수 있는 최적의 상태에 대해서 오랫동안 연구를 했고 그 노력의 결과로 탄생한 것이 암시적 교수법이다.

1978년에는 UNESCO의 교육분과 위원회에서 암시적 교수법의 효과성을 검증하였고, 일설에 의하면 UNESCO가 공식적으로 이 교수법이 다른 교수법들보다 우월하다고 공인했다고 한다. 여담으로 하는 이야

기이지만, Lozanov는 불가리아 태생이고 평생을 불가리아에서 살다가 2012년에 사망한다. 불가리아는 과거에 공산권 국가였기 때문에 사상 및 인적 교류를 극도로 통제했다. 하지만, Lozanov가 1978년 UNESCO에서 이 방법을 실험하는 등 활발한 대외 교류를 했고 불가리아 정부 당국은 그가 정부의 승인을 받지 않고 독단적으로 해외에 나갔다는 이른바 '괘씸죄' 죄목을 씌워서 그를 1980년부터 1989년 공산정권이 붕괴될 때까지 10년간 가택 연금을 시켜 버린다. 그가 그때까지 시행했던 많은 심리학 연구들도 국가에서 몰수해 버렸다. 이런 이유 때문에 한국이나 다른 나라에 암시적 교수법이 아직도 생소하게 느껴지는 것이다.

이 암시적 교수법을 사용하는 많은 경우에는 학생들은 자신의 한국어 이름 대신에 영어 가명(pseudonym)을 사용한다. 이는 영어를 배울 때 새로 태어났다는 암시를 줘서 영어로 이야기하다 실수를 해도, 그것은 한국인인 원래 내가 실수하는 것이 아니라 영어를 새롭게 배우는 새로 태어난 또 다른 내가 실수한 것이니 걱정하지 않도록 하기 위해서 가명을 쓰도록 한다. 이에 마치 어린 아이와 같은 마음가짐으로 심리적으로 부담없는 상태를 유도하는 것이 중요하다.

이 수업에서는 특이하게도 바로크 음악을 사용하라고 한다. 수업을 진행할 때 학생들의 스트레스를 풀어 주고, 학생들이 최대한 편안하게 느낄 수 있게 즉, 몸이 편안하고 기분이나 정서도 순화될 수 있게 상당히 느린 바로크 음악을 사용하는 것을 권장하고 있다. 또 교실에는 학생들의 정서가 순화될 수 있는 편안한 그림과 학생들의 상상력을 자극할 수 있는 시각 자료들이 많이 제시되어 있다. 더불어 교사의 역량 역시 중요하다. 교사는 많은 경우 학습할 내용을 학습자의 관점에서 최대한 흥미롭게 연극처럼 각색해서 제시한다. 학생들도 딱딱한 의자에 앉아 있는 것이 아니라, 흔들의자나 편안한 소파에 앉아서 교사의 공연과 같은 수업을 편안히 감상할 수 있게 유도한다.

암시적 교수법을 이용한 수업은 크게 네 단계로 구성된다. 첫째는 소개(presentation) 단계이다. 이 단계에서 선생님은 오늘은 어떤 흥미로운 이야기를 할 것인지 학생들에게 소개하고 편안한 마음을 가지고 긴장을 풀도록 유도한다. 둘째 단계는 적극적 콘서트(active concert) 단계이다. 선생님은 먼저 느리고 편안한 클래식 바로크 음악을 배경 음악으로 잔잔하게 세팅한 다음 교재의 내용을 흥미롭고 실감나게 천천히 읽어 준다. 셋째 단계는 수동적 리뷰(passive review) 단계이다. 선생님은 바로크 음악을 계속 틀어 놓고 다시 한 번 천천히 편안한 목소리로 읽어 준다. 그 후, 필요하다면 무슨 뜻인지 천천히 번역을 해 준다. 학생들은 눈을 감고 좀 전에 배운 것이 무엇이었는지 생각을 해 보고, 서로 이야기를 나눈다. 마지막 단계는 연습(practice) 단계이다. 학생들은 이 단계에서 좀 전에 시연된 내용을 생각해 보고 이에 관련된 게임과 조별 활동을 하면서 학습 내용을 체계적으로 정리하는 활동을 수행한다. 그리고 수업이 끝날 때쯤에 오늘 수업이 어땠었는지 서로 자신의 감정에 대해서 이야기하는 시간을 갖는다.

암시적 교수법에서는 교사가 학생들에게 인지적 부담을 주는 숙제를 부과하지는 않는다. 단지 기분 좋은 느낌을 유지하고 집에 가서 밤에 자기 전이나 기분과 몸 상태가 좋을 때에 오늘 배운 것이 무엇이었는지 읽어보는 것이 숙제의 전부이다. 뇌 과학에서 흔히들 말하는 알파파(alpha wave)가 나올 때에 학습을 진행하라는 의미이다. UNESCO에서 조사한 바는 뜻밖에도 이런 방식으로 학습을 한 학생들이 오랜 기간 동안 학습한 것을 기억하고 있고, 다른 방식으로 언어를 배우는 경우보다 크게는 3배 이상 신속하게 학습이 진행되었다고 한다. 이런 이유 때문에 Lozanov의 학습 이론은 '촉진 학습(accelerated learning)'이라고 불리고 있다.

하지만, 암시적 교수법을 적용하는 것에는 많은 반론과 부작용이 있기도 하다. 솔직히 좀 '비과학적이다(pseudo-science)', '좀 뜬금없고 신비주의적이다'는 느낌을 지울 수 없다. 또 나이가 많은 성인 학습자들에게 가명을 사용하게 하고 어린 아이가 학습을 하듯 그런 상황을 설정해서 진행한다는 게 과연 가능할지에 대해서도 회의적인 반응이 많다. 암시적 교수법은 학생들이 이 방식이 효과가 없다고 믿어버리리게 된다면 참 우스운 교사의 원맨쇼로 끝날 가능성도 있다. (사실 모든 교육 방법이 그럴 것이다. 배우는 사람이 '이건 효과가 없어, 안 배울래'라는 마음을 먹으면 아무리 좋은 방법도 백약이 무효하다.)

암시적 교수법의 중요한 시사점은 가르치는 교사는 수업에서 학생들의 정서적 측면, 즉 감정을 고려해야 한다는 것이다. 우리가 학생들을 가르쳤을 때 위협적이지 않고, 최대한 편안한 분위기에서 즐거운 감정이 있을 때, 학생들이 외국어를 더 잘 배울 수 있다는 점은 꼭 생각해 볼 부분이다.

제2장

체계적 교수법의 시작과 최근의 변화까지 (1980년대~현재)

1. 드디어 체계적 영어교육 방법이 시작된다! 1980년대

우리가 언어를 가르치고 배우는 데 있어서, 1980년대를 기점으로 좀 더 현대적인 방식들이 도입된다. 우리는 앞서 인간의 의사소통 기능들에 대해서 이야기했었다. Hymes가 1972년에 구분한 의사소통 기능 네 가지가 본격적으로 제2언어교육학에 도입되어 Canale와 Swain의 외국어 의사소통 기능의 네 가지 하위 영역이 등장한 것이 1980년이었다. 외국어를 배울 때, 문법을 배우고 단어를 외우는 형식적인 부분들보다 의미 전달을 똑바로 하는 것이 더 중요하다는 생각, 즉 의미와 언어의 기능적인 측면에 초점을 두는 것이 더 중요하다는 생각을 1980년대 이후에 하게 된 것이다. 따라서, 1980년대 들어와서는 좀 더 체계적이고 현대적인 방법들이 사용되었다. 그 첫 번째는 '자연적 교수법(The Natural Approach)'이다. 또한 '의사소통 중심 교수법(Communicative Language Teaching; CLT)'도 비로소 도입이 되었다. 그리고 이때 나왔던 방식들 중에서 파닉스(phonics) 방법과 더불어 지금도 많은 일반인들이 이야기하고 있는 것이 '총체적 언어교수법(The Whole Language Approach)'이다.

1) 이해 먼저 하고 말은 나중에 해도 되요~: 자연적 접근법

〈사진 19〉 Stephen Krashen

자연적 접근법은 PART I에서 자세하게 설명한 다섯 가지 가설로 유명한 미국 남가주 대학교(University of Southern California; USC)의 Stephen Krashen(스티븐 크래션)이 스페인어 교사인 Tracy Turrell(트레이시 터렐)과 함께 창안한 언어교수 방법이다. 뭐가 자연적(natural)인지를 생각해보면, 일단 이해(understanding)는 산출(production)보다 먼저라는 것이다. 이런 점에서는 외국어를 배우는 것은 모국어를 배우는 것과 같이 일단 잘 이해가 된 다음에 말을 해야 한다. 자연적 접근법에서 가장 중요시하고 있는 것은 앞서 Krashen의 입력 가설에서 설명했었던 이해 가능한 입력이다. 영어로 comprehensible input 혹은 i+1이라고 부른다고 앞서 언급한 바 있다. 영어 교실에서 선생님은 아주 많은 양의 언어 입력(input)을 제공해 준다. Krashen은 선생님이 많은 영어 입력을 제공해 준다면 학생들에게 이해 가능한 입력(i+1)도 그중에 많이 있을 것이고, 결국 지속적으로 이해 가능한 입력이 학생들에게 제공될 수 있는 듣기 환경이 된다고 한다. 또한 최적의 입력 상황을 많이 만들어 줄 수 있는 시청각 자료들도 많이 활용되어야 한다. i+1 가설에 따르면 학생들이 많이 듣는다면 이해 가능한 입력들을 많이 받기 때문에 학생들이 문법 구조도 스스로 생각하고 발견할 수 있다고 한다. 그래서 문법 규칙을 수업 시간에 가르치지 않는 것이 이 자연적 접근법의 특징 중 하나이다. 학생들은 각자가 스스로의 학습에 책임을 질 수 있는 존재들이고, 많은 입력 속에서 스스로가 일반적으로 적용될 수 있는 언어 규칙, 즉 문법을 파악할 수 있다고 가정하는 것이다.

그런 의미에서 이 자연적 접근법은 1970년대의 인본주의적 접근법에서 가정하고 있는 능동적인 학습자의 모습을 반영하고 있다고 볼 수 있다. 그럴 수밖에 없는 것이 Krashen이 그의 유명한 다섯 가지 학설을 개발하고 학술적으로 활발하게 적용하기 시작한 시기가 1970년대였기 때문이다. 어찌 되었던 Krashen은 언어 학습에서 문법은 자연적으로 따라오는 부산물(by-product)과 같다고 보았다. 많이 듣다 보면 문법은 자연스럽게 깨달을 수 있다고 생각하는 것이다.

Krashen의 이론 중 가장 많은 비판을 받았던 것이 습득-학습 가설이라는 것을 강조한 바 있다. 학생들이 의식적이지 않고 자연스럽게 편안한 마음에서 접한 언어는 '습득'되고, 교실에서처럼 의도성을 가지고 열심히 연습도 하고 문법 설명도 듣고 단어도 암기하려고 공책에 적어보고 하는 이런 활동들은 '학습'이라는 것이다. Krashen이 취하는 입장은 상당히 단호한데, 습득은 습득이고 학습은 학습이라고 생각하는 것이다. 즉, 아무리 교실에서 열심히 암기하고 연습한다고 해도 습득한 상황을 따라 잡을 수 없다는 입장을 취하고 있다. Krashen이 자연적 접근법에서 강조하는 것도 학생들이 외국어를 습득할 수 있는 상황을 조성하는 것이 중요하고 인위적이고 스트레스를 많이 받는 학습 상황을 만들지 말라는 것이다. 당연히 교사는 학생들의 정서적 여과장치(affective filter)를 높일 수 있는 긴장 상황을 만들지 말고 최대한 편안하고 안전한 교실 분위기를 만들어 학생들이 인지적 학습 노력을 들이기 전에 편안하게 습득이 일어날 수 있게 해야 한다고 강조하고 있다.

자연적 접근법은 Krashen의 입력 가설 등 다섯 가지 유명한 가설에 바탕을 두고 이를 현실적으로 적용한 언어교수법이다. 다섯 가지 가설이 여전히 가설일 수밖에 없는 이유를 앞에서 설명한 바 있지만, 자연적 접근법에서도 왜 습득은 습득이고 학습은 학습인지, 교사가 모든 학생들에게 습득으로 인식될 수 있는 환경을 제공할 수 있을 것인지의 문제는 여전히 남아 있다. 또한 문법에 대한 설명이 없기 때문에 학생들은 수없이 많은 언어 입력 속에서 스스로가 그러한 규칙을 찾아서 활용해 보고, 혹시 틀린 규칙이라면 다시 보완해야 하는 등의 어려움이 있을 수 있다. 이 과정은 시간이 더 걸리기에 학습의 효율성이 떨어진다는 비판도 있다. 하지만, 이 자연적 접근법의 시사점은 학생들에게 될 수 있는 한 이들의 수준에 맞는 다양한 언어 입력을 제공해야 하며, 학생들이 스트레스를 받지 않는 인간적 분위기를 교사가 조성해야 한다는 점이다.

2) 의사소통이 제일 중요해요: 의사소통 중심 언어교수법(CLT)

1980년대로 들어서면서 외국어를 배우고 가르치는 데 있어서 의사소통 능력이 중시되어야 한다는 생각은 당연하게 여겨지게 되었다. 의사소통 중심 언어교수법의 시작점이 되는 것은 1970년대 이후 유럽을 중심으로 도입된 언어에 대한 기능적 접근법(functional approach)부터이다. 이 접근법은 개념-기능 교수요목(notional-functional syllabus)으로 알려져 있다.

우선 개념(notion)은 존재의 양식이나 공간과 시간과 같이 추상적인 개념 및 교육이나 여행과 같은, 살면서 우리가 접하는 수많은 다양한 상황들도 포함된다. 기능(function)은 상황에 필요한 언어의 형식, 즉 표현의 양상을 의미한다. 이러한 개념-기능 교수요목은 의사소통의 기능을 체계적으로 구분하여 효과적으로 가르치려는 시도였다는 점에서 의의가 있다. 이 시점을 전후로 해서 우리가 영어 ESL 교재를 생각할 때 머릿속에 떠올리는 '인사하기, 소개하기, 사과하기' 등의 각종 기능과 '우체국에서, 식당에서, 학교에서' 등의 장소에 적절한 말하기 등으로 교재의 각 단원이 구성되기 시작했다.

이 개념-기능 교수요목에는 한계점이 있는데, 인간의 의사표현은 사실상 무궁무진한데 이 많은 개념과 기능을 한정된 수업 시간과 제한된 교실이라는 공간에 모두 담아낼 수 없다는 것이다. 1970년대의 개념-기능 교수요목의 아이디어를 계승 발전시켜 1980년대부터는 본격적으로 의사소통 중심 영어교육을 위한 매우 다양한 방식들이 개발되기 시작한다. 즉, 교실에서 학생들이 말하기와 듣기 향상을 통해 의사소통을 잘하게 될 수 있도록 돕는 방법들이 폭넓게 적극적으로 활용된 것이다. 영어회화 수업에서 모둠 활동으로 게임이나 역할극(role-play)을 하는 수업들이 1980년대 의사소통 중심의 영어교육에서 적극적으로 활용되기 시작했다.

1960년대에 유행했던 Lado(라도)가 쓴 청화식 교수법 중심의 『라도 잉글리시』 교재를 앞에서 살펴보았다. 첫 페이지부터 암기(memorize)하라고 한 교재에 비해서 1980년대 이후에 나온 교재들은 암기보다는 이해 중심이고 의미 있는 상황에서의 의사소통을 중시한다는 점에서 상당히 다르다. 즉, 패턴을 암기해 똑같이 말하도록 연습하기 보다는 의미 있는 상황을 주고 그 속에서 실제로 의사소통을 하여 말하기와 듣기 실력을 향상시키도록 하는 방법이 1980년대 이후 의사소통 중심 언어교수법이라는 큰 패러다임 아래 본격적으로 개발된 것이다.

미국 미시건 대학(University of Michigan)에서 오랫동안 학생들을 가르쳐 온 Diane Larsen-Freeman(다이앤 라센-프리먼) 교수는 의사소통 중심 언어교육의 특징을 다음과 같이 정리하고 있다. 첫째, 교실 수업은 실제 일상생활에서 사용되는 현실성 있는 언어로 구성되어야 한다. 즉, 너무 어렵거나 현학적인 표현 혹은 문어체의 딱딱한 표현은 초기 단계에서는 배제하고 실제 말로 사용함직한 것을 배우는 데 힘써야 한다는 것이다. 둘째, 학생들은 상대방이 의도하는 바를 올바르게 추론할 수 있는

〈사진 20〉
Diane Larsen-Freeman

능력을 길러야 한다. 사실 우리가 말을 한다는 것의 절반 정도는 '눈치코치'에 의존하는 경우가 많다. 따라서 상대방이 전달하고자 하는 의중이 무엇인지를 잘 파악, 추측하는 능력도 의사소통 능력에 아주 중요하다. 셋째, 외국어 수업에서는 외국어로 가르쳐야 한다. 이것은 요즘 우리나라 초·중·고등학교에서 많이 시도하고 있는 영어로 진행하는 영어수업(Teaching English in English; TEE)과도 일맥상통하는 이야기이다. 가급적 영어수업에서는 영어를 사용해서 최대한 의미 있는 영어 의사소통이 실제로 일어나게 해야 하고 이 과정에서 학생들은 영어 입력을 극대화할 수 있다는 말이다. 다만 학생들의 이해를 신속하게 하기 위해서 가끔씩은 모국어를 사용하는 것도 허용된다. 넷째, 오류를 범하더라도 초기 단계에서는 간접적으로만 지적해야 한다는 원칙이다. 오류분석에서도 이미 자세히 말한 바 있지만 학생들이 영어를 말하면서 오류(error) 혹은 실수(mistake)를 저지르는 것은 당연한 과정이고, 이러한 과정을 통해서 오히려 새로운 배움의 기회가 생기는 것이다. 하지만 오류가 고착되어 화석화(fossilization)되면 곤란하므로, 정확성을 발전시키기 위해 학생의 능숙도가 어느 정도 갖추어졌다고 생각된다면 교사가 바로 잡아 줄 필요도 분명히 있다. 다만 교사가 처음부터 이 잡듯이 오류를 지적하면 학생들이 완전히 주눅 드니까 그러면 안 된다는 것이다. 다섯째, 언어교육의 목표는 언어의 형식, 의미, 그리고 기능을 균등하게 학습하는 것이다. 영어의 올바른 문법 형식만 알아서도 안 되고, 영어 문장이 무슨 뜻인지만 잘 알아들어도 안 되는 것이고, 형식과 의미를 잘 결합시키고 어떠한 시간과 장소에서 어떤 기능으로 사용되는 것인지도 알아야 한다는 것이다. 여섯째, 교사는 학습을 촉진시키는 촉매의 역할, 도움을 주는 조력자 역할, 그리고 학생들과 실제 의사소통 활동에 참여하는 공동참여자 등 다양한 역할을 빠짐없이 잘 수행해야 한다.

의사소통 중심 언어교수법에서 사용할 수 있는 방법은 사실 무궁무진하다. 더욱 흥미로운 사실은 의사소통을 촉진하는데 도움이 된다면 과거의 교수 방법들도 선별적으로 적용시키는 것도 적극 권장한다는 점이다. 즉, 문법-번역식 교수 방법도 만약 학생들의 의사소통에 도움을 주고 언어적 정확성을 높일 수 있다면 교사가 제한적으로 활용할 가능성도 있다. 또한 1970년대 인본주의적 접근법들로 앞에서 제시된 침묵식 교수법, 공동체 언어 학습법, 암시적 교수법, 전신반응 교수법 등도 당연히 활용될 수 있다.

3) 언어는 모든 감각을 다 써서 배우는 거야!: 총체적 언어 학습

총체적 언어 학습(The Whole Language Approach)은 파닉스(phonics) 방식에 대한 반발로 시작된다. 파닉스 방식은 어떤 소리가 났었을 때, 어떤 알파벳을 쓸 수가 있고, 단어를 어떻게 쓸 수 있는지 즉, 소리와 철자를 연관시켜 올바르게 알파벳 철자를 쓸 수 있게 하는 방법이다. 즉, 영어의 모음 규칙, 자음 규칙은 어떻게 구성이 되고 소리들이 모이면 어떤 소리로 새로 구성이 되는지, 또 철자와 소리는 어떤 관련성이 있는지를 집중적으로 배우는 방법이다. 원래 영어를 모국어로 쓰는 아이들을 대상으로 4~6세 사이에 시키는 훈련인데, 요즘에는 우리나라

에서도 초등 영어 혹은 영어유치
원이라고 불리는 유아 영어학원
에서도 많이 쓰는 방법이다.

〈사진 21〉 파닉스에 의한 유아 영어 알파벳[9]

총체적 언어 학습을 옹호하는
사람들은 파닉스 방식이 의미 자
체가 배제된 기계적 학습이라고
생각하여 싫어한다. 파닉스는
총체적 언어 학습 관점에서 보았
었을 때는 언어의 소리와 철자라
는 측면을 너무 칼로 자르듯 양
분법적으로 보았기 때문에 올바른 방법이 아니라고 생각한다. 다소 여
담이지만, 파닉스의 단점을 여실히 보여 주는 것이 수없이 많은 예외적
인 영어 발음이다. 필자가 대학에서 영어교육을 전공하는 학생들을 가
르칠 때 신기하게 느끼는 것은 영어단어 중 '결심하다'라는 뜻을 가진
'determine'이라는 단어를 학생들에게 읽어보게 하면 거의 십중팔구
는 '디터마인'이라고 읽는 것을 발견한다. (물론 올바른 발음은 '디터민'
이다.) 파닉스 규칙 중 단어 끝머리가 e로 끝나면 앞 모음 i를 /ai/로 발
음한다고 배워서인 것 같다. 요즘 학생들은 파닉스를 너무 잘 배워서 이
런 특이한 오류가 계속 나타나는 것 같다.

총체적 언어 학습에 대해서 이론적인 배경을 제공한 사람은 미국 아
리조나(Arizona) 대학의 Kenneth Goodman(케네스 굿먼)이다. 그
는 언어를 배운다는 것은 소리를 듣고 철자나 단어를 적는 기계적인 훈

〈사진 22〉
Kenneth Goodman

련이 아니라 'psycholinguistic guessing game (심리언어학적 추론 게임)'이라고 말한다. 즉, 그는 누가 어떤 이야기를 들었을 때, 그 이야기가 도대체 무슨 의미인지 머릿속으로 생각을 하고, 논리적으로 추론을 하는 일종의 게임 같은 과정이라고 이야기한다. 이 학습 방법은 글자를 쓰고, 소리와 글자를 매치시키는 것뿐만 아니라 통사적, 의미적, 그리고 언어를 활용하는 화용론적인 측면들까지 모두 종합적으로 고려해서 가르치는 것을 언어를 가르치는 올바른 방식이라고 여긴다. 이 교수법도 1980~90년대부터 유행하고 있는 방식이다.

총체적 언어 학습법은 학습자 주도성, 협력 학습 등을 권장한다. 따라

〈사진 23〉 총체적 언어 학습으로 배우는 아이들[10]

서 학생들이 의미 있는 환경에서 자연스럽게 의사소통을 하고, 자신에게 흥미 있고, 의미 있는 지문(text)을 읽고 쓰는 활동을 포함한다. 교사는 학생들에게 과제를 부여할 때 모둠 활동을 적극적으로 권장하여 서로 체험과 행동을 통해서 언어를 배우고, 서로 협동하면서 언어 관련 과제를 완수할 수 있게 한다. 이러한 측면에서 의사소통 중심 언어교수법과 매우 유사하다고 할 수 있다. 총체적 언어 학습은 의미 있는 광범위한 독서, 즉 다독과 다양한 듣기 연습을 수반하며, 학생들에게 의미 있는 작문을 개인별로 또 소집단별로 하게 하는 등 다채로운 활동으로 구성되는 특징을 가지고 있다.

2. 컴퓨터의 발달과 영어교육 이론의 정교화: 1990~2000년대 초반

의사소통 중심 언어교수법(CLT)은 1980년대 이후부터 지금까지 영어교육 분야에서 가장 핵심적으로 생각하고 있는 중요한 방법이다. 여전히 의사소통 능력이 외국어를 배우는 데 있어서 가장 중요하다는 점을 부인하는 사람들이 없으므로, 가장 중요한 방법으로 여겨지고 있는 것이다. 이에 1990년대 이후에 도입되고 있는 방법들도 의사소통 중심의 교수법을 반박하거나 대체하는 것이 아니라 좀 더 원활하게 이루어질 수 있도록 도와주는 창의적인 시도로 볼 수 있다.

1) 종이 사전이여 안녕~: 코퍼스(Corpus)를 이용한 영어교육

1990년대 이후에는 컴퓨터 기술이 눈부시게 발달하고, 특히 1990년대 말부터는 인터넷이 발달했기 때문에 실제로 원어민들이 어떤 단어를 사용하고, 어떤 표현들을 사용하고 있는지, 그리고 그들이 자주 쓰는 문법 구조들에 대해서 우리는 검색을 통해 실시간으로 찾아볼 수 있다. 우리는 방대한 양의 어휘 목록집, 쉽게 말해서 사전 같은 것을 렉시컨(lexicon)이라고 말한다. 따라서, 렉시컨에 초점을 두어서 실제로 원어

18) https://www.washingtonpost.com/lifestyle/wellness/if-youre-going-to-make-one-change-to-improve-your-health-it-should-be-one-of-these/2015/10/27/7175ef10-7765-11e5-bc80-9091021aeb69_story.html

Text, Wordlist, text/html, UTF8 (Content-type), 2015-01-01 (Copyright footer)

```
41:      in Create account Wellness If you're going to make one change to improve your health, it should be
42:   question: What is the one change a person can make that would most improve his or her health and
43:      being healthier is something you have to do, make it positive so it's something you really want to
44:   cancer, World Health Organization declares] Make breakfast count "Start your day off with a
45:      suggest that flipping breakfast and dinner to make breakfast the biggest meal of the day may help
46: of the food you enjoy. Smaller portions can also make you feel better physically by preventing the
47:      of "Read It Before You Eat It" Be choosy "We make more than 200 decisions daily related to food
48:      and only eat foods that you love — and try to make those foods ones that are rich in nutrients to
49:      those foods ones that are rich in nutrients to make your calories count." — Kathleen M. Zelman,
50: price tag] Get enough sleep "Want to slim down? Make sure you get enough sleep. A review study that
51:   family and love 2 Carolyn Hax: Apartment would make grandparents feel like sardines 3 SXSW cancele
52: Railway 1:47 Play Videos Why seasonal allergies make you miserable 1:20 How to keep your child safe
```

〈사진 24〉 코퍼스를 활용한 영어 용법 검색(출처: WebCorp)[11]

민 화자들은 어떤 어휘와 표현을 사용하고 있는지에 대해서 살펴보는 것이 인터넷을 통한 정보의 공유로 드디어 가능하게 되었다. 이러한 것들을 다루는 학문을 코퍼스 언어학(corpus linguistics)이라고 한다.

코퍼스라는 것은 '어휘목록' 혹은 '말뭉치'라는 뜻이다. 이제는 인터넷 검색에서 특정 단어나 어구를 집어넣고 검색을 하면 그 단어나 어구가 사용된 용례를 불과 1~2초 만에 검색할 수 있다. 또 〈사진 24〉처럼 코퍼스 소프트웨어를 사용하면 더욱 신속하고 효과적으로 검색할 수 있다. 가운데에 내가 찾은 단어를 정렬하고 그 좌우측에 어떠한 단어들이 배열되는지도 볼 수 있다. 영어 교사 입장에서도 이러한 코퍼스 언어학의 발전은 많은 도움을 주고 있다. 선생님은 이제 이 단어가 어떨 때 사용되는지를 미리 잘 검색해 두고 학생들에게 더욱 현실성 있는 영어 표현과 용례를 잘 알려 줄 수 있는 편리한 시대가 열리고 있는 것이다. 영어공부하는 학생 입장에서는 영어 말하기나 쓰기에서 정확한 표현을 미리 잘 찾아보고 연습할 수 있는 시대가 된 것이다.

2) 유창성과 정확성 두 마리 토끼를 다 잡아라! 형태 중심(Focus on form) 교수법

앞 절에서 1980년대에 의사소통 중심 언어교수법에 대해서 설명했는데, 1990년대 들어서 이를 보완하기 위한 방법으로 도입된 것이 형태 중심(focus on form) 교수법이다. 1980년대 이래 의사소통 중심 언어교수법이 폭발적 유행을 하면서 계속 활용되는 과정에서 꽤 많은 영어 선생님과 학생들이 오해한 부분이 있다. 영어를 할 때에는 정확성보다는 말만 유창하게 잘하면 된다는 생각이 그것이다. 1980년대 이후에 의사소통 중심 언어교수법이 잘못 적용된 경우, 학생들이 유창하게 영어를 하긴 하는 것 같은데, 가만히 하나하나 따지면서 이 친구들이 하는 영어를 들어보면 원어민들과는 표현이 사뭇 다른 경우가 많다는 것을 발견할 수 있었다. 예를 들면, 문맥상 과거의 사건을 말하는 것이 명백하니까 과거형을 써야 하는데, 동사에 과거형 ed를 붙이지 않는다거나, 3인칭 단수형 s를 동사 뒤에 빼놓는다거나 하는 등의 오류가 자주 발견되었다. 그래서 그런 점을 보완해서 의사소통이 중심이긴 하지만, 형식이나 문법적인 부분에 있어서도 신경 써야 한다는 성찰에서 시작된 것이 형태 중심(Focus on Form; FonF) 교육이라고 한다.

형태 중심 교육은 결국 의사소통 중심 교실 수업에서 학생들이 유창성을 발달시키면서 동시에 유창성을 해치지 않는 한도 내에서 오류를 줄여나가는 방법을 말하는 것이다. 예를 들어 학생이 오류가 있는 문장을 말하고 계속 그 오류가 포함된 대화가 진행된다고 했을 때에 선생님은 학생들의 대화가 끝난 후 혹은 대화 도중에도 오류가 있는 문장에 대해서 설명을 할 수도 있다. 이것을 명시적 피드백(explicit feedback)이라고 한다. 다른 방법은 선생님이 학생 스스로가 자신이 무엇을 틀렸는지를 깨달을 수 있게 하는 암시적 피드백(implicit feedback)을 줄 수도 있다. 예를 들어, 학생이 "I think I lost my road."라고 했을 때, 선생님이 "Oh, you've got lost? So what happened?(길을 잃었니? 그래서 어떻게 되었어?)"라고 되묻는다면, 학생은 선생님이 대놓고 "You should not say 'I lost my road.' You need to say 'I got lost.'(I lost my road가 아니라 I got lost라고 써야 해)"라고 명시적 피드백을 주지 않아도 은근히 눈치껏 깨닫게 되는 것이다. 이런 식으로 선생님이 되받아치는 방법을 리캐스트(recast) 방식이라고 한다.

참고로 형태 중심(Focus on Form; FonF)과 형태에만 중심(Focus on Forms; FonFs)을 두는 방식을 구분해야 한다. 복수형 s가 있냐, 없냐의 차이인데 형태에만 중심을 두는 방식은 과거 아주 오랫동안 사용되어 왔던 문법-번역 교수법처럼 문법을 맥락 없이 암기하고 규칙을 학습하는 기계적 방식을 의미한다. 따라서 이 둘의 차이를 분명히 구분해 두어야 한다.

3. 2000년대 이후 요즘에는 무슨 일이? 가장 최근의 영어교수법

1) 누가 요새 책으로만 영어 배우니? 컴퓨터, 멀티미디어, 모바일 디바이스를 활용한 스마트 언어교육

1990년대 이후에 컴퓨터가 본격적으로 도입되고 초고속 인터넷망이 깔리면서 우리들은 이제 인터넷과 스마트폰을 떼어놓고는 생활 자체가 아주 힘들게 되고 있다. 영어교육에서도 컴퓨터를 활용한 영어교육의 개념은 이제 주된 교육 방식 중 하나로 자리 잡아 가고 있다. 이를 가리켜 보통 사용하는 용어로는 컴퓨터 보조 언어교육, 영어로는 CALL (Computer-Assisted Language Learning, 콜)이라고 한다. 요즘에

〈사진 25〉 모바일 환경의 조성[12]

는 집에서도 부팅하는 데 오래 걸리는 데스크톱 컴퓨터 대신 스마트폰 및 각종 태블릿(tablet) 컴퓨터를 쓰는 경우도 많아서 더 넓은 개념으로 멀티미디어 보조 언어교육, 영어로는 MALL(Multimedia-Assisted Language Learning, 몰)이라고 한다.

〈사진 26〉 멀티미디어 애플리케이션[13]

이러한 디지털 기반 영어교육은 각종 애플리케이션이 도입되고 어디에서나 영어공부를 쉽게 할 수 있는 모바일 환경이 조성되면서 더욱 각광받고 있다. 예를 들어서 영어단어를 찾아 볼 수 있는 스마트폰 용 전자 사전 앱, 영어 발음을 녹음해서 그것이 얼마나 영어 원어민과 같거나 다른지를 알려 주고 개선점도 알려 주는 컴퓨터 소프트웨어, 실제 영어교육 과정을 컴퓨터에서 구현하는 온라인 원격 교육 방식까지 그 범위나 방법이 몹시 다양해지고 있다. 학습자 편의에 따라 영어를 배우는 환경을 어디서나 구성한다는 면에서 교실에서는 실제 영어회화, 즉 듣기와 말하기 중심으로 시행하고, 독해, 문법, 어휘, 숙어 등은 집에서 각자의 편리한 스케줄에 따라서 융통성 있게 진행되는 융합 학습 혹은 블렌디드 러닝(blended learning) 영어교육도 활성화되고 있다.

우리나라는 정보기술(IT) 강국을 추구하고 있기 때문에, 최근 교육부에서는 SMART 교육이라는 용어를 적극적으로 사용하고 있다. 여기서 SMART는 사실 여러 영어단어를 조합한 약자인데, 그 정의는 〈표 1〉에 잘 나타나 있다.

〈표 1〉

S: Self-directed [자기주도적]	– (지식생산자) 지식 수용자에서 지식의 주요 생산자로 학생의 역할 변화, 교사는 지식 전달자에서 학습의 조력자(멘토)로 변화 – (지능화) 온라인 성취도 진단 및 처방을 통해 스스로 학습하는 체제
M: Motivated [흥미]	– (체험 중심) 정형화된 교과 지식 중심에서 체험을 기반으로 지식을 재구성할 수 있는 교수–학습 방법 강조 – (문제해결 중심) 창의적 문제해결과 과정 중심의 개별화된 평가 지향
A: Adaptive [수준과 적성]	– (유연화) 교육체제의 유연성이 강화되고 개인의 선호 및 미래의 직업과 연계된 맞춤형 학습 구현 – (개별화) 학교가 지식을 대량으로 전달하는 장소에서 수준과 적성에 맞는 개별화된 학습을 지원하는 장소로 진화
R: Resource Free [풍부한 자료]	– (오픈 마켓) 클라우드 교육서비스를 기반으로 공공기관, 민간 및 개인이 개발한 풍부한 콘텐츠를 교육에 자유롭게 활용 – (소셜네트워킹) 집단지성, 소셜러닝 등을 활용한 국내외 학습자원의 공동 활용과 협력학습 확대
T: Technology Embedded [정보기술 활용]	– (개방화) 정보기술을 통해 언제, 어디서나 원하는 학습을 할 수 있고, 수업 방식이 다양해져 학습 선택권이 최대한 보장되는 교육환경

※ 교육과학기술부(현 교육부)의 스마트교육 전략보고서에서 인용

앞에서 말한 교육 환경의 변화는 영어교육에서도 CALL, MALL, SMART 방식이 당분간 중요한 화두가 될 것이라는 것을 암시하고 있다. 또 이 개념들은 다양한 첨단 정보통신 기술이 미래의 영어교육과 각종 학교 교육을 이끌 가능성이 높으며, 학술 연구도 계속 늘어갈 것이라는 것을 강력히 시사하고 있다. 다만 전반적 영어교육과정에 대한 충분한 이해나 학생들이 학습에 집중할 수 있는 교육적으로 유익한 환경이 조성되지 않는다면, 이처럼 보기 좋고 감각적으로 젊은 세대의 기호에 맞는 방식이 생각만큼 효과가 없을 수 있다는 것도 고려해야 한다. 따라서 이러한 첨단 정보통신 기술이 영어의 네 가지 기능인 듣기, 말하기, 쓰기, 읽기의 균형적 발달을 돕고, 학생들이 긍정적 정서를 형성할 수 있는 교수법을 종합적으로 고려해야 할 것이다. 또한 종종 우리나라의 사회 문제 중 하나로 언급되는 인터넷 중독, 스마트폰 중독의 부작용을 최소화할 수 있는 체계적 방안을 같이 모색해 가는 것이 앞으로 풀어야 할 중요한 숙제라고 할 수 있다.

〈사진 27〉 CALL 관련 서적

〈사진 28〉 학생들과 스마트 교육[14]

2) 우리 같이 문제를 해결하며 영어를 배워봐요! 과업 중심 언어교수법(TBLT)

2000년대 들어오면서 의사소통 중심 교수법의 중요성이 더욱 부각되고 있다. 과업 중심 언어교수법(Task-based Language Teaching; TBLT) 역시 학생들 간의 의사소통을 극대화시킬 수 있는 조건이 무엇일까에 대한 진지한 관심에서 시작된 방법이라고 할 수 있다. 원래 영어권 국가인 영국과 미국에서 시작된 교수방법이어서 task를 어떻게 번역할 것인지에 대해서 약간 고민스러운데, 때로는 '과제' 혹은 '과업'이라고 부른다. 과제로 번역하자니 무슨 숙제를 내주는 것 같아서 별로고, 과업이라고 하자니 뭔가 대단히 원대한 것 혹은 북한에서 노동당 과업처럼 좀 괴상한 느낌도 있기는 하다. 다만 여기서는 요즘 더 많이 쓰이는 용어인 '과업'으로 사용하겠다.

과업은 학생들이 영어수업 시간에 참여함으로써 얻어갈 수 있는 물질적, 정신적 산출물을 의미한다. Larsen-Freeman에 의하면 과업은 "의미 있는 것이고, 그것을 하면서 학생들이 의사소통을 할 필요를 느끼게 되는 것"을 말한다. 과업은 아주 분명한 결과물이 있어서 그 결과물을 검토해 보면 이 학생들이 제대로 과업을 이해해서 수행한 것인지를 알 수 있다. 우리가 일상생활에서 접하는 아주 많은 상황들이 영어학습 과정에서의 과업으로 활용될 수 있다. 예를 들어서 여행 계획 세우기, 한국 음식 레시피를 영어로 만들어 보고 같이 김치나 송편 같은 우리나라 전통 음식을 만들어 본다거나, 하루 일과 계획 세우기 등도 학생들의 학교 수준, 교보재의 지원 수준, 영어 발달 수준 등을 고려해 가면서 다채

〈사진 29〉 과업 중심 언어교수법(TBLT)[15]

롭게 과업으로 활용될 수 있을 것이다.

　과업 중심 언어교수법이 주목을 받는 이유는 확실한 이론적 배경이 있기 때문이다. 앞에서 우리는 Long의 상호작용 가설에 대해서 이야기해 보았다. 외국어를 배우는 것은 원어민과 비원어민 간에 혹은 비원어민 상호 간에 의미를 전달하기 위한 의미 협상과정이 수반된다는 것이다. 과업 중심 언어교육에서는 의미 협상이 촉진될 수 있게 학생들에게 명확하게 과업을 제시한다. 다양한, 때로는 혼자서는 해결할 수 없을 정도의 복잡한 과업을 영어로 수행하는 과정 속에서 영어도 배우고 주어진 과업도 해결할 수 있는 일거양득의 방법이 과업 중심 언어교수법이다. 학생 입장에서도 옆 친구와 자연스러운 상황에서 영어를 의사소통의 도구로 활용하면서 주어진 과업을 수행하니 지루하거나 답답한 느낌이 한결 덜 하다. 또한 과업수행 과정에서 재미있는 활동을 하게 되니 불안감을 낮추고 영어학습 동기를 높이는 데 좋은 방법이라고 볼 수 있다.

또 다른 이론적 배경은 미국 철학자 John Dewey (존 듀이)나 러시아 심리학자 Lev Vygotsky가 강조한 구성주의이다. John Dewey는 구성주의(constructivism)와 실용주의(pragmatism)를 창시했다. 듀이는 경험을 통해 자신의 삶에 의미를 부여하는 과정을 학습이라고 말하는데, 과업 중심 언어교수법에서는 문제를 해결하는 과정에서 학생들이 서로의 견해를 제시하면서 자신의 의견을 형성해 가고 자신에게 의미 있는 활동으로 자발적으로 구성해 가기 때문에 구성주의의 입장과도

〈사진 30〉 John Dewey

잘 맞는다고 할 수 있다.

Larsen-Freeman은 과업 중심 언어교수법의 특징을 다음과 같이 정리하고 있다. 첫째, 사전 과업 활동에서는 학생들이 실제로 혼자서 혹은 여럿이 수행하게 될 과업을 더 잘 수행할 수 있도록 언어 표현 및 단어, 의사소통 기능 등에 대한 사전 연습이 수반된다. 둘째, 교사는 과업을 학생들에게 제시할 때 이들이 더 잘 수행할 수 있게 수준에 맞춰 과업을 잘게 쪼개서 쉽게 수행할 수 있게 도와주어야 한다. 마치 Krashen의 이해 가능한 입력(i+1)이나 Vygotsky의 근접발달영역(ZPD) 개념처럼 학생들의 수준보다 약간만 어렵게 과업을 작은 단위로 나누는 것이 학생들의 이해에 도움이 되는 것이다. 셋째, 학생들 조편성을 할 때에는 가급적 다양한 수준의 학생들을 섞어 서로서로가 도움이 될 수 있게 해야 한다. 교사가 학생들이 과업을 수행할 때에 도와주어야 함은 물론이다. 넷

<사진 31> 교실에서의 TBLT[16]

째, 교사는 학생들을 위해서 지나치게 단순화된 언어로 이야기하지 않는다. 과업 자체를 쉽게 하는 것이지, 영어 표현을 쉽게 인위적으로 고치는 것은 자연스럽지 않다는 것이다. 언어 표현 등은 이미 사전 과업 활동에서 다루어졌어야 한다. 다섯째, 학생들의 언어 발달 수준은 분명히 중간언어(interlanguage) 단계이므로 교사는 학생들에게 암시적 피드백에 속하는 리캐스트(recast)를 주는 것이 좋다. 예를 들어 학생이 자신의 아버지를 소개할 때에 "My father is self-success man(우리 아버지는 자수성가한 분이에요)."라고 영어로 이야기하면, 교사는 "Aha, your father is a self-made man?"이라는 식으로 넌지시 오류를 바로잡아 주는 게 리캐스트이다. 여섯째, 교사는 학생 스스로가 자신이 전달하고자 하는 의미에 초점을 두어서 이야기하고 있을 때 부정확하더라도 문장을 완성하도록 도중에 말을 끊지 않는다. 일곱째, 학생들은 각자혹은 각 그룹이 수행한 과업을 앞에서 발표하는 기회를 갖는다. 이러한발표를 통해 학생 간에 새로운 의미 협상 과정이 발생하기도 하고, 또 교

사가 학생들의 언어 표현을 수정할 수도 있고, 과업 자체의 수준에 대해서도 이야기할 수 있다. 여덟째, 교사는 학생들이 과업을 발표할 때에 나타낸 언어적 오류에 대해서 잘 기록해 두었다가, 학생들의 수준에 적합한 다른 과업을 제시할 때 참고하며, 다음 차시의 과업의 사전 과업 활동에 소개할 언어 표현 및 단어에 활용한다.

과업 중심 언어교수법은 당분간 영어교육 분야의 주된 교수 방법 중 하나로 활용될 가능성이 높다. 의사소통 중심 언어교수법의 맥을 이어받는 21세기 버전이기 때문이고, 이전 세대의 다른 언어교수법들도 적절하게 활용될 수 있는 포용성이 큰 방법이기 때문이다.

많은 학자들이 학생들에게 어떤 과업을 제시하는 것이 이들의 영어 실력 향상에 유용할 것인지에 대한 많은 연구를 활발히 진행하고 있다. 게다가 앞에서도 설명했듯이 Long, Dewey, Vygotsky 등의 여러 분야의 학자들에 의해 사상적으로 뒷받침이 되는 이론적 배경이 탄탄한 교수법이기도 하다. 하지만 반드시 짚고 넘어갈 부분은 과업 중심 언어교수법은 만일 학습자들이 이러한 활동이 의미 없다는 식으로 학습된 무기력(learned helplessness)에 빠져 있다면 정말 적용하기 어려울 수도 있다는 것이다.

아이들이 뭔가를 서로 같이 해 보고 싶어 하고 활기 있는 수업 환경이라면 정말 좋겠지만, 그렇지 않은 공교육 환경도 제한점으로 작용할 수 있다. 밤 11, 12시까지 학원에서 문법을 외우고, 단어를 외우고 때로는 학원 선생님한테 잔뜩 혼도 나고 피곤에 찌든 아이들이라면 낮에 학교 영어 선생님이 과업 중심 언어교수법을 하려고 시도하면, 병든 닭같이

〈사진 32〉 학습된 무기력[17]

쭈그려 자던 학생들이 "열나 유치해요, 쌤. 짱나게[짜증나게] 그런 거 뭐 하러 해요?"라고 하면서 소극적 (때로는 적극적) 반항을 할 가능성도 있다. 게다가 학교 시험이 문법 위주, 독해 지문 위주로만 편성되고 말하기 및 듣기에 대해서는 쥐꼬리만큼만 아이들 성적에 반영된다면 학부모도 학교에 전화해서 그런 거 하지 말라고 할 수 있다. 혹은, 과업 중심 언어교수법에 대한 이해가 부족한 교장, 교감 선생님이 "애들 공부는 안 가르치고 웃고 떠들고 뭐하는 겁니까?" 하고 꾸중하면 정말로 적용하기 난감한 방법일 수도 있다.

결국 우리 교육 환경에 맞는 방법은 우리가 계속 진지하게 고민할 필요가 있다는 것이다. 선생님이 과업 중심 언어교수법이건 무슨 방법을 쓰건 간에 배울 자세가 미흡한 학생들을 억지로 배우게 할 수는 없다.

하지만 아이들이 배우고 싶어 하는 마음을 샘솟게 하는 것도 선생님의
몫일 것이다.

3) 영어 배우는데 창피한 게 어딨어? 리양의 크레이지 잉글리시(Crazy English)

중국 태생의 리양(李陽)이 개발한 이 방법은 1990
년대에 중국에서 먼저 크게 유행하다가 한국에도
상륙하여 소개되었던 방법이다. 사실 상업화된 이
방법이 독자적인 이론을 가지고 있다고 보기는 어렵
지만, 적어도 우리나라와 같은 EFL 환경에서 개발
된 방식이라는 점에서는 한번 살펴보는 것도 나쁘지

〈사진 33〉 리양(李陽)

는 않을 것 같다. 리양이 이 방법을 개발하게 된 사연이 흥미로운데, 리
양 자신의 성격이 워낙 소심해서 의사소통을 하는 데 큰 어려움을 겪었
고, 영어를 배울 때에도 자신감이 없이 쭈뼛쭈뼛거렸다는 것이다. 그래
서 스스로가 '나는 이 성격을 고쳐야 영어를 성공적으로 배울 수 있겠
다'는 결심을 하고, 인적이 뜸한 대학 캠퍼스에서 하루에 두 시간씩 영어
책을 소리 지르며 읽어댔고 8시간 이상 영어공부에 몰두했다고 한다. 놀
랍게도 4개월 후에는 거의 바닥 수준이었던 영어 실력이 최고 수준으로
향상되었고, 이 자신감을 바탕으로 중국에서 영어 방송 아나운서로 활
동하였다고 한다. 리양 본인이 영어를 배운 방법을 정리해서 교육 방법
으로 만든 것이 '크레이지 잉글리시'이다. 아래는 리양이 쓴 본인의 학습
법에 대한 내용을 인용한 것이다.

내가 크레이지 잉글리시 '3-ly 영어학습법(loudly, clearly, quickly)'의 노하우를 처음으로 깨달은 시기는 지난 1988년 난주 대학 시절이었다. 고등학교 3학년 때, 학교생활에 자신감을 잃고 몇 번이나 자퇴를 했었고, 1986년 가까스로 난주 대학 공학부에 입학했다. 대학 1, 2학년 시절에도 늘 영어 과목의 경우엔 재시험을 치르기 일쑤였다. 그런 가운데 88년 무렵, 중국은 개혁개방의 물결이 일순간에 몰아닥쳤다. 그러한 시대적 변화의 물결 앞에 거역할 수 없는 거센 영감을 얻은 것이 바로 영어이다. (…중략…) 외국어를 공부하여 국제무대에 진입한 사람들은 이미 졸졸 흐르는 시냇물에서 출렁이는 강물로 변할 만큼 잘 나가던 시절이었음에도 불구하고 '나는 왜 그런 기회를 잡지 못하는가?'라고 자신에게 반문하면서 영어에 한번 미쳐보기로 결심한 것이다.

지금은 미국에서 포스트 닥터 과정을 밟고 있는 같은 학과 친구와 당시 나는 내기를 하기로 했다. 매일 점심을 먹고 나서 캠퍼스 내에 전설적으로 내려오는 교내 기념관인 '혁명열사정'이 영어를 큰소리로 외치며 익힐 수 있는 최적의 장소라고 생각하고 그곳이 나의 영어 혁명의 터전으로 자리 잡게 되었다. 만약 먼저 중도에 하차하는 사람이 있으면 앞으로 친구 관계를 끊어도 좋다고 할 만큼 대단한 각오로 덤비게 되었다. 중국 사람들은 점심을 먹고 낮잠을 자는 습관이 있다. 이 오랜 습관을 버리고 남들이 모두 잠자는 조용한 교정에서 영어를 외친다는 것은 사실 크나큰 모험이자 결단이었다. (…중략…) 세상 사람들의 IQ는 별반 차이가 없다. 그러나 성공에 있어 중요한 잣대는 바로 누가 더 꾸준하게 노력하는가이다. 그래서 나는 '열사정에 가서 낮잠을 자는 한이 있어도 일단 가자'라는 생각을 했다. (…중략…) 우리들은 열사정에서 영어책을 미친 듯 외쳐댔다. 혹 우리 곁을 지나던 사람들이 우리들을 미치광이로 보았을 것이다.

그러나 꾸준히 반복되는 우리들의 행동에 점점 관심을 갖게 되었고 모두들 감동하기 시작했다.

꼬박 4개월, 가을에 시작해서 이듬해 초봄까지 나와 친구는 거의 십여 권의 영어 원본을 읽으며 외우다시피 했다. 당시 인기 있는 영어 교재와 미국의 역사, 문화, 대통령 연설문, 경제 관련 저서 할 것 없이 닥치는 대로 읽었다. 모든 문장들을 암송한다는 것은 불가능한 일이다. 나는 당시 책 속에서 빈번히 사용되는 문장들을 뽑아서 노트에 수록한 다음 집중적으로 그 문장들을 공략하였다. 이것이 바로 뒷날 내가 창안한 영어공부의 노하우인 크레이지 잉글리시의 핵심인 것이다. (『리양의 크레이지 잉글리시』에서 인용, 리양)

영어로 소리를 지르면서 학습을 하라는 것은 실수를 두려워하지 말고 말하는 것이 필요하다는 인식을 심어 주기 위해서라고 한다. 사실 우리 한국 사람들이 영어를 이야기할 때에 너무 '문법적으로 맞는지?' 혹은 '단어를 올바르게 잘 쓰고 있는지?', '여기에 이 단어나 표현을 쓰는 게 맞는지?' 등등의 생각으로 머리가 너무 복잡해져서 영어를 입 밖으로 내는 것을 어려워한다. 영어로 실수할까 두렵고 창피하다는 생각이 그래서 생기는 것이다. 좀 소심하거나 내성적인 사람은 그런 경향이 더 심할 수 있다. 리양은 영어를 배우는 것은 운동을 배우는 것과 같기 때문에 실수를 저지르는 것은 너무도 당연하고, 실수를 통해서 오히려 더 좋은 방법을 배운다는 사실을 강조한다.

리양이 제안하는 방법은 '단숨 훈련법'이라고 부르는데, 이것은 영어 회화 실용문을 반복적으로 읽는 과정으로 주로 구성된다. 그의 주장에 따르면 단숨 훈련법으로 이루어진 실용문장 500개를 잘 알고 있다면 5,000개 이상의 영어 표현을 막힘없이 구사할 수 있다고 한다. 이 정도가 되면 미국에 가서도 원어민과의 의사소통에 큰 지장이 없다고 한다. 결국 다소의 청화식 교수법 요소가 결합되어서 꾸준히 핵심 문장을 암기하면 의사소통에 도움이 된다는 입장을 취하는 것이다.

또 하나는 우리의 구강 구조를 영어식으로 발음하기 쉽게 훈련을 시켜야 한다고 제안한다. 리양은 이 과정을 '국제 근육 단련'이라고 부르고 있는데, 단련법은 가능한 한 크게(as loudly as possible), 가능한 한 정확하게(as clearly as possible), 가능한 한 빠르게(as quickly as possible) 하는 것이 관건이라고 한다.

리양의 크레이지 잉글리시는 사실 교수법이라고 보기보다는 자신이 이렇게 공부했기 때문에 성공했다는 개인적 체험에서 출발하는 자생적 방법이다. 이론적으로는 청화식 교수법으로 이미 큰 인기를 끌었던 『라도 잉글리시』나 『English 900』 등 1960~70년대 교재와 근본적인 차이가 없다. 따라서 학계에서 이의 효과성을 증명하기 위한 연구를 수행하지는 않았다. 다만 동양인들이 과도하게 영어를 암기하려고만 하고 실제 의사소통에서는 심리적 부담을 느끼는 안타까운 현상을 다소 완화시킬 수 있고 자신 있는 영어 사용자가 되는 것에 중점을 두고 있다는 면에서는 리양의 크레이지 잉글리시는 긍정적 측면이 있다고 볼 수 있다.

여담이지만, 리양은 2013년 2월 가정 폭력 사건으로 부인에게 이혼당해 중국 전체적으로 떠들썩한 큰 이슈가 되었다. 부인이 Kim Lee(이금, 李金)라는 중국계 미국인이었는데, 리양에게 구타당해 얼굴에 피

멍이 든 사진을 찍어 인터넷에 공개한 후 곧바로 리양에게 이혼 소송을 제기한 것이다. 결국 그는 21억 원의 이혼 위자료를 부인에게 지급했고, 중국 법원은 세 명의 자녀들에게도 매달 10만 위안(약 2,000만 원)의 생활비를 지급하라고 판결했다. 당시 리양은 부인에게 폭력을 행사한 것을 인정하고 공개 사과를 했지만, 정작 TV 방송에 출연해서는 "중국에서는 많은 남성들이 부인을 때린다"는 식으로 자기 합리화에 급급해 많은 사람들의 빈축을 샀다. 그의 크레이지 잉글리시가 상업적으로 큰 성공을 거두기는 했지만, 정작 당사자의 가정불화 때문에 그 빛이 많이 가려지는 느낌이다. 가화만사성(家和萬事成)은 불변의 진리인가보다.

Part
III

우리나라에서의
영어학습

제1장

우리나라 영어교육의 변화

1. 100년 전쯤에 우리는 영어를 어떻게 배웠을까?

이제 관점을 우리나라로 돌려서 구한말의 영어학습을 생각해 보자. 다들 알다시피 조선 사회의 사상적 기반은 유교의 성리학이었다. 성리학 사상을 이해하고 발전시키기 위한 중국 경서의 강독은 양반 계층 교육의 핵심을 차지했고, 이를 위해 조선 팔도 각지에 많은 수의 서당이 자발적으로 설립되었다. 한자 경전을 강독하고 암송하는 것이 문해(literacy) 교육의 절대다수였다.

조선 건국 이후 유교의 성리학 사상이 사회 전반적으로 침투하면서 양반 계층 사이에는 조선을 명나라의 동생쯤으로 생각하는 다소 이상한 소중화(小中華) 사상이 퍼지게 된다. 간단하게 말하면 우리는 명나라와 는 형제 국가이며, 명나라와 조선은 한자 문화권으로 긴밀하게 이어져 있다는 생각이다. 따라서 중국 한자를 제외한 다른 오랑캐 언어(즉, 일본의 가나 문자, 몽고의 몽골 문자)를 배우는 것은 양반 사대부가 할 짓이 아니라고 여기며, 양반 계층이 아닌 중인 계층에서 일부 역관, 즉 통역사를 양성하는 수준에서 그쳤다. 쇄국정책이 계속 유지되었으므로 통역은 조선의 인접 국가인 중국, 일본, 몽고 등의 언어에 국한되어 교육이 이루어졌다. 중인 계층의 한정된 일부만이 외국어를 배우고 지배 계층이었던 양반들은 한자교육에 치중하였으므로 외국어를 배운다는 것이 의사소통을 위한 것이라는 생각이 좀처럼 일반 백성들에게 퍼지지 않았다.

결국 세상 돌아가는 정세를 모르고 외국어도 모르는 답답한 상황이 19세기의 상당 기간 동안 지속되었고, 이는 서양 여러 나라와 일본과 체결한 불평등 조약으로 인한 우리나라의 국권 침탈과도 관련이 있다. 1853년에 미국의 페리 제독에 의해 개항된 일본이 1866년 메이지 유신으로 적극적으로 근대화를 시도

〈사진 1〉 고종 황제

했던 시기에 조선은 흥선대원군을 중심으로 하여 1871년에 척화비(斥和碑)를 세우면서 오히려 쇄국정책을 더욱 강화했던 점은 지금 돌아보면 참으로 아쉬운 역사의 순간이라 할 수 있다.

조선 사람들의 인식이 급격히 바뀌게 된 것은 구한말 고종의 인식 변화에 힘입은 바가 크다. 19세기 서구 열강들은 아시아 여러 나라들과 조

〈사진 2〉 조미수호통상조약 체결자: 슈펠트 제독, 전권대관 신헌, 부관 김홍집(좌측부터)

약을 맺어가며 그들의 국가 이익에 부합하는 무역을 확대하려고 노력하였으며, 그 일환으로 평안도 대동강에 1866년(고종 3년) 미국 상선 제너럴 셔먼 호(General Sherman 號)가 들어오게 된다. 무역을 강제로 요구하며 물의를 일으키자 격분한 평양 백성들은 이 배를 불태워 침몰시키게 되고, 이 일이 미국에 알려지자 이에 대한 공식 사과를 요구하며 1871년(고종 8년) 신미양요가 벌어지게 된다. 강화도 초지진을 중심으로 한 포격전에서는 미국이 승리했지만 쇄국정책을 고수하던 조선과의 교역을 성사시킬 수는 없었고 병력의 열세로 퇴각하게 된다. 이듬해인 1872년 미국은 전략을 바꾸어 청나라 외교관들에게 조선에 압력을 넣어 무역 협상에 나서도록 중재해달라고 한다. 결국 10년이 지난 1882년 조선과 미국 사이에는 국가 간 무역 조약이 체결되었는데, 그것을 '조미수호통상조약'이라고 한다. 한국의 영어교육사에 이 조미수호통상조약은 반면교사로 삼아야 할 역사적 사건이었다.

안타깝게도 그 당시 조선에는 영어를 할 줄 아는 사람이 단 한 사람도 없었기 때문에 제3자의 통역이 필요했으며, 급하게 구한 사람이 청나라

사람인 당소의(唐紹儀, 1860~1938)였다. 당연히
도 당소의는 한국어를 전혀 할 줄 몰랐으므로, 조
선 국왕인 고종의 전권을 위임받은 전권대관 신헌
및 부관 김홍집이 전하고자 하는 말을 한자로 종
이에 써서 당소의에게 보여 주면, 당소의는 그것
을 영어로 통역해서 미국 대표인 슈펠트(Shufeldt)
제독에게 전달하였다.

〈사진 3〉 당소의

당소의는 그 당시 20대의 젊은 청년으로 10대에 이미 미국 뉴욕의 컬
럼비아 대학교에 유학하여 학사 학위를 받은 엘리트였다. 중국 청나라는
1850년대 영국과의 아편전쟁에서 패한 후 근대화의 필요성을 절실히 깨
달아 나라의 인재를 미국 등지로 파견하여 서양 열강의 언어를 배워오
게 하는 데 집중하였다. 당소의는 그러한 시대 배경에 힘입어 미국 유학
을 다녀오게 된 엘리트였던 셈이다. 당소의는 중국의 유력한 군벌 위안
스카이의 후원을 받아 1912년 중화민국의 초대 국무총리까지 역임한
인물이다.

중국인 당소의가 당시 쇄국정책을 고수하고 있던 조선이라는 나라를
위해 열심히 통역을 했을 것 같지는 않고, 그 결과 조미수호통상조약은
미국의 이익을 잘 반영하고 조선에는 별로 도움이 되지 않는 대표적인
불평등 조약 중에 하나가 되었다. 더 슬픈 것은 조미수호통상조약이 서
양 열강과 처음으로 맺은 근대 조약이었기에, 이후에 우리나라가 맺게
된 다른 나라와의 조약에서도 마찬가지로 이 좋지 않은 선례에 따라 불
평등한 조약이 차례대로 맺어지게 된다. 그도 그럴 것이 서양 국가 입장

에서는 "왜 미국과는 그렇게 조약을 체결해 놓고서 우리나라와는 다른 식으로 하려고 하는가? 그건 호혜평등의 원칙에 어긋난다"는 식으로 엄포를 놓았기 때문이다. 국제 정세에 어두웠던 조선 조정에서는 이렇게 서양 및 동양 여러 나라와 차례대로 불평등 조약을 맺게 되고, 이는 19세기 말에서 20세기 초에 있었던 외세의 개입과도 무관하지 않다.

영어와 관련된 그 당시의 또 다른 상황으로는 미국 선교사를 중심으로 활발한 기독교 전파가 이루어진 점이다. 1884년에서 1910년까지 총 499명의 선교사가 조선에 있었던 것으로 파악된다. 이 중 절대다수가 영어권 국가인 미국, 호주, 캐나다, 영국 출신이었다. 외국인 선교사들은 연희, 이화, 배재학당 등을 설립해 우리나라의 영어교육에 크게 기여하게 된다.

〈사진 4〉
묄렌도르프(1848~1901)

따라서 비록 뒤늦은 감이 있으나 조선은 영어의 중요성을 절감하여 영어교육을 하기 위해 1883년 우리나라 최초의 영어교육 기관인 동문학(同文學)을 설립하였다. 동문학은 독일인 외교 고문인 Möllendorff(묄렌도르프, 한국명; 목인덕(穆麟德))가 설립한 곳으로, 서양 각국과 체결한 통상조약 후 증가하는 국제 교역에서의 간단한 통역을 할 수 있는 실무자 양성을 목표로 하며, 교육과정은 1년이었다.

묄렌도르프는 1882년 이후 조선의 개화기에 많은 역할을 한 프로이센(독일) 태생의 외교관, 사업가였고 〈사진 4〉 자료와 같이 조선 조정에서 관직까지 맡아 목참판이라는 애칭(?)으로 백성들에게 불렸다. 동문학에서는 영어로 진행하는 직접교수법(direct method)을 택하여 듣기, 말하기, 읽기, 쓰기 4가지 영역 모두를 가르쳤다. 후에 1886년도에 고종의 칙령으로 최초의 관립(官立) 영어교육기관이었던 육영공원이 설립되어 조선 시대 학생들은 영어를 배우기 시작했다.

〈사진 5〉 육영공원의 학생들(추정)

〈사진 5〉는 당시 육영공원을 다녔던 학생들로 추정되는 사진이다. 육영공원 교사들은 대부분 미국에서 온 선생님들로, 그 나라의 언어는 그 나라 사람에게 배워야 한다는 생각을 바탕으로 조선 시대 학생들에게 높은 수준의 영어교육을 제공하였다. 그 당시 육영공원의 교사였던 Gilmore(길모어)는 조선 학생들이 매우 빠르게 영어를 습득하였다고 기록하고 있다. 그는 육영공원 학생들이 이미 한문을 배운 경험이 있기 때문에 영어 구문 이해가 빨랐다고 평가하였다. 즉, 한문과 영어의 구문이 비슷한 것이 많아 조선 학생들이 비교적 빠르게 영어를 배웠다고 한다. 또한, 10개월 만에 3,000단어를 암기했다는 점에서 학생들의 우수한 지적 능력에 감탄하였다고 전해지고 있다.

〈사진 6〉
Homer B. Hulbert

육영공원의 교사로 처음 한국과 인연을 맺은 미국인 중 Homer Hulbert(호머 헐버트)는 우리 한국 사람보다 더 한국을 사랑했던 분으로 잘 알려져 있다. 헐버트는 유니온 신학교 졸업 후 1886년 조선에 입국하여 1891년까지 5년간 육영공원에서 영어를 가르쳤고, 후에 헤이그 만국평화회담에 고종 황제의 특사로 밀명을 받아 조선의 외교 활동을 도왔다. 일본에 의해 조선이 강제 병합된 후 일제에 의하여 강제 추방되어 미국으로 귀국하게 된 헐버트는 고향에서도 한국 독립의 정당성을 신문에 칼럼 형식으로 기고하는 등 한국의 근대화 및 독립에 큰 공을 세운다. 해방이 되어 대한민국 정부가 수립된 후 1949년에 이승만 대통령의 국빈 초청으로 한국에 돌아온 헐버트는 곧 지병으로 한국에서 숨을 거두게 되고, 서울 마포구 양화진 외국인 묘지에 안장되었다. 1950년에 헐버트 박사에게 태극무공훈장이 추서되었다. 이런 훌륭한 분이 교사로 재직했고, 학생들 중에도 나라의 독립을 위해 애쓴 분이 있다. 하지만 영어 능력을 잘못 사용해 나라를 멸망하게 하는 데 일조한 사람들도 있었으니, 그중에 육영공원의 1회 입학생인 을사오적의 수괴 이완용이 있었다는 것은 이미 설명하였다.

후에, 일제가 조선을 침략하여 조선이 일제의 식민지가 되면서 영어교육은 문법, 독해 교육 중심으로 퇴보하게 된다. 즉, 회화 시간을 줄여서 일제강점기의 영어교육은 이전 세대와 같은 '말하기 능력' 중심이 아니라 '글쓰기 능력' 중심으로 바뀌게 되었다. 김영철 기자의 『영어 조선을 깨우다』라는 책을 보면, 말하기 능력에서 글쓰기, 독해 능력 강조로 영어교육이 바뀐 것은 우연한 것이 아니라, 일제 식민통치의 우민화 정책, 즉 식민지 조선 백성들은 많이 가르치면 안 된다는 간악한 생각에 의한 것이라고 한다.

을사늑약 이후인 1906년에 공포된 '외국어학교령'은 이전까지 5년 동안이었던 영어교육 기간을 일본어와 중국어와 마찬가지인 3년으로 축소하였다. 또한 1909년의 영어학교 강의계획표에 따르면 전체 영어수업

시간의 5%만이 영어회화에 할애되었다고 한다. 19세기 말의 직접식 교수법에 의한 영어 몰입교육(immersion)에 비해 영어로 생각하고 말하는 회화 시간이 형편없이 줄어든 것을 알 수 있다. 식민 교육 방침은 우리나라 사람들에게 영어는 시험 점수만 잘 받으면 되고 문법과 독해를 잘하면 되는 것이라는 수동적 생각을 점차 확산시켜, 식민지 조선 사람들에게 영어 말하기 능력은 점차 사라지게 되었다. 반면 일제는 일본 본토에서는 영어교육 연구소를 설립하고 전국 영어교사 말하기 대회를 여는 등 식민지 조선과는 정반대의 교육 정책을 편다. 일제강점기의 본질이 무엇인지를 알 수 있는 대목이다.

일제강점기라는 정치적 격변은 우리나라의 고등교육에도 악영향을 끼치게 되었는데, 예를 들어 이전 세대에 직접식 교수법에 의해 영어를 원어민들에게 배웠던 조선인 교사들이 해임되고 발음이 몹시 좋지 않고 의사소통 기능이 형편없는 일본인 교사들이 새로 임용되는 해프닝이 많았다. 1920년대 초의 동아일보 기사에는 보성고등보통학교 학생들이 집단행동을 하였는데, 그 원인이 발음이 아주 안 좋고 실력이 없는 일본인 영어 교사를 해임시키기 전에는 수업에 들어가지 않겠다는 것이었다. 구한말의 영어 몰입교육 등에 익숙해 있던 조선의 젊은 학생들에게 일본인 특유의 좋지 않은 발음은 몹시 귀에 거슬렸던 것 같다. 아래는 동아일보 1920년 5월 12일자 보도 기사의 원문이다.

"시내 보성고등보통학교 삼학년 생도 사십오명은 지나간 칠일 금요일부터 일제히 등교치 아니한다는대 그 내용을 드른 즉 원래 그 학교의 삼년급 영어교사는 일본인 전중용승(田中龍勝) 씨가 가르치는 터인대 학생 측에서는 일본인은 원래 발음이 불량하야 그 발음대로 영어를 배워가지고는 도뎌히 세상에 나서서 활용을 할 수 업스니 다른 조선사람으로 영어교사를 변경하야달라고 요구하얏으나…."

일제강점기가 오래 지속되면서 영어공부는 으레 복잡한 문법 규칙의 암기, 많은 단어의 암기, 시험 문제 풀이 등으로 인식되게 되었다. 그 이유는 일제 통치에서 시행되었던 경성제국대학의 영어시험 및 고등문관시험, 즉 지금의 사법고시, 행정고시 등에 해당되는 시험에 포함된 영어시험 때문이라고 하겠다. 흥미롭게도 당시의 대학입시를 살펴보면 국어(일본어) 시험 배점보다도 영어 시험 점수 배점이 더 높은 것을 알 수 있다. 한국을 통틀어 유일하게 존재하였던 4년제 종합대학인 경성제국대학에 조선인으로 입학한다는 것은 가문의 크나큰 영광이었다. 이를 위한 절체절명의 입신양명 수단으로 영문법, 영단어를 끊임없이 외우고, 어려운 영어 문제를 풀어내는 능력이 영어 실력으로 둔갑하는 과정이 일제강점기를 통해 계속 증폭되었다.

이른바 출세를 위한 도구로서의 영어가 식민지 조선에서 대유행을 하게 되고 모든 사람들이 영어 열풍에 휩싸이게 된 것이

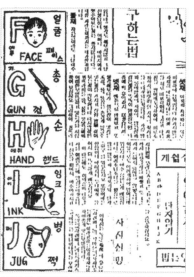

〈사진 7〉 1933년 동아일보의 알파벳 소개
(동아일보, 1933.10.29, 6면)

다. 〈사진 7〉은 1933년 동아일보 신문 지면이다. 전 국민들이 보는 신문의 지면에 알파벳과 영어단어 학습란이 버젓이 한 칸을 차지하고 있다.

일제강점기의 영어교육이 의사소통 중심의 교육이 아니라 부족한 교육 기회와 일제의 정책적 탄압으로 인해 독해 위주로 변질된 것은 당시 사용된 영어 자습서 등을 통해서도 확인할 수 있다. 〈사진 8〉은 1926년 서울 회동서관에서 출판된 『무사자통 영어독학』이라는 자습서이다. 영문 제목에서도 나타나 있듯이 영어 교사 없이도 독학으로 영어를 배울 수 있도록 편찬된 자습서이다. Lesson 1이 시작되는 3페이지에는 영어, 한국어, 중국어로 3단 구성으로 표기된 것이 특이하며, 영어 단어 밑에는 한글로 영어 발음을 병기하고 있는 것을 알 수 있다. 이와 같은 방식으로 영어의 기본 문형이나 해석은 가능할 것이나, 이렇게 습득한 영어로 원어민과 의사소통을 도모하기에는 여러모로 어려움이 많았을 것으로 판단된다.

1910년 폭압적 국가 병합을 기점으로 그전 세대에 비교적 영어를 잘 구사하고 의사소통 능력이 뛰어났던 사람들은 점차 의사소통 능력이 없고 불필요한 영문법, 영단어를 암기하는 데 젊음을 소진하는 소모적 영어교육에 눈을 뜨게 되었다. 여전히 지금도 나이가 있으신 분들은 영어 공부는 문법 규칙을 싹 다 외우고 단어를 사전째 통째로 암기하는 것이라고 이해하는 분들이 있다. 일제강점기의 잘못된 생각이 아직도 그 잔재로 남아 있는 것이다.

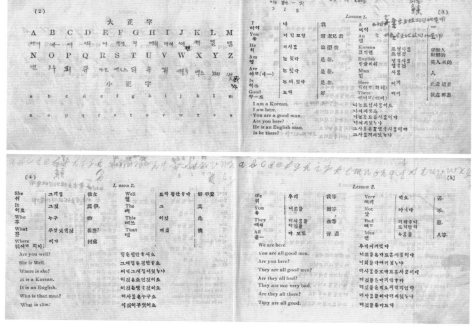

〈사진 8〉 1926년 출판된 『무사자통 영어 독학』(한밭교육박물관 제공)

영어교육을 알면 영어가 보인다

2. 영어 교과서도 이젠 문화 간 의사소통 능력이 포인트!

21세기에는 아주 많은 사람들이 영어를 사용하고 있다. 과거에는 미국이나 캐나다, 영국에 가서 영어를 사용하는 원어민들과 의사소통하는 것이 가장 중심이라고 생각을 했지만, 1990년대 이후에는 그런 생각들이 바뀌게 되었다. 그래서 요즘의 교과서의 구성이나 단원의 등장인물들을 살펴보면, 옛날에는 대부분 백인들이 등장인물로 나온데 비해서 최근의 교과서에서는 백인들이 아닌 경우가 상당히 많다. 즉, 흑인이나 동남아시아인들도 교과서의 등장인물로 등장한다. 이렇게 다양한 사람들이 사용하는 것이 영어이고, 또한 각자의 문화가 영어에 반영되어 있기 때문에 우리가 필리핀이나 말레이시아 문화를 낮게 평가한다거나 하는 점들은 서로 간의 의사소통에 안 좋은 영향을 끼치게 된다. 따라서 다른 나라와 민족의 문화를 존중해야 한다는 문화 간 교육이 영어교육에서 큰 화두로 등장하고 있다. 이런 맥락에서 문화 간 의사소통 능력(intercultural communicative competence)이 필요하다. 즉, 의사소통을 할 때도 내 문화가 소중한 만큼 상대방 문화도 역시 중요하게 생각하고 존중해야 한다는 문화적 감수성의 중요성을 깨달아야 한다.

〈그림 1〉은 필자가 중학교 때 배웠던, 1982년부터 1987년까지 제4차 교육과정에서 사용된 영어교과서의 구성을 보여 주고 있다. 중1 교과서의 1단원의 단원명은 「Lesson 1: Good morning, Inho.」이다. 여기서 중요한 것은 한국 중학생 인호가 영어로 대화하는 상대방이 그림에서와 같이 백인이라는 것이다. 왼쪽에서는 베이커 선생님, 오른쪽에서는 친

〈그림 1〉 4차 교육과정에 의한 국정(國定) 영어 교과서
(『Middle School English 1』, 한국교육개발원, 1986)

구 제인으로 둘 다 미국 혹은 영국 출신의 백인을 그 상대방으로 설정하고 있다. 그때까지만 해도 영어는 미국이나 영국 중심의 앵글로 색슨의 언어라는 생각이 교과서에도 투영되어 있다고 볼 수 있다.

〈그림 2〉는 필자가 다른 선생님들과 같이 집필한 중학교 1학년 교과서 1과이다. 여기서는 국제 공용어로서의 영어의 위상이 잘 나타나 있다. Jasmine이라는 인도 여자아이, Katak이라는 미국 알래스카에 사는 원주민 아이, Karen이라는 필리핀 아이가 등장한다. 물론 미국 아이가 영어를 모국어로 사용하고 있는 것은 사실이고, 인도와 필리핀도 영어를 공용어로 사용하고 있다. 하지만 인도 아이와 필리핀 아이의 모국어는 영어가 아닐 수도 있다. 따라서 교과서의 이런 변화는 영어가 이제

〈그림 2〉 2013년부터 사용되고 있는 중학교 1학년 영어 교과서
(양현권 외, 『Middle School English 1』, 지학사, 2012)

는 원어민들과 의사소통을 해야 하는 상황뿐만 아니라 세계 각국의 다양한 사람들과 영어로 의사소통을 해야 한다는 21세기 상황을 반영하는 것이다.

　이렇듯 변화한 영어 사용 상황을 우리는 잘 이해해야 하고 문화 간 의사소통 능력을 기르도록 노력해야 한다. 문화 간에는 우열이 없고, 상위문화, 하위문화가 있지 않다. 단지 다르다는 것뿐이다. 각 나라별로 또 각 지역별로 고유한 문화가 있고 그런 문화를 서로 존중하면서 영어를 구사해야 한다는 생각들이 문화 간 의사소통 능력이라는 것이다.

3. 국제 공용어로서의 영어의 지위는 여전히 대단하네!!

요즘에는 중국이 막대한 경제력을 바탕으로 해서 미국과 어깨를 나란히 하는 세계 최강국이 되었기 때문에, 영어보다는 앞으로 중국어를 배우는 것이 좋다고 생각하는 사람들이 많아지고 있다. 인구수만 하더라도 영어를 모국어로 쓰는 사람들은 잘해봐야 3억 7천 500만 명 정도로 추산되는 데 비해 중국어를 모국어로 쓰는 사람들은 광활한 중국 대륙에 약 13억 명 이상이 있으니 비교도 안 된다고 볼 수 있다. 이러다가는 앞으로 한 세대 정도 뒤에는 정말 중국어가 국제 공용어의 역할을 할 것 같기도 하다. 중국 정부의 막대한 자금력을 등에 업은 공자 재단 등에서는 중국어의 확산을 위해서 노력하고 있기도 하다. 이러한 점을 감안하면 아마도 영어 못지않게 중국어가 급속도로 퍼질 수 있을 것 같다는 생각이 들기도 한다.

그러나 영어를 사용하는 사람들의 숫자를 제2언어 혹은 중요 외국어로 자주 사용하는 경우까지 고려한다면 그 사용 인구수는 중국어를 초과하게 된다. 영어는 지금까지 많은 지역에서 모국어는 아니어도 공용어로서 기능해 왔기 때문이다. 그것을 단적으로 보여 주는 좋은 예가 인터넷 사용자들이 사용하는 언어가 어떤지를 집계한 2011년 통계 자료이다. 〈표 2〉를 보면 영어를 구사하는 인터넷 사용자는 5억 6천 500만 명인데 비해, 중국어 구사자는 5억 900만 명이다. (한국어 인터넷 사용자도 3천 944만 명이나 있다.)

〈표 2〉 사용언어로 집계해 본 세계 인터넷 사용자 수(백만 명 기준)[1]

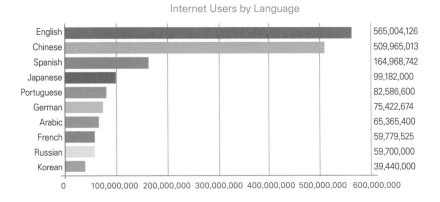

〈표 2〉 사용언어로 집계해 본 세계 인터넷 사용자 수(백만 명 기준)[1]

가만 생각해 보면 중국어는 단연 가장 많은 사람들이 구사하는 언어이긴 하지만, 그 사용 지역이 중국 본토, 타이완, 홍콩, 싱가포르 등 일부 국가와 전 세계의 화교(華僑) 거주 지역에 한정되는 것을 알 수 있다. 반면 영어는 전 세계의 여섯 개 국가(미국, 영국, 캐나다, 호주, 뉴질랜드, 아일랜드)의 모국어로 사용되고 있으며, 인도와 나이지리아를 포함한 아시아, 아프리카의 많은 나라에서 제2언어 및 공용어로 기능하고 있다. 또한 그 외의 EFL 국가에서도 활발하게 사용되는 언어이기 때문에, 모국어 및 제2언어, 공용어, 중요한 외국어로 사용하는 사람들 모두를 고려한다면 그 전체 사용자 수는 훨씬 더 늘어나게 된다. 이러한 영어의 파급력을 연구한 영국 학자들인 David Crystal(데이빗 크리스털)과 David Graddol(데이빗 그래돌)의 추산으로는 어쨌든 간에 정도의 차이는 있지만 영어를 구사할 수 있는 사람은 전 세계에서 20억 명 정도이며, 전 세계 인구의 1/4 정도는 영어로 최소한의 필수적 의사소통이 가

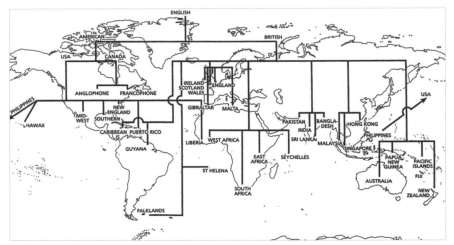

<그림 3> 전 세계의 영어 사용 국가[2]

능하다고 한다. 〈그림 3〉에 제시한 전 세계의 영어 사용 국가 지도는 Crystal이 쓴 책에서 가지고 온 것이다. 흥미로운 것은 영어의 하위분류로 미국(American) 영어와 영국(British) 영어가 나뉘고, 미국 영어는 북미 대륙과 필리핀, 영국 영어는 아시아, 아프리카, 오세아니아 대륙 각지에서 사용되는 것을 알 수 있다. 어찌되었건 중국어의 제한된 쓰임에 비해 영어 구사 지역은 훨씬 많음을 알 수 있다.

어떤 언어를 국제 공용어로 생각하고 그 언어를 배운다는 것은 경제력 이외에 그 언어를 사용하는 국가의 정치적 역량, 군사적 강건함, 문화적 포용성 등도 종합적으로 고려해야 한다. 중국어를 국제 공용어로 사용하기 위해서는 중국이 국제사회에서 다른 나라와 공존 공영하는 책임 있는 역할을 해야 하고, 군사적으로도 세계의 다양한 지역의 분쟁을 중재할 수 있는 대외적인 역량이 필요하다. 그리고 무엇보다 중요한 것은 문화적 다양성과 포용성이 어느 정도까지 성숙했는지를 고려해야 한다.

미국과 영국으로 대표되는 영어권 국가는 UN과 그 산하 각종 국제기구 등에서 정치적 역량을 발휘하여 왔고, 미군은 우리가 호의적으로 평가하건 아니건 간에 이른바 '세계 경찰'을 표방하면서 세계 각국의 분쟁 지역에서 중재 역할을 자임하여 왔다. 이렇듯 영어를 사용하는 국가의 정치력과 군사력을 중국이 대신하기에는 한두 세대 이상의 시간이 걸릴 것이라고 예측해 볼 수 있다.

영어는 국제적 문화를 대표하는 언어로 기능하여 왔고, 앞으로도 당분간 그럴 것으로 예상된다. 인간의 첨단 과학과 사상을 전파하는 학술 논문에서 사용되는 언어는 어떨까? 전 세계 학술 논문의 수준을 가늠케 하는 중요한 지수는 미국 Thomson Reuters(탐슨 루터스) 사(社)의 '과학 인용 지수(Science Citation Index; SCI)'이다. 1997년에 이 지수에 집계되었던 전 세계 논문 중 95%는 영어로 작성되었다고 한다. 흥미로운 것은 영어로 작성된 이 95%의 논문 중 영어를 모국어로 사용하는 저자의 숫자는 절반에 못 미친다는 점이다. 나머지 저자들은 자신의 모국어가 따로 있음에도 영어로 논문을 썼다는 의미이다. 또한 인터넷 웹페이지의 언어는 2011년 기준으로 30%가 영어로 작성되었다고 한다. 그나마 2001년의 50%에서 많이 낮아진 것이 30%이다. 아울러 2011년에 출판된 전 세계 문학작품의 28%가 영어로 쓰인 작품으로 파악된다.

이상의 자료와 통계를 바탕으로 미래 상황을 조심스럽게 예측해 보면, 중국어가 한두 세대 전에 비해서는 비교하기 힘들 정도로 현재 그 중요도가 높아진 것은 확실하다. 그러나 중국어는 제한된 지역의 중화권 사람들만 사용하고 있고, 중국의 정치적, 군사적, 문화적 다양성의 수준이 아직 영어권 국가에 미치지 못하기 때문에 영어를 대체하는 세계 공용어의 기능을 하기에는 아직 그 갈 길이 멀다고 볼 수 있다. 따라서 영어가 문화 간 의사소통 능력을 고려한 국제 공용어의 역할을 앞으로 한 세대 이상은 여전히 수행할 것으로 비교적 확실하게 예상할 수 있다.

4. 의사소통 중심 영어교육의 가능성과 교수법의 선별적 선택

앞 절에서는 서양에서 외국어교육을 위해 사용되었던 방법과 19세기 말에서 20세기 초까지 우리나라의 영어교육이 어떻게 진행되어 왔는지를 살펴보았다. 예전에는 문법-번역식 교수법(grammar-translation method; GTM) 같은 고전적인 방법부터 시작하여 의사소통 중심, 더 나아가서 최근에는 과업 중심 교수법이 등장하는 과정을 살펴보았다. 서양에서 라틴어와 그리스어를 가르치던 시절부터 생각해 보면 외국어를 가르치는 것의 역사는 2,500년 정도나 되고 여러 정치·경제적, 사회적 사건들에 영향을 주고받으며 영어 교수 방법이 바뀌어 왔음을 알 수 있었다. 최근 들어 진행되는 디지털 혁명은 전 세계인들이 인터넷과 모바일 기기로 연결되어 실시간으로 의사소통을 하게 만들고, 그 변화는 매우 급진적으로 진행되고 있다. 영어를 가르치고 배운다는 것도 이러한 인류 문명의 큰 변화에서 결코 자유로울 수 없는 일이다. 앞으로도 영어 학습에서 여전히 다른 언어를 사용하는 사람들과 신속한 의사전달은 중요하게 여겨질 것이고, 다소의 저항도 있겠지만 결국 공교육과 사교육 모두 의사소통 중심 영어 교수법이 중심 교육 방식이 될 것이다.

흔히들 하는 말이 과학기술이 가장 빨리 변하고, 경제 환경도 빠르게 변화하는데, 정치는 잘 안 바뀌고, 교육이 가장 변화가 느리다고 한다. 어쩌면 그건 교육은 다소 보수적일 필요가 있기 때문일지도 모른다. 교육자는 자라나는 세대에게 그 이전 세대의 가치와 규범, 조상들의 지혜를 후대에 전수하는 사람들이니, 천성적으로 과거 시대를 유지하여 전수하려는 것에 집착하게 되나보다. 영어교육 분야 역시 교육에 속해서인지 변화는 참으로 느리게 느껴진다. 요즘도 학교 현장에 있는 선생님 중 마음속에는 '영어에서 중요한 건 그래도 문법이야, 그래야 애들 점수 내기도 편하고 학교에서도 가르치기 편하지. 의사소통 그건 미국에서나 하라고 그래' 하는 생각을 가지신 분들이 있다. 학부모 중에서도 그렇게 생각해서 어린 초등생들이 벌써 영어의 to 부정사니 동명사니 하는 학원 수업을 받게 하기도 하고, 학생들도 문법 수업이 중요하다고 생각하는 경우도 있다.

하지만 교육의 변화는 느리지만 꾸준히 진행되고 있다. 이제는 누구도 영어가 문법을 외우는 것만이 능사라고 생각하지는 않는다. 문법이 중요하다고 생각하시는 분들도 마음 한편으로는 '그래봤자 영어회화가 쉽지는 않을 텐데'라는 자괴감은 가지고 있을 것이다. 학원에서 아이에게 영문법을 배우게 하는 엄마들도 '그래도 영어를 잘하는 건 의사소통을 잘하는 것일텐데' 하는 생각을 가지고 있다. 의사소통 능력이 영어교육에서도 중심이 되어가고 있다는 것은 대학 입시 영어 과목의 변화에서도 볼 수 있다. 1994년부터 시행된 대학수학능력시험의 외국어(영어) 영역에서는 전체 50문항 중 17문항이 듣기에 배정되고 있다.

　우리 인류의 삶이 더욱 빠르고 원활한 의사소통을 요구하는 쪽으로 바뀌고 있고, 디지털 기기는 모바일 시대로 간다고들 한다. 앞으로 영어를 가르치는 선생님들은 더욱 빠르게 변화하는 교육환경을 면밀하게 파악할 필요가 있고, 더 나아가 의사소통 중심의 교수 방법을 더욱 진지하게 고민하고 적용해야 할 시기가 빠르게 다가오고 있다. 각 시도 교육청에서 계속 실시하고 있는 영어로 수업이 가능한 영어교사 인증제(TEE 교사인증제)는 이러한 변화를 보여 주는 사례 중 작은 일부에 지나지 않는다.

　영어를 우리나라 상황에서 의사소통 중심으로 가르친다는 것이 반드시 전통적으로 사용했었던 방법들을 모두 포기하라는 이야기가 전혀 아니다. '모 아니면 도'식의 극단적 양분법은 교육 현장에서 우리가 조심해야 할 것이다. 영어 선생님들은 학생들의 수준이나 학생들이 원하는 것, 각자가 처한 교육 환경, 그리고 교육목표를 고려하여 때로는 의사소통 중심 교수법(CLT)을 사용하되, 그 구체적인 활동 속에 그전 세대의 다양한 교수법들도 창의적으로 활용할 수 있어야 한다. 필요하다면 청화식 교수법(audiolingual method)도 사용할 수 있고 문법-번역식 활동도 학생들에게 정확한 문법을 익히게 하기 위해 엄선하여 쓸 수 있을 것이다. 따라서, 학생들을 가르칠 때, 때와 장소에 맞는 적절한 방법들을 선별적으로 사용할 필요가 있다는 것이다.

5. 우리나라에서는 어떤 책으로 학생들이 공부했을까?
흘러간 스타 저자와 스타 강사

이번 절에서는 1960년대 이후에 학생들이 영어를 어떻게 배웠을 지를 유명했던 참고서와 유명한 저자, 강사를 중심으로 간단하게 살펴보자. 우리 나라처럼 영어에 관심이 많고 수많은 비용을 어학 연수나 교환학생 등에 지출하는 나라도 많지 않을

〈사진 9〉 안현필 선생

것이다. 따라서 당연히 예전부터 많은 사람들이 영어를 가르치고 배우는 방법에 대해서도 큰 관심을 기울여 왔다. 1970년대까지 사람들에게 알려진 영어학습 방법은 사실 문법을 어떻게 잘 외우고 시험에서 고득점을 받는지에 대한 것이었다.

영어공부를 어떻게 하는 것이 좋은지에 대해서 베스트셀러 영어학습서를 집필한 분들 중 유명한 분은 지난 세대에서 두 분을 꼽을 수 있다. 안현필 선생(1913~1999)과 송성문 선생(1931~2011)이다. 1960~70년대에 많은 중·고등학생들의 영어공부에 좋은 길잡이 역할을 했던 교재가 안현필 선생이 쓴 『영어실력기초』, 『메들리삼위일체영어』 등이다. 문법 항목들마다 모범적 예문을 가려내서 제작한 책으로 당시 학생들에게 큰 인기를 끌었고, 상업적 성공을 거두었다. 안현필 선생은 제주 출신이고 13세에 배를 타고 일본으로 건너가, 아오야마가쿠인 대학(青山學院大學) 영문과를 졸업했다. (이 대학은 지금도 영어교육학 연구로 유명하며, Peter Robinson이라는 학자가 있는 대학이다.)

〈사진 10〉『영어실력기초』

대학 졸업 이후에는 일본 홋카이도 삿포로 고교 영어 교사를 했는데, 흥미롭게도 당시 한국인으로는 처음으로 일본고등학교에서 담임을 맡았고, 해방 이후에는 경기고 및 서울고 영어과 주임을 맡았다고 한다. 고등학교 선생님을 하면서 『영어실력기초』를 출판하였고, 이 책은 1950년대 후반부터 1970년대까지 한국의 대표적인 영어참고서가 된다. 또 그는 한국 최초의 입시학원이라고 볼 수 있는 E.M.I 학원을 설립하기도 했다. 이후에는 암 투병을 하며 기적적으로 암을 극복하게 되어 건강법에 관심을 기울이기 시작하면서 1980년대부터는 월간지 『건강다이제스트』를 창간하며 국민건강운동을 전개하기도 했다. 1999년에 돌아가셨는데, 아파서 돌아가신 것이 아니라 교통사고 후유증으로 작고하셨으니 안타까운 일이다.

필자가 중·고등학교 다닐 때에도 각종 영어 문법서가 크게 유행하였는데, 주로 송성문 선생이 집필한 『성문기본영어』, 『성문종합영어』, 혹은 장재진 선생의 『맨투맨 기본영어』, 『종합영어』 등을 많은 학생들이 구입해서 공부했었다. 성문 영어 시리즈는 1976년 전에는 정통종합영어라고 했었는데, 정말 많은 학생들이 공부했던 책이다. 문법 위주로 각 과가 구성되어 있고, 단문, 장문 독해, 어휘, 숙어 등이 잘 배분되어 있는 책이다. 사실 성문영어 시리즈는 많은 사람들이 문법책으로 기억하고 있지만, 상당히 많은 분량의 독해 지문이 있고, 어휘 실력을 높이는 데 효과를 보았다는 사람도 많다. 고 1이 성문기본영어, 고 2인데 성문종합영어를 공부하고 있으면 나름 영어 꽤나 하는 학생이거나 아니면 폼만 잡고

다니는 학생 둘 중에 하나인 경우가 대부분이었다.

송성문 선생이 간암 말기 선고를 받고 타계하기 전 주요 일간지 중 한 곳과 인터뷰한 내용을 살펴보니 흥미로운 점이 많다. 선생은 평안북도 정주(定州)에서 태어난 수재인데, 원래 해방된 후 김일성종합대학 영문과에 진학하고자 했지만 아버지가 천도교 신자인 '반동'이어서 입학이 불가능했고 대신 신의주교원대학에 진학했다. 2년 후 교사가 되어 학생들을 가르치다가 6.25 전쟁이 나고 미군이 신의주에 주둔할 때에 같이 월남해서 한국군 통역 장교로 군복무를 했다고 한다.

대위로 전역한 후 부산고와 마산고에서 영어 선생님을 하면서 성문각 (成文閣)이라는 출판사 사장의 권유로 영어 참고서를 집필하게 되었다. 1967년도에 처음 『정통종합영어』라는 이름으로 출판된 책에 실린 지문 중 하나가 우연히도 그해에 서울대 영어 입시 지문에 동일하게 출제되어 정말 어마어마한 인기를 얻게 되었고, 그 당시로는 책도 깔끔한 구성으로 편집되어 인기가 대단했다고 한다. 이 인기를 시기하던 사람들은 이 책이 일본 참고서를 베낀 것이라는 루머를 퍼뜨리기도 했다. 하지만 송성문 선생이 스스로 밝히듯 안현필 선생의 『메들리삼위일체영어』를 참고하기는 했지만 일본 책을 보고 쓰지 않았다고 한다.

이후 송성문 선생은 서울고로 옮겨서 교편을 잡다가 경복학원 이라는 단과 학원 강사로 새롭게 출발했다. 선생의 강의가 최고의

〈사진 11〉 송성문 선생과 『성문종합영어』

인기를 끌면서 한 강의실로는 부족해 1,200명을 여러 곳에 분산시켜 앉혀서 마이크와 스피커를 놓고 강의를 했다니 대단한 인기였음에 틀림없다. 지금도 성문 영어 시리즈가 1년에 1만 부 내외가 팔린다고 하니 상업적으로 대단한 성공이다. 성문 영어 시리즈는 우리나라 고등학생들이라면 누구나 다 아는 홍성대 선생의 『수학의 정석』 시리즈와 더불어 스테디셀러로서의 지위를 오랫동안 누려 왔다. 선생은 말년에는 주로 수석(水石)을 수집하고 고문서와 문화재를 정성들여 수집하면서 2003년에는 국보 4점, 보물 22점을 국립중앙박물관에 무상으로 기증하여, 그 공로로 국민훈장 모란장을 받기도 했다.

안현필 선생과 송성문 선생의 저서들은 잘 구성되어 있고 많은 중·고등학생들에게 영어의 기본 틀을 잘 잡아 주었다는 긍정적 측면을 우리는 무시할 수 없을 것이다. 하지만 시대의 한계라고 할까? 그 당시 영어라는 것이 국제 공용어로서 의사소통 기능을 발전시키기 위한 목적보다는 여전히 학교 교과목으로 입시에서 고득점을 받기 위한 준비를 잘 시켜주는 데 주된 목적이 있었음에 유의해야겠다. 즉, 이러한 책들은 입시 위주, 암기 위주의 수험(준비)서의 기능이 주된 것이었다.

1980년대 이후에는 우리나라에서도 대학 입학시험 등에서 듣기 평가 문항이 중요하다는 인식을 하게 되고, 입사 시험에 미국 ETS에서 개발한 토익 시험이 반영되면서 서서히 '생활영어', '영어회화'의 중요성이 강조되었다. 많은 강사들이 나름대로 유용한 방법을 주장하면서 영어 학원의 전성기를 이끌게 된다. 언뜻 기억나는 분들만 적어 보아도, 정철, 민병철, 이익훈, 정찬용, 이보영, 문단열, 이근철 등 여러 선생님들이 있다.

사교육에서 기업체를 운영하듯 영어 사업을 하는 분들이 많기도 하고 생존해 계시는 분들이 대부분이기 때문에 여기서는 고인이 되신 이익훈 (1947~2008) 선생에 대해서 잠시 소개하는 것으로 이 섹션을 마무리한 다. (당연한 이야기지만 필자는 선생과 선생의 이름을 사용하는 학원과 는 무관한 영어교육 학자이다.)

안현필 선생이나 송성문 선생은 1960~70년대에 대학 입시 위주의 전통적 영어 참고서를 써서 큰 인 기를 얻었다. 교재에 우리나라의 대학 입시에서 중요 하게 다루었던 단어, 숙어, 문법, 독해 등이 포함되어 있기 때문이었다. 1980년대부터 변화하기 시작한 사 회적 분위기는 영어의 말하기와 듣기도 중요하다는

〈사진 12〉 이익훈 선생

인식이 증가했다는 것이다. 이러한 시대의 변화를 잘 읽고 사람들의 요 구에 부응한 강사는 토익 강사 이익훈 선생이다. 이익훈 선생은 Ike라는 애칭으로 많은 인기를 누렸다. 원래 선생은 1976년 연세대 지질학과를 졸업하고 미국 웨스트코스트 대학에서 환경공학 석사를 받은 후 미주 동아일보 기자로 일을 했다. 1983년에 위독한 아버지 때문에 한국으로 귀국한 뒤 종로어학원에서 영어 강사 생활을 시작하였는데, 이익훈 선 생이 유명세를 탄 것은 듣기 훈련과 말하기 훈련이 결합된 독특한 토익 강좌 때문이었다고 한다. 자신의 이름을 딴 토익 참고서를 여러 권 출판 하면서 우리나라에서 최초의 영어 청취 전문학원인 이익훈 어학원을 1993년에 서울 서초구 서초동에 설립하였다. 이 학원은 그 당시까지의 독해 중심의 읽는 영어가 아니라 귀에 들리는 영어, 말하는 영어에 초점

을 두었기 때문에 많은 인기를 얻었다. 각종 언론에 기고 활동도 활발히 하고 토익 및 텝스 참고서를 여러 권 출판하면서 90년대에서 2000년대까지 왕성한 활동을 하였다. 청취 훈련에 중점을 둔 여러 강좌를 개설하여 사설 영어 학원을 통해 영어 듣기의 중요성을 전파하였다는 점에서 이익훈 선생의 공이 있다. 흥미로운 것은 지병인 전립선암으로 투병하면서도 선생이 2006년 단국대에서 영어교육학으로 박사 학위를 취득한 점이다. 이는 실천과 이론이 겸비된 삶의 좋은 모범을 보여 준 것이다.

.

6. IMF 사태와 '이해찬 세대' 이후의 영어교육의 변화

우리나라의 영어교육 변화는 나라를 둘러싼 정치, 경제, 문화적 환경 변화와 떼어서 생각할 수 없고, 때로는 그러한 변화는 우리가 생각하지 못한 것에서 갑작스럽게 일어날 수 있다. 1993년부터 1998년 초까지 집권했던 김영삼 대통령 시절에는 우리나라에 많은 일들이 있었다. 금융 실명제 실시 등 긍정적 변화도 있었지만, 삼풍백화점 붕괴, 대구지하철 폭발 참사, 성수대교 붕괴 등 좋지 않은 일들도 많았다. 특히 상당수의 국민 생활에 직접적인 타격을 주었던 것이 이른바 'IMF 사태'라고 불리우는 IMF(국제통화기금) 구제금융 요청이었다. 1997년 12월 5일 촉발된 이 사건으로 국가 경제가 파탄 상태에 이르러 많은 기업에서는 구조조정으로 직원들이 해고되었고, 사업을 하던 사람들은 연쇄 부도로 고통을 받았었다. 그 당시 서울역이나 공공장소에 가면 너무도 많은 노숙자들이 있어서 마음이 좋지 않았었다. 결국 거국적인 금모으기 운동으로 상징되는 국민의 자발적 노력으로 구제 금융을 받은 지 2년 만에 모든 빚을 다 갚게 되었다고 당시 김대중 대통령이 선언하게 된다.

이러한 국내 상황에서 고용 불안을 느낀 많은 사람들은 해외로 더 나은 삶을 찾아 이민을 선택하게 되었다. 명예퇴직이나 희망퇴직으로 얼마간의 퇴직금을 받은 사람들 중 꽤 많은 사람들이 해외이민을 신청하였고, 많은 경우가 영어권 국가인 캐나다, 뉴질랜드, 호주 등으로 취업이민 혹은 투자이민을 떠나게 되었다. 이에 우리나라에서 영어를 가르치고 배워왔던 사람들은 이전까지 영어가 국제어라는 것을 인식하고는 있었지만 막상 영어권 국가에 이민한 후에는 당장 매일 사용해야 하는 의사소통의 필수 수단이라는 것을 더욱 뼈저리게 깨닫게 되었다.

교육 환경의 변화는 1998년 3월에서 1999년 5월까지 교육부 장관으로 있었던 이해찬 장관의 '특기·적성 중심 교육'이 본격 시행되면서 두드러지게 된다. 1998년에 들어서 대부분의 학부모들은 모든 과목을 다 잘해야 대학에 갈 수 있는 것이 아니라 각 학생들의 소질을 살려서 한 가지만 잘해도 대학에 진학할 수 있다고 믿게 되었다. 그리고 그 중요한 방법 중 하나로 아이들이 영어 점수를 잘 받아서 토익이나 토플 고득점 성적표를 대학에 제출하면 쉽게 대학갈 수 있다고 믿게 되었다.

2000년대 이후에 각 대학들이 대학 입학 전형 방법을 다양화하면서 영어 특기자, 재외국민 특별 전형, 영어 논술 등을 주로 살펴보는 전형들을 도입해 학생들 사이에는 영어만 잘하면 대부분의 명문대학에 갈 수 있다는 인식이 더욱 높아지게 된다. 이러한 인식 변화 때문에 과거 학력

고사나 수능 초기 단계의 학생들에 비해 2000년대 학생들은 영어 청취, 말하기 능력을 키워 영어를 실제로 잘 구사하기 위해서 사교육 기관을 전전하게 된 경우도 많아졌다.

영어 자체로만 본다면, 2000년대 이전의 학생들에 비해 요즘 학생들은 듣기와 말하기 영어 능력이 분명 많이 향상된 것으로 보인다. 학자들에 따라서 그 주된 이유를 우리나라에서 1997년부터 시행한 초등영어교육의 긍정적 효과 때문이라고 분석하기도 한다. 하지만 이렇게 된 요인 중 하나는 학부모들이 자녀들을 위해 투자한 사교육 때문이라는 것을 부인할 수는 없을 것이다.

필자가 최근에 실시한 연구에서도 영어 실력 자체는 학원이나 과외 등을 포함한 영어 사교육을 받은 정도와 비례하는 것으로 증명되었다. 영어 의사소통 능력의 핵심적 부분이라고 볼 수 있는 실시간 대화가 가능한 영어 듣기와 말하기 능력이 과거에 비해서 전반적으로 향상된 것은 분명히 긍정적으로 보인다. 그러나 이것이 많은 학생들에게 비슷하게 혜택이 돌아가는 공교육의 효과라고만 보기 어렵다는 점에서 다소 씁쓸하다.

미국 ETS에서 시행하는 토플이나 토익, 혹은 우리나라에서 개발된 TEPS, 아니면 영어 면접이나 논술을 배우기 위해서 많은 학생들은 학부모의 막대한 경제적 부담을 감수하고서 학원을 가거나 개인 지도를 받는다. 물론 2000년대 이전에도 고액 과외나 학원은 항상 사회 문제로 손꼽혀 왔던 사항 중 하나였지만, 많은 학생들이 공교육에서 배우는 영어교육과정을 훌쩍 뛰어넘는 내용을 학원 등에서 학습해야 하는 현상은 2000년대 '이해찬 세대' 이후에 나타난 새로운 영어 열풍 중 하나였다.

이러한 2000년대 영어 열풍은 사실 대학들의 과도한 국제화 경쟁의 폐해로 볼 수 있다. 대학들이 영어 위주의 교육 정책을 세우고 영어 인증제, 해외 대학에서의 영어 교환학생, 영어 강의 비중 확대 등을 추진하면서 신입생들을 특목고 출신의 영어 잘하는 학생들로 선발하고자 하는 의지가 이러한 영어 광풍을 부채질한 원인이 되었다. 이른바 SKY 대학으로 불리는 서울대, 고려대, 연세대 등에서도 영어 우대 정책을 쓰니, 다른 대학들도 우후죽순처럼 비슷한 정책을 사용했던 것이다. 이에 대해서는 전북대 사회학과의 강준만 교수의 『특별한 나라 대한민국』에 아래와 같이 잘 요약되어 있다.

2000년대 들어 대학들은 더욱 강력한 영어 정책을 쓰기 시작했다. 예컨대 경북대는 해외연수를 다녀와야만 졸업장을 주겠다며 학칙 개정을 추진했고, 이화여대는 학과마다 1개 과목 이상을 영어로 강의하면 졸업 때 '영어소양인 증제'를 적용하겠다고 나섰다. 서울대, 경희대, 성균관대 등의 대학들은 자체 개발한 영어자격 시험이나 토익 시험 등의 결과를 수강 자격과 졸업 자격의 기준으로 삼았으며 이는 다른 대학들로 급속히 퍼져 나갔다. 심지어 입학 자격까지 영어가 좌우했다. 2001학년도 대학 입시에서 토플과 토익 등 영어특기자로 신입생을 선발키로 한 학교는 고려대, 성균관대, 경희대를 비롯해 총 72개교에 달했다. 이에 따라 "토플과 토익만 잘해도 대학에 갈 수 있다"는 인식이 확산되면서 서울 강남·종로 등지에는 이를 노린 전문학원이 우후죽순처럼 생겨나면서 호황을 누렸다.

7. 영어 특기자 전형에 대한 2010년 이후 대학의 입장

　많은 대학 교수들이 그렇듯 필자도 대학에서 신입생 선발에 꽤 오랫동안 관여해 왔다. 2000년대에 비해 2010년 이후에는 영어를 잘하면 크게 우대받던 시대가 조금은 한물 지나가지 않았나 싶기도 하다. 필자가 있는 대학에서도 최근까지 영어 면접을 통해 영어를 정말 잘하는 학생들을 선발해 왔다. 이른바 '외국어 특기자' 전형이나 '재외국민 전형' 등의 다양한 이름으로 선발된 학생들이 그 대상인데, 차츰 대학에서는 이 학생들 중 일부는 학업 능력에 좀 문제가 있다는 것을 깨닫게 되었다.

　요즘 입시 제도는 입학사정관, 논술전형, 정시(수능), 특기자 전형 이렇게 네 가지 정도로 구분된다. 특기자 전형은 문과 및 이과는 영어 특기자, 이과에 국한해서는 과학 특기자, 예체능은 예술/체육 특기자로 구분되는데, 영어 특기자 전형으로 입학한 학생들이 대체로 학업 능력이 떨어지고 수업 태도도 좋지 않다는 것이 많은 교수들의 공통된 견해이다. 한국 대학에서는 아무래도 한국어로 의사소통 및 깊은 생각과 사고를 해야 하는데, 영어만 잘하는 학생들이 강의 내용을 못 따라가는 경우가 종종 있다. 그렇다고 영어 강의로 이루어지는 수업에서는 잘하는가 하면 이게 또 그렇지 않은 경우도 많이 있다.

　앞서 우리는 James Cummins(제임스 커민스) 교수가 제안한 BICS와 CALP의 구분에 대해서 살펴보았다. 일상생활에서 하는 생활영어는 BICS에 속하는 것이고, 학술적 상황에서 복잡한 강의 및 사고를 요구하는 것이 CALP라고 하였는데, 영어 특기자를 뽑는 과정에서는 영어

인터뷰 등으로는 고차원적인 CALP보다는 일상 회화 중심의 BICS 위주로 학생을 선발하기가 쉽다. 이런 학생들은 일상 영어회화를 잘하는 반면 집중력과 사고력이 필요한 대학 학습 상황의 CALP는 부족한 경우가 있다. 결국 영어 특기자 학생들도 똑똑한 학생을 뽑으면 정말 잘하지만, 중간 이하의 학생들이 또 은근히 많이 들어온다는 것을 대학의 입학 담당 교수나 직원들이 깨닫게 된 것이다.

따라서 중·고등학교 다닐 때 다른 과목은 바닥을 깔면서(?) 영어만 잘하는 학생들에 대해 요즘은 대학에서도 조금은 시큰둥한 분위기이다. 필자가 속한 대학에서도 이제는 영어 면접을 하는 것이 아니라 학술적 주제를 주고 영어 에세이를 쓰게 하여 학생의 영어 CALP를 직접적으로 평가하는 방식으로 바뀌었다. 즉, 요즘에는 일방적으로 토플이나 토익 성적으로 학생을 선발하기 보다는 대학에서 학술적 능력을 알아볼 수 있는 영어 에세이를 쓰게 하거나, 공인 영어성적을 활용하더라도 많은 심사 요건 중 하나로 고려할 뿐이다.

또 하나 요즘 많은 대학들이 크게 신경 쓰는 것은 각종 언론사에서 실시하는 대학 평가이다. 이 중 대중적으로 널리 알려진 대학 평가는 중앙일보에서 매년 시행하는 '중앙일보 대학평가'와 조선일보에서 시행하는 'QS 아시아 대학평가'이다. 이러한 대학 평가에 빠지지 않고 고려되는 항목이 대학의 국제화 지수이다. 국제화 지수라는 것이 다른 게 아니라 그 대학에서 외국 대학으로 몇 명의 학생들이 교환학생을 가고 또 외국에서 몇 명의 학생들이 그 대학으로 유학을 오는지를 산술적으로 계산하는 것이다. 또 그 대학에서 영어로 제공하는 강의가 전체 강의 중 몇 퍼센트를 차지하고 있는지도 고려된다. (이런 항목들이 있어서 우리나라의 많은 대학에서 국어국문학과, 국사학과에서도 영어로 수업을 진행하는 해프닝이 있다. 물론 외국인들을 대상으로 하는 한국어 강좌나 한국사 강좌는 영어로 할 필요성이 있지만 절대다수가 한국 학생들인데 한국인 교수가 우리말과 역사를 영어로 강의하는 것은 좀 서글프다.)

이러한 항목들이 대학 평가에 계속 남아 있는 이상 영어를 잘하는 학생들을 선발하고자 하는 대학의 방침이 전면적으로 폐기되기는 어렵다. 영어를 잘하는 학생들이 들어와야 이 학생들을 대상으로 영어 강의도 제공될 수 있겠고, 이 학생들이 나중에 해외에 교환학생으로 가서 잘 배우고 돌아올 것이기 때문이다. 결국 대학 평가로 대표되는 대학 간의 서열 싸움에서 우위에 서기 위해서는 영어 잘하는 학생들이 어찌되었던 선호될 수밖에 없다. 따라서 영어를 잘하는 학생들은 앞으로도 대학을 진학하는 데 나름대로는 유리한 입장에 있을 것으로 생각된다. 하지만 2010년 이전에 영어 잘하는 학생들이 쉽게 최상위권 대학에 진학했던 것에 비해서는 상당히 대학 입학 요건이 까다로워지고 있음을 알 수 있다.

제2장

우리나라에서
영어를 배운다는 것

지금껏 우리는 영어교육을 둘러싼 다양한 이론과 영어를 가르쳐 왔던 방법들, 그리고 우리나라에서는 어떻게 영어교육이 실시되어 왔는지를 살펴보았다. 영어가 미국과 영국 등지를 중심으로 하여 전 세계로 확산되어 지금은 국제 공용어로 활용되고 있기 때문에, 영어교육의 이론적 면도 미국이나 영국 등에서 개발된 내용을 가지고 와서 우리나라 실정에 적용하려는 경향이 있다. 외국 것을 가지고 우리나라 상황을 설명하려다 보니 잘 맞지 않아 어려움을 겪게 되는 부분들도 있다. 예를 들어, 미국에서 영어 외의 제2언어를 배우는 것은 한국에서 영어를 배우는 상황과 엄연히 다르다. 영어를 모국어로 쓰는 미국인이 다른 나라 언어를 배운다면 그것은 필수적으로 여겨지기 보다는 또 다른 언어를 배워서 다른 나라에 대해서 더 알고 그 문화를 느끼고자 하는 생각이 강할 것이다. 반면 우리나라에서 영어를 배운다는 것은 많은 사람들에게 대학진학, 취업, 승진과 직접적으로 관련이 있는 중요한 일로 여겨지고 있다. 따라서 이러한 절박함과 중요성이 외국에서 처음 개발되어 우리나라에 들어와 있는 영어교육 이론이나 방법에 잘 반영되어 있다고 보기는 어렵다. 앞으로는 우리 실정에 잘 맞는 자생적 영어교육 방법과 이론이 탄생하였으면 하는 바람이 크다.

이번 장에서는 우리나라에서 영어교육을 할 때 우리가 생각해 보아야할 사항들을 우리나라 사람들이 영어교육에 대해 궁금해 하는 점들을 중심으로 이야기해 볼까 한다.

1. 우리나라에서 영어공부 10년 해 봐야 아무 소용없다?!

구한말인 1880년대에 동문학과 육영공원에 의해 처음으로 시행되었던 영어교육이 이제 벌써 130년이 지나는 시점이 되었다. 그간 우리나라에서는 일제강점기 이후에 문법-번역식 교육으로 많은 사람들이 영어를 배워왔기에 정작 필요한 말하기와 듣기 능력이 뒤떨어진다는 반성을 많이 하게 되었고, 초등영어교육을 통해서 이제는 초등 3, 4학년은 일주일에 두 시간, 5, 6학년은 세 시간의 정규 영어수업을 받고 있다. 아울러 중·고등학교에서 많은 선생님들이 학생들의 의사소통 중심 영어 능력을 키우기 위해 노력하고 있기도 하다.

물론 아직도 많은 경우에, 특히 고등학교 상황에서는, 입시를 위해서 독해 중심, 문법 중심의 영어교육이 되고 있는 것도 엄연한 사실이다. 또 학교 밖의 사교육 기관에서도 학생들에게 학교 교육과정을 넘어서는 영어 어휘, 문법, 독해 교육을 선행학습으로 시키고 있는 것도 현실이다. 어떤 분들은 한국에서는 초등학교에서 고등학교까지 10년이나 아무리 해도 영어를 능숙하게 하기는 힘들고 또 여전히 영어로 원어민과 유창하게 대화를 하기에는 역부족이라는 비판을 하기도 한다. 영어교육이 제대로 안 되고 있다는 말은 우리가 너무나 많이 해 왔고, 대통령 선거 때마다 영어교육을 어떻게 하겠다 등의 공약까지 나오는 지경이다.

영어교육을 일생의 업으로 삼고 있는 필자에게 이와 같은 비판이나 사회 상황은 솔직히 참 곤혹스럽다. "우리 학생들이 영어를 10년이나 하고도 말 한마디 제대로 못하는 동안, 당신네 영어교육학자들이 한 게 뭐가 있소?"라는 말을 듣는 건 당연히 속상한 경험이다. 정말 많은 단어와 문법을 외우고 독해도 곧잘 했던 것 같은데, 막상 외국에 나가서 영어를 잘 말할 수 없다면 참 슬픈 일이다. 하지만 그런 비판을 하는 분들도 아마 요즘 학생들이 배우는 영어 교과서나 학교에서 배우는 영어수업 등을 보면 꽤 좋아졌다고 느낄 것이다. 또 요즘 학생들이 한두 세대 전 사람들보다 더 영어를 잘하는 것도 사실이다.

많은 날 선 비판에도 불구하고 지난 세대에 비해서 지금의 영어교육이 크게 발전한 것은 분명한 사실이다. 우리가 아직 영어교육에서 잘 안 되고 있는 부분만 집중해서 자학적으로 비판하기 보다는 차분하게 이전 세대에 비해서 무엇이 좋아지고 발전했는지를 생각해 보고 우리가 영어

교육에 대해서 만족하지 못하는 이유를 생각해 보는 것이 현명한 태도일 것이다.

먼저 영어공부를 초등학교 3학년에서 고등학교 3학년까지 10년이나 했다는 주장에 대해서 짚고 넘어가고자 한다. 영어를 10년을 공부했다는 것이 중요한 것이 아니라, 정말 10년 동안 끊임없이 영어로 생각하고 영어로 말해 보았는지를 생각해 보아야 한다. 그 10년이라는 시간 동안 영어로 말하기와 듣기에 사용한 시간이 얼마나 될까? 영어 말하기나 듣기에 시간과 정성을 들이지 않고 그저 막연히 '내가 왕년에 10년 영어공부를 했는데 난 왜 말문이 안 트일까요?'라고 묻는다면 이것은 그저 어리둥절한 질문일 뿐이다. 영어도 하나의 언어이고, 언어를 사용하는 것은 또 하나의 습관을 들이는 것이다. 비유하자면 영어를 사용한다는 것은 운전을 할 수 있다거나 수영을 할 수 있는 것과 같이 특별한 기술이다. 시간과 정성을 들여서 실제로 잘하기 위해서 노력해야 하는 것은 더 말할 나위도 없다. 또한, 다른 지역에 사는, 풍토와 전통과 문화가 전혀 다른 사람들이 쓰는 외국어를 배운다는 것은 운전이나 수영과 같이 다소 기계적인 능력을 익히는 데에 투여하는 시간과 정성에 비해 훨씬 더 많은 노력이 드는 것은 당연한 일이다.

외국 말인 영어는 당연히 어렵다. 말하기와 듣기를 잘 못하는 것은 당연한 것이고, 이것을 잘하기 위해서는 많은 시간과 정성을 쏟아 부어야 하는 것이다. 단어를 외우고, 문법을 외우고, 독해를 많이 했는데 왜 영어 말하기와 듣기가 안 되는지를 묻는다는 것 자체가 이상한 일이다. 이것은 비유하자면 자동차운전면허시험에서 2종 보통 면허(즉, 세단 자동차)를 따기 위해 열심히 준비한 사람이 1종 대형 트럭면허시험장에 가서 '어? 왜 배운 대로 할 수가 없지? 나를 가르친 운전연습 선생님이 잘못했어!' 하고 생각하는 것과 똑같은 것이다.

영어의 네 기능인 말하기, 듣기, 쓰기, 읽기는 서로 관련되어 있지만, 엄연히 다른 능력과 기술이 필요한 독자적 영역이다. 우리나라에서는 여전히 아직도 고등학교 영어수업 중 상당 시간이 수학능력시험 대비를 주로 염두에 두고 영어 문장을 독해하고 문법 사항에 대해서 공부하는 쪽에 집중한다. 당연히 영어 독해는 상대적으로 잘하게 되고, 또 문법에 대해서도 잘 알게 된다. 하지만 이런 방법만으로는 영어 말하기나 듣기를 잘하게 되기는 어렵다. 무언가 잘하고자 한다면 잘하고자 하는 바로 그것을 공부하고 연습해야 한다. 독해와 문법 공부를 하고나서 왜 듣기와 말하기가 안 되는지를 비판할 수는 없는 일이다.

2. 영어를 잘하려면 시간이 얼마나 걸릴까?

영어를 잘한다는 것은 물론 여러 가지로 정의할 수 있겠지만 아마도 많은 사람들이 생각하기에 자기가 말하고 싶은 것을 비교적 어려움 없이 조리 있게 상대방에게 전달할 수 있고 상대방의 말도 잘 이해할 수 있는 것을 의미할 것이다. 즉, 영어를 잘하는 것은 말하기와 듣기의 문제라고들 생각한다. 앞 절에서 영어 말하기와 듣기를 잘하기 위해서는 그 영역을 열심히 노력해서 숙달할 필요가 있다는 것을 살펴보았다. 그렇다면 과연 열심히 노력한다는 전제 하에서 영어를 잘하려면 어느 정도나 시간이 걸릴까?

이에 관련되어 〈미국 국립외교원(Foreign Service Institute; FSI)〉 자료는 많은 시사점을 주고 있다. 이 기관은 영어 원어민인 미국사람이 외국에 나가서 외교관으로 직무를 수행하기 위해서 외국어를 몇 시간씩 공부해야 될지에 대해 객관적인 숫자로 명확히 제시하고 있다. 이 결과를 보면 한국어는 아랍어, 중국어, 일본어와 함께 영어 원어민들이 배우기 어려운 외국어로 분류되어 있고, 평일 6시간씩 매주 30시간을 학습하여 80~90주, 총 2,400시간에서 2,700시간을 집중적으로 연습하면 상급 혹은 최상급 수준을 달성할 수 있다고 한다. 물론 미국 국립외교원의 자료를 우리나라에서 영어를 배우는 학생들에게 직접적으로 비교하기는 어렵다. 왜냐하면 미국 국립외교원의 경우에는 주당 20시간 이상씩의 집중 외국어교육 시스템이 갖추어져 있고, 원어민 강사로 구성된 6인 이하의 소규모 의사소통 중심 교실로 되어 있기 때문이다. 배우는 학생들도 외교관이 되고 싶은 사람들로 외국어 학습 동기가 충만한 사람들이다. 아무튼 높은 학습 동기를 가진 성인을 기준으로 할 때에 자신의 모국어와 차이가 많은 외국어를 배울 때에는 개인의 예습·복습을 빼고서도 총 2,400에서 2,700시간의 체계적 교실 수업이 필요하다는 결론을 내릴 수 있다.

<표 3> 우리나라의 영어 수업 시간

	학년	초등학교					중학교				고등학교				총계
		3	4	5	6	소계	1	2	3	소계	1	2	3	소계	
수업시간	연간	68	68	102	102	340	102	102	136	340	136	136	136	408	1088 시간
	주당	2	2	3	3		3	3	4		4	4	4		
실제 시간		40분					45분				50분				
실제수업시간	연간	45.6	45.6	68.3	68.3	227.8	76.5	76.5	102	255	113.3	113.3	113.3	339.9	822.7 시간

그렇다면 우리나라에서 초등학교 3학년에서 고등학교 3학년 졸업하는 순간까지 학생들이 순수하게 수업을 통해서 영어를 배우는 시간은 어떨지 계산해 보면 <표 3>과 같다. 보통 초등학교의 1교시는 40분으로 이루어지고 중학교, 고등학교로 올라갈수록 5분씩이 늘어나서 45분, 50분이 1교시가 된다. 이것을 매주 영어수업이 편성되는 시간으로 계산해서 10년 동안 배우는 총 시간을 계산해 보면 우리나라 학생들은 10년 동안 겨우 822.7시간의 영어수업을 받는다는 결론에 이르게 된다.

자 그렇다면 미국 국립외교원의 결과와 우리나라 학생들이 받는 영어 수업 시수의 차이를 종합해서 생각해 보자. 미국 자료는 학습 동기가 충만한 어른들의 경우이고 우리나라는 청소년의 자료라는 그 차이를 일단 배제하고 단순하게 생각해 보더라도 우리나라 학생들이 영어를 배울 때에 필요한 절대 시간이 엄청나게 부족하다는 것을 알 수 있다. 2,400시간(미국 국립외교원) 대 822.7시간(한국의 영어교육). 영어로 의사소통을 잘하고 별 문제가 없는 중상급 이상의 수준이 되기 위해서는 지금보다는 거의 세 배의 시간을 투자해서 영어를 배워야 한다는 것이다. 게다가 집중적으로 일주일에 30시간을 배우는 미국과는 달리 10년이라는 길고 긴 시간 동안 겨우 822.7시간 만을 배운 후에 영어가 왜 이렇게 안되냐고 신세 한탄하는 것은 우물가에서 숭늉 찾는 격일 뿐이다. 일단 체계적인 수업을 지금의 학교 교육에서 세 배 이상 많이 받아야 하고, 또 그것 이상의 시간을 투자해서 열심히 예습과 복습을 해야 하는 것은 말할 필요도 없겠다.

"10년(?)이나 영어공부를 했는데, 왜 영어가 안 되냐?"고 영어 열등생의 자괴감을 느끼기 보다는 영어 말하기와 듣기를 위해 2,400시간 이상을 공부해야 영어를 잘할 수 있다고 조금 더 넉넉한 마음자세를 갖는 것이 나을 것 같다. 겸손한 마음을 갖고 다시 생각하면 우리나라 학생들은 적어도 영어 말하기와 듣기를 잘할 수 있는 어휘나 기본적인 문법 정도는 알고 있다. 다행이다. EFL로 영어를 배우는 다른 나라 젊은이 중에는 아주 기초 단어나 문법도 몰라서 정말 초급 코스부터 헤매는 학생들도 많다.

3. 영어를 잘하려면 어떻게 해야 할까?

위에서 필자는 여러분들께 적어도 한국인이 영어를 잘하려면 의사소통 중심 수업을 2,400시간 이상 받고 또 스스로도 예습, 복습을 그것 이상으로 해야 한다고 설명하였다. 이 말을 곰곰이 생각해 보면 영어를 단기간 내에 일사천리로 잘할 수 있는 방법은 없다는 것을 의미한다. 절대 시간인 2,400시간을 획기적으로 단축시킬 수 있는 '기적의 영어학습'

방법은 애초에 존재하고 있지 않다. 광고나 신문 전단지에서 "OO시간 만에 영어가 술술~" 뭐 이렇게 선전하는 것들은 모두 다 거짓말이라고 보면 틀림없다는 것이다. 영어를 잘 듣고 잘 말할 수 있으려면 영어교육을 전공한 자격있는 선생님에게 의사소통 중심의 학습을 상당한 시간 동안 집중적으로 해야 하고 꾸준히 공부하고 노력하는 것 이외에는 다른 방법이 절대로 없다는 것을 명심할 필요가 있다. 그렇다면 그 외에 우리가 영어를 잘할 수 있게 도움이 되는 조건은 무엇이 있을까 잠시 생각해 보도록 하겠다.

먼저 다양한 영어공부 방법 중 자신에게 맞는 방법을 찾아 나만의 영어공부법을 만드는 것이 가장 중요할 것이다. 옆 친구에게 잘 통하는 방법이 나에게도 통하리라는 보장은 없는 것이고, 이 책의 앞부분에서 설명했던 문법-번역식 방법이 옛날 방식이어서 나에게 효과가 없다고도 볼 수 없다. 여러 학습법을 다양하게 시도해 보고 나에게 가장 효과적인 방법을 스스로가 찾거나 만들어 보아야 한다.

둘째로 유념해야 하는 것은 학습자들이 자신이 왜 영어를 배우려고 하는지 그 이유를 깨닫고 있어야 한다는 것이다. 내가 영어를 배우려고 하는 이유가 무엇인지, 또 나중에 어떻게 사용하고 싶기 때문에 배우려고 하는지를 생각해 볼 필요가 있다. 내가 원하는 영어의 수준이 무엇이고 나의 현재 수준은 어느 정도인지를 인식하는 것에서부터 영어를 배우고자 하는 학습 동기가 생기게 된다. 필자가 가르치는 영어교육과 학생들은 나중에 졸업하면 중·고등학교 영어 선생님이 될 사람들이다. 이렇듯 장차 영어 선생님이 될 학생들도 영어를 CNN 방송국 앵커처럼 하는 학생은 거의 없다. 만약에 그렇게 하는 학생이 있다면 그 학생은 신문방송학과를 가서 정말 아리랑 TV(영어전용방송국) 앵커가 되는 것이 더 나은 선택일 수 있다. 즉, 영어 선생님이 되는 사람들이 필요한 영어의 수준은 방송국 앵커에게 필요한 영어의 수준과는 또 다르다는 것이다. 우리나라 영어학습자들은 정말 자신이 나중에 영어를 어느 정도까지 하고 싶은 것인지 현실적인 필요를 고려해서 목표를 잘 세워 둘 필요가 있다. 우리나라 사람이 미국 방송국 앵커처럼 영어를 할 필요가 없고, 미국 사람처럼 혀를 굴려가면서 할 필요가 없는데도, 많은 학부모들은 자신의 아이가 나중에 미국 CNN 방송국 메인 앵커가 될지도 모른다는 희망을 가지고 있어서인지(?) 상당히 불가능한 목표를 세우는 경우도 꽤 보았다. 이런 분들께 꼭 하고 싶은 말은 "내가 못한 것을 내 아이에게 바라면 안 된다"는 것이다. 본인도 못했고 하기 싫었던 걸 남의 아이도 아닌 본인의 아이가 이룰 수 있다고 믿는 건 좀 많이 '오버'하는 것 아닐까?

게다가 우리나라 학생들 중에서 영어를 왜 배우고 싶은지, 왜 배워야 하는지에 대한 생각이 별로 없는 경우가 의외로 상당히 많다. 왜 영어를 배우려고 하는가에 대한 답으로 가장 많이 하는 말은 "엄마가 영어는 앞으로 생활하는 데 꼭 필요하대요" 혹은 "영어를 잘해야 좋은데 취직한대요", "영어를 잘해야 좋은 대학 간대요" 등이다. 꽤 많은 대답들이 남의 말을 하듯이 '…래요'처럼 무심하게 들린다. 학생 본인이 영어를 배우는 것인데, 꼭 누가 시켜서 배우고 부모님이나 주위 사람들이 그러기를 바라니까 영어를 배운다는 식으로 말한다.

하지만 이런 식으로 남의 말을 하듯 말하는 학생들은 학년이 올라갈

수록 영어 실력이 떨어지는 경우가 대부분이다. 스스로가 영어를 배우고자 하는 이유도 생각 안 해 보고, 자신의 현재 실력도 모르고 앞으로 이룩해야 할 영어 실력도 모르는 마당에 영어를 열심히 배우고 말해 보려는 노력을 계속하기는 참 어렵다. 배우고자 하는 동기가 없는 사람은 새로운 언어와 문화를 접한다는 잠깐 동안의 호기심 때문에 초급 영어 레벨에서는 잘 배우지만 조금의 어려움이라도 닥치면 곧 포기하기 쉽다. 필자가 요 몇 년간 했던 연구 결과에서도 영어학습 동기가 부족한 학생들은 중학교와 그 이전까지는 영어를 곧잘 하다가 정작 중요한 고등학교 시기가 되면 영어공부도 잘 안 하게 되고 하더라도 건성으로 하다가 영어성적이 하락하는 경향이 나타났다.

셋째로 고려할 점은 우리 스스로가 영어를 배울 수 있는 기회를 적극적으로 찾아서 만들 필요가 있다는 것이다. 요즘에는 마음먹기에 따라 영어와 친숙한 환경으로 만들 수 있는 가능성이 무궁무진하게 열려 있다. 영자 신문을 구독할 수도 있고, 집에서 시간을 정해 미국 CNN 혹은 영국 BBC 방송 등을 시청할 수도 있다. 팟캐스트를 듣거나 영어권에서 만든 앱(app)을 스마트폰이나 태블릿 PC에 설치해서 자주 활용할 수도 있다. 영어회화 학원에 등록할 수도 있고, 더 바쁜 경우라면 짬짬이 전화영어를 통해 영어 말하기·듣기 연습을 해 볼 수도 있다. 대학교 상황이라면 영어 강의, 이른바 '영강' 수업을 많이 들어보는 것도 도움이 된다.

영어 의사소통 능력을 기르기 위해서는 나 스스로가 많이 말하고 많이 작문을 해 보는 것 이외에는 다른 방법이 없다. 아는 친구들이 아닌 모르는 다른 비슷한 또래의 사람들과 영어회화 스터디 그룹을 만들어서 잘 활용해 보는 것도 좋은 방법이다. 처음에는 모르는 사람들끼리 만드는 것이 좋다. 서로 뻔히 아는 친한 친구끼리 갑자기 한국말을 놔두고 영어로 한다는 발상 자체가 부자연스러운 것이니까. 아니면 기강이 엄한 영어토론, 영어회화, 스터디 동아리에 가입해서 스스로에게 지속적인 자극을 주는 것도 하나의 방법이 될 수 있다. 분위기 조성이 사실 젊은 사람들에게는 중요한 것이기 때문에, 영어를 사용할 수 있고 공부할 수 있는 긍정적 분위기에 스스로가 노출될 수 있게 노력해야 한다는 점이다. 이 방법이 잘만 된다면 여러분들에게는 국내에서 하는 어학연수가 되는 셈이다. 우리나라 사람에게는 미국 대부분의 지역에서 어학연수하는 것보다는 이 방법이 비용이나 효율 면에서 더 효과적일 수 있다.

넷째로 중요한 점은 가정의 분위기를 영어공부를 즐기는 분위기로 만들 필요가 있다. 한 마디로 부모님들은 영어를 한 글자도 안 쓰고 영어를 배우는 모습은 하나도 없는데 아이에게 영어를 잘하라고 강요하는 건 양심도 없는 일이라는 것이다. 아이가 영어를 잘하기를 바란다면 엄마와 아빠도 영어를 배우는 모습을 보여야 한다. 좋은 부모와 선생은 자신의 모범으로 주위 사람의 마음을 움직이는 사람이기 때문이다.

요즘에는 이른바 '엄마표 영어'라는 말도 많이 하고 있고, 실제로 적극적인 어머니들이 본인도 영어를 배우면서 어린 아이들을 가르치는 것을 많이 보여 주고 있다. 엄마표 영어를 잘하기 위한 소모임도 온라인과 오프라인에서 모두 활발하게 움직이고 있는 것을 볼 수 있다. 어머니들도 아이 앞에서 모범을 보인다는 면에서 상당히 긍정적인 부분이다. 하지만 여전히 다소 아쉬운 것은 아버지들의 참여 부분이다. 우리나라에서

직장생활을 하는 대부분의 젊은 아버지들은 아이의 영어교육에 대해서 관심은 많지만 바빠서 잘 못한다고 한다. 하지만 바쁘더라도 아이가 어떤 공부를 하는지 영어에 대한 어떤 흥미를 가지고 있는지를 꾸준히 관심을 가지고 살펴보아야 하고, 가급적 아이에게 영어를 잘하면 어떤 이익이 있고 앞으로 어떤 꿈을 꿀 수 있는지를 몸소 잘 보여 주는 건전한 아버지가 되어야 한다는 것이다. 직장인 아버지의 경우 영어를 잘하면 인사고과에서도 유리할 수 있으니 아이와 같이 공부하는 시간을 정해 놓고 아이가 영어 관련 질문을 하면 답해 주면서 자신의 영어공부도 하면 좋을 것이다.

필자가 최근 수행한 연구에 의하면 아이의 아버지도 같이 아이에게 영어에 대한 관심을 보이고, 영어를 할 때에 미래에 어떤 사람이 될 수 있는지를 몸소 잘 보여 주는 경우 아이의 영어 실력이 초등학교에서 중학교, 또 중학교에서 고등학교로 진학할수록 최상위권의 수준으로 도약하는 것으로 밝혀졌다. 어머니가 노력하는 모습을 아이에게 보여 주는 것도 그렇지 않은 경우보다는 훨씬 긍정적인 효과가 있지만, 아버지의 노력하는 모습보다는 효과가 다소 적은 것으로 나타나고 있다. 이는 아마도 아직 우리나라 사회가 가부장적인 전통 사회의 모습이 남아 있어 아버지가 몸소 실천해 가며 영어를 가까이 하는 모습을 보여 주는 것이 아이에게 더 큰 파급효과를 주는 것으로 보인다.

강조해 말하고 싶은 것은 영어 실력 자체를 높이기 위해서 노력해야 한다는 점이다. 영어는 공인어학점수와 성적표를 받기 위해 공부하는 것이 아니라 사용하고 가지고 놀아야 하는 재미있는 도구이다. 영어는 우리가 한국어를 쓰듯이 매일 변화하고 사용되는 살아 숨 쉬는 언어이다. 위의 네 가지 방법을 염두에 두면서 평소에 꾸준히 영어로 생각하고, 말하고, 쓰고 하는 일상생활을 하다 보면 영어 실력이 자연스럽게 조금씩 늘어나게 된다. 평소 그런 노력을 안 하다가 나중에 대학교 졸업반이 되었을 때에나 부랴부랴 영어 토익 점수를 잘 받아야 하는데 무슨 비법이 없는지를 찾게 되니까 족집게 학원 강사에게 의지하게 된다는 것이다. 점수를 받기 위한 영어를 '공부'하기보다는 영어로 놀고 영어로 말해 보는 긍정적 태도를 기르는 것이 더욱 중요하다.

여러분들이 새 스마트폰을 장만해서 이것저것 버튼을 눌러보고 앱도 깔아보고 하면서 그것을 통해서 시간을 보내고 놀 듯, 영어를 스마트폰처럼 가지고 놀다보면 영어의 전반적인 체력이 강해지게 되는 것이다. 특히 대학교 저학년이라면 토익, 텝스 같은 공부를 하려고 영어 참고서를 붙들고 있지 말 것을 권한다. 영어를 괴롭게 공부하면서 성적은 안 나오는 지름길이니까. 다만 공인 영어성적이 꼭 필요한 경우에는 이런 영어 시험공부를 단기간에 열심히 할 필요는 있다. 평소에 영어 실력 자체가 상당히 있는 사람이더라도 시험은 시험이다. 시험 유형에 익숙해질 수 있게 연습해 보는 것은 누구에게나 필요한 일이니, 중요한 영어 시험이 있다면 한두 달 정도는 바짝 그 시험을 준비해 보는 것도 필요한 전략 중 하나이다.

4. 어학연수 과연 효과가 있는 걸까?

요 몇 년 사이에는 다소 주춤하고 있지만, 2000년대 후반까지 참 많은 학생들이 영어권 국가에 어학연수를 나갔다. 부모님들이 재정적으로 많이 도와주어서 학생들이 장·단기 어학연수를 가는데, 정작 어학연수의 효과에 대해서 차분한 검증은 잘 되지 않은 면이 많다.

영어교육과에서 학생들을 가르치면서 학과 특성상 정말 많은 학생들이 어학연수 혹은 해외 교환학생을 다녀오는 것을 보아 왔다. 1년 정도 다녀 온 학생들을 보면 가기 전에 영어 실력이 별로였던 학생은 다녀오고 나서도 영어가 다소 늘기는 하지만 눈이 번쩍 뜨일 만큼의 실력 향상이 있는 학생은 좀처럼 못 보았다. 어학연수를 다녀와서 영어를 잘하는 학생은 대부분이 어학연수를 가기 전에도 잘했던 학생들이다. 따라서 '어학연수가 과연 효과가 있는가?'라는 질문에 대한 명확한 답은 없다. 일반적인 결론을 말하자면 어학연수를 갔다 오는 편이 한국에 있으면서 영어를 아무 것도 안하고 그냥 놀고 있었던 경우보다는 정도의 차이가 있지만 영어 실력의 향상이 있다. 하지만 이 실력 향상이라는 것도 어학연수를 가서 본인이 얼마만큼 노력하는가에 따라 그 결과가 정말 크게 달라진다.

필자가 옛날에 박사 논문으로 택했던 주제가 어학연수생들과 한국 이민자들의 영어학습에 대한 것이었다. 논문 자료를 수집하면서 정말 많은 한국 어학연수생들과 이민자들을 만날 수 있었다. 박사 공부를 했던 캐나다 토론토에는 한국 사람들이 정말 많은데, 토론토 전체 인구 300

만 명 중 약 1% 정도가 한국 이민자들이고 이외에도 파악되지 않는 한국 장·단기 어학연수생들까지 포함하면 전체 인구 중 2~3% 정도가 한국 사람이라고 보아야 할 정도이다.

많은 학생들과 인터뷰를 하며 이 학생들이 짧게는 3개월, 길게는 1년 정도의 어학연수 기간 동안 어떻게 지내는지를 관찰한 결과 많은 학생들은 애초에 자신이 생각했던 영어 능숙도를 달성하지 못하고 귀국하게 된다는 것을 발견할 수 있었다. 이들은 대체로 시간의 흐름에 따라 3단계의 변화를 보이는데, 첫째 단계는 처음 어학연수를 와서 낯선 환경에 적응하려고 노력하면서 열심히 영어공부에 매진하는 단계이다. 이때에는 영어공부가 생활에서 우선이기 때문에 다른 한국 학생들을 만나서 한국어로 이야기하는 일은 별로 없다. 둘째 단계는 안정화 단계인데, 이 단계에서는 주변 환경에 잘 적응하여 영어공부도 대체로 순조롭게 진행되지만, 처음에 학생들이 느꼈던 긴장이나 각오 등은 거의 없어지는 단계이다. 영어공부도 처음에는 영어 학원에서 종합반을 수강하면서 열심히 듣다가 이 단계에 접어들면 본인에게 부족한 영역에 대해서 좀 더 세부적인 부분을 보완하기 위해 필요한 것을 선택적으로 수강하면서 혼자서 공부하는 시간이 늘어나는 경향이 있다. 다른 나라에서 온 어학연수생들도 차츰 많이 알게 되고, 다른 한국 어학연수생 친구들도 새롭게 그곳에서 사귀게 된다. 셋째 단계는 새로운 한국인 사회의 형성기로 요약해 볼 수 있다. 많은 학생들은 어학연수하러 온 곳에서도 다른 한국 학생들을 알게 되어 이 단계에서는 한국인들끼리 어울리면서 한국어를 사용하게 되는 경우가 꽤 많다. 보통 4개월 이상 되는 시기에 이런 경우가 많다.

외국에서 부모 형제와 떨어져 생활하면서 심리적으로 많이 힘들고 우리말이 통하는 다른 친구들과 이야기하고 싶은 건 아주 당연한 것이겠다. 하지만 이런 생활이 계속 되다 보면 이곳이 한국인지 어학연수 장소인지를 구분하기 아주 모호한 경우까지 되곤 한다. 그저 밖에서 보이는 사람만 외국인인 것 같고 외국 간판인 것 같은 것 말고는 일상생활 자체가 한국어로 생각하고 한국어로 말하는 일상이 반복된다. 그래서 어학연수 마지막 몇 달 정도는 심기일전해서 열심히 영어공부를 하기 보다는 별다른 노력 없이 다른 한국 친구들과 어울리면서 한국으로 돌아갈 날을 기다리며 여행을 한다거나 시간을 대강 보내는 경우도 많다. 딱히 영어 학원을 다니기도 귀찮아지고 해서 그냥 하숙(홈스테이)방에서 토익책 펴놓고 영어단어 외우고 문법 공부하다가 한국으로 돌아가는 학생도 있다.

이렇듯 어학연수는 연수 자체의 기간이나 어디에서 연수를 했는지 보다는 전체 기간 동안 스스로가 얼마만큼 주변 환경을 잘 활용하고 영어로 생활하고 왔는지가 중요한 관건이 된다. 가장 좋지 않은 경우는 '나는 외국에 나간 적이 없으니까 한 학기나 1년 정도 외국에서 살면서 영어를 배우면 영어를 아주 잘할 거야'라고 막연히 믿고서 어학연수 국가로 비행기를 타고 날아가는 것이다. 스스로가 어느 정도까지를 목표로 삼고 가는 것도 아니고 목표가 막연하고 스스로의 현재 수준이 어떤 것인지에 대해서 자기진단도 잘 되어 있지 않은 경우이다.

어학연수를 생각한다면 떠나기 전에 구체적으로 어떤 공부를 할 것인지를 잘 생각해 보고 그 효과를 극대화할 수 있는 장소를 택하도록 해야 한다. 많은 경우는 우리나라에서도 수강 가능한 ESL 수업들이므로 가급적 한국에서 기본적 능력을 키운 다음에 어학연수를 가는 것이 좋다. 또 어학연수라는 것은 영어를 배우면서 그곳에서 체류하며 생활해야 한다는 것을 염두에 두고 재정적으로 풍족하지는 않더라도 금전적 문제 때문에 궁핍한 생활이 되지 않도록 유의해야 한다. 어학연수 현지에서 생활비가 빠듯해서 한국 학생 룸메이트를 구해서 하숙방을 쉐어(share)하면서 같이 생활하면 생활비는 조금 아낄 수 있다. 하지만 한국 학생들끼리 서로 한국어로 이야기하면서 타향살이(?)의 외로움을 달래다 보면 영어 실력이 늘어나기는 하늘의 별따기이다.

어학연수나 교환학생의 기회를 보람 있게 잘 활용하는 방법 중 하나로 그곳에서 현지인 토박이들이 모이는 봉사 활동이나 취미 활동 클럽에 적극적으로 참여하는 것을 추천할 수 있다. ESL 어학 학원에만 다니다 보면 비슷한 처지의 아시아계 ESL 학생들끼리만 서로 이야기하고 좀처럼 다른 현지인들과 의미 있는 대화를 하기 어렵다. 이를 극복하고 더 영어 활동을 극대화할 수 있는 방법으로는 현지인들이 참여하는 건전한 취미 활동 클럽이나 종교 활동에 참여하는 것이다.

영어권 국가의 지역 신문이나 커뮤니티 게시판, 인터넷 게시판 등을 가만히 들여다보면 각종 소모임들이 참 많다. 그림(수채화, 유화), 서예, 조깅, 태권도, 유도, 권투, 댄스, 스키, 홈리스 쉘터(homeless shelter, 노숙인 쉼터) 봉사 등등 여러분들이 잘할 수 있거나, 보람 있거나, 혹은 정말 배워보고 싶었던 그런 모임에서 팀원을 모집한다는 광고를 찾아볼 수 있을 것이다. 조금만 용기를 내면 그런 활동에 참가할 수 있다. 영어 실력이 다소 부족하다고 느낀다면 여러분들이 한국에서 잘한다고 생각하는 그런 활동을 주로 하는 모임에 참여하는 것도 좋다. 영어권 국가의 많은 사람들은 조금만 잘해도 자주 칭찬을 해 주기 때문에 여러분들은 크게 환영받을 것이고 아주 기분 좋은 경험을 할 수 있다. 이 경험에 힘입어 다른 현지인들과 그 활동을 매개로 이런 저런 이야기를 하고 여러분이 잘하는 활동을 가르쳐 주고 또 모르는 걸 물어보고 배우고 하다보면 자연스럽게 영어는 늘게 된다. 일종의 영어 몰입 학습, 즉 이머전(immersion) 학습이라고 볼 수 있다.

이러한 활동과 더불어 몸을 바쁘게 움직이면서 한국에 있는 가족이나 친구들과의 접촉은 최소화해야 한다. 매일매일 '나 어디서 뭐했다'는 식으로 전화로 보고하고 페이스북에 사진올리고, SNS로 한글로 연락하고 하다보면 몸은 영어권 국가에 있어도 결국 한국에 있는 것과 별 차이가 없게 되고 만다. 일주일에 한두 번 30분 내지 1시간 정도만 시간을 정해서 필요한 한국어 용무를 신속하게 다 처리하고 거들떠보지도 말아야 한다. 인터넷하고 한국 학생들과 어울리고 하다보면 나중에 후회하게 된다. 그럴 바에는 차라리 한국에서 영어 환경을 만들면서 노력하는 것이 훨씬 나을 수 있다.

　제가 여러분들께 드리고 싶은 영어에 관한 이야기는 여기까지입니다. 이 책의 마지막 부분을 무슨 말씀으로 마무리할까를 생각하다가 이 책의 앞부분 Part I에서 보여드렸던 이완용의 사진이 자꾸 떠올랐습니다. 이 책의 여러 곳에서 강조했습니다만, 영어는 그냥 단순한 외국어가 아닙니다. 영어를 잘하면 우리나라 사람들은 그 사람이 뭔가 있어 보인다고 생각하는 경향이 있고, 길거리를 가다가도 사람들이 한 번 더 쳐다보게 되지요. 또 많은 사람들이 영어를 배워 왔지만 이런 저런 이유로 영어를 상급자 수준으로 잘 구사하는 사람은 의외로 별로 없습니다.

　이 책을 읽는 여러분께서 다른 사람들보다 영어를 더 잘할 수 있다면 참 복이 많은 분이고, 그렇지 않다면 그게 보통의 한국 사람입니다. 다만 영어를 비교적 잘하는 사람들은 주변 사람들과 한국 사회 전체에 대한 넉넉한 베품의 마음을 가질 필요가 있다는 것을 잊으면 안 됩니다. 영어를 잘한다는 것은 본인의 노력만으로 이루어지는 것이 아니니까요. 부모님의 헌신, 경제력, 좋은 선생님의 체계적 지도, 좋은 친구들, 공부를 할 수 있는 가정적 분위기 등에 대해 고마운 마음도 없이 '내 능력이 뛰어나기 때문에 당연히 나는 영어를 잘할 수밖에 없지' 하는 교만한 마음을 가질 때에 그런 사람은 사리사욕을 채우는 제2의 이완용이 될 가능성이 있습니다.

영어는 의사소통의 중요 수단일 뿐 아니라 우리 사회에서는 사회 지도층으로 나아가기 위한 가장 필수적 조건 중 하나여서 어떤 마음을 먹는가에 따라 그것은 나와 내 주위 사람들에게 득이 될 수도 있고 독이 될 수도 있습니다. 영어를 할 수 있다면 이를 어떻게 잘 사용해서 나뿐 아니라 내 주위 사람들과 우리 사회를 위해서 도움이 될 수 있을지를 생각해 보아야 합니다. 재능기부도 좋고, 다른 사람들에게 영어를 가르쳐 주는 것도 좋고, 종종 열리는 국제 경기대회나 국제회의에서 영어 자원 봉사를 하는 것도 좋습니다. 내가 다른 사람들보다 좀 더 잘할 수 있는 부분이 있다면 마땅히 다른 사람들에게 베풀 줄 아는 아량을 가진 사람이 되어야 하겠습니다.

이런 베품의 마음이 없이는, 영어를 통해 내 욕심만 채운다거나 올바르지 않은 방법으로 다른 사람들의 마음을 아프게 할 수 있습니다. 예를 들어, "영어는 학교에서 잘 배울 수 없으니 우리 학원에서 배워야 다른 아이들보다 잘한다", "고1 올라가기 전에 영문법은 딱 마스터해야 한다", "최고 명문대학에 가기 위해서는 나한테 영어를 배워야 한다" 등등 학부모의 불안감을 부채질하는 상술 등이 영어를 자신의 이익만을 추구하기 위해서 사용하는 잘못된 사례입니다. 영어를 잘할 수 있도록 노력하는 것도 좋고, 이를 토대로 개인의 성공을 이루는 것은 좋은 일이고, 결국 개인의 발전이 사회의 발전이라는 점에서 우리 한국 사회에도 보탬이 되는 일입니다. 하지만 양심을 속여 가면서 '영혼 없이' 다른 사람들을 현혹시켜서 돈벌이에만 혈안이 된다거나 내 지역 사회나 국익에 위배되는 일을 한다거나 하면 안 되겠지요. 그렇기 때문에 배운 사람들은 올바른 윤리 의식, 사회적 책임감과 마음에서 우러나는 봉사 정신을 가져야만 하는 것입니다.

이 책에서 저는 영어를 가르치고 배우는 것에 대해 여러분께 균형 잡힌 지식과 의견을 제시하려고 노력했습니다. 우리 사회에는 아직 영어교육에 대한 전문적 지식을 일반 독자들에게 쉽게 설명한 책이 별반 없기에, 제 나름대로 노력해서 쉽게 풀어서 이야기도 섞어가면서 말씀드렸습니다. 재미있게 읽으시면서 지식도 넓히셨기를 바랍니다. 영어교육학은 아직 젊은 학문입니다. 수없이 많은 영어 선생님들과 영어학습자들, 그리고 영어교육 연구자들이 오늘 이 순간에도 새로운 이론과 새로운 교수법을 개발하고 고민하는 역동적인 학문이지요. 때문에 앞으로 다가올 미래에는 더욱더 새로운 영어교육 관련 이론과 교수법이 등장할 겁니다. 그때 다시 새로운 내용을 추가해서 더욱 재미있는 책으로 여러분들께 인사드리도록 하겠습니다. 모두들 꾸준히 영어를 가까이 하시고, 즐겁게 자주 사용해 보시기를 빕니다.

Part I

1) https://www.flickr.com/photos/wwworks/4005631298/

2) https://en.wikipedia.org/wiki/Kindergarten

3) https://commons.wikimedia.org/wiki/File:Decreased_Brain_Volume_from_Lead_Exposure.jpg

4) https://en.wikipedia.org/wiki/Receptive_aphasia

5) https://en.wikipedia.org/wiki/File:Dawsonsfingers.JPG

6) https://ko.wikipedia.org/wiki/%EA%B3%A0%EC%A0%84%EC%A0%81_%EC%A1%B0%EA%B1%B4%ED%99%94%EC%9D%98_%ED%96%89%EB%8F%99%EC%A0%81_%EC%97%B0%EA%B5%AC

7) https://en.wikipedia.org/wiki/Lolcat

8) https://www.flickr.com/photos/mtaphotos/16427571081/in/photolist-r2DAya-r2NDUz-qKf7wu-e8oHAT-e8uoq1-qZvuoC-e8uoMU-e8uoVm-e8uors-e8oHVZ-nyxKv4-r2NDPK-gMkEnE-qKf7Xj-qKdSCN-qKf7xS-e8uoDw-qVwhX-e8uoL3-e8uoJG-e8uoTb-e8uoxm-2aoA2q-7kJhm7-awW632-v7WiWL-7X4zt3-4wnpVH-7WVb8t-pzH74V-7KmaNJ-f4sdtz-spZKQB-e8oHTp-71XRwV-r2DA5K-e8oHCc-e8oHXM-e8oHYZ-e8oHHD-e8uozj-e8uoJW-6jeGFL-5PWgmV-drshVo-7Kmb4d-rtdLsp-p34QPg-8BQW3S-7KmaiL

9) https://commons.wikimedia.org/wiki/File:Luray_Caverns_Stalactite_Cafe_Menu_(8041004429)_(2).jpg

10) https://www.flickr.com/photos/pinksherbet/6961676525

11) https://en.wikipedia.org/wiki/Demographics_of_Quebec

12) https://www.flickr.com/photos/husseinabdallah/2076445779

13) https://www.flickr.com/photos/husseinabdallah/6122382198

14) https://commons.wikimedia.org/wiki/File:Ken_singleton_yes_announcer.jpg

15) https://commons.wikimedia.org/wiki/File:Raffael_067.jpg

16) https://upload.wikimedia.org/wikipedia/commons/f/fe/UN_Members_Flags.JPG

17) https://pixabay.com/ko/%EC%95%84%ED%8B%80%EB%9D%BC%EC%8A%A4-

%EC%A7%80%EA%B5%AC-%ED%94%8C%EB%9E%98%EA%B7%B8-
%EA%B8%80%EB%A1%9C%EB%B2%8C-
%EC%84%B8%EA%B3%84%ED%99%94-
%EA%B8%80%EB%A1%9C%EB%B8%8C-%EB%8C%80%EB%A5%99-
%EA%B5%AD%EA%B0%80-62742/

18) https://commons.wikimedia.org/wiki/File:KOICA_official_logo_in_english.png

19) https://www.flickr.com/photos/81559972@N00/9345915595

20) http://blog.naver.com/PostView.nhn?blogId=inb4032&logNo=220494101941

21) https://pixabay.com/ko/%EC%82%AC%EC%83%81%EA%B0%80-
%EB%A1%9C%EB%8C%95-%ED%8C%8C%EB%A6%AC-
%EC%A1%B0%EA%B0%81-%EB%B0%95%EB%AC%BC%EA%B4%80-
%EC%B2%AD%EB%8F%99-%ED%94%84%EB%9E%91%EC%8A%A4-
%EB%8F%99%EC%83%81-692959/

22) https://it.wikipedia.org/wiki/Introversione

23) https://www.flickr.com/photos/eschipul/268964189/in/photolist-pLvFB-pbDV69-
8FxQQ6-8mTCZ3-4JP5vz-nX2fD6-5jpWYa-49JdXs-5jufDb-fSw2Rf-7F5671-
22kSC-e3eqvr-mS6ENV-8qChg-2R5qPy-pzP7Ey-pjAjnk-a1XehG-fJZYtB-9QCvzw-
bDnVKP-7F568S-e8gQ4i-6Jog9d-6HyZxf-6HMM3q-arMviZ-6Jofvs-6HB1No-
6HMLNj-6GXynr-6HB1zw-6HuVFn-6JjamB-6Jofbf-6HwWQR-afRuu5-6bGCcp-
gKTxeX-kuYa2F-q8EKv4-baebWZ-cwKUZ-c5xdef-e5zbup-65jaLw-emcUWs-
6HwWnZ-6GXy1D

24) https://pixabay.com/ko/%EC%9E%90%EC%9C%A0%EC%9D%98-
%EC%97%AC%EC%99%95-%EC%9E%90%EC%9C%A0%EC%9D%98-
%EC%97%AC%EC%8B%A0%EC%83%81-%EB%89%B4%EC%9A%95-
%EC%9E%90%EC%9C%A0-%EC%97%AC-%EC%8B%A0%EC%83%81-%EA%B8%
B0%EB%85%90%EB%AC%BC-202218/

25) https://en.wikipedia.org/wiki/Canadian_Indian_residential_school_system

26) https://www.flickr.com/photos/25792994@N04/5380184237

27) https://commons.wikimedia.org/wiki/File:Sorry_Day_poster.jpg

28) https://commons.wikimedia.org/wiki/File:Beef_fillet_steak_with_mushrooms.jpg

Part II

1) http://book.naver.com/bookdb/book_detail.nhn?bid=8730756

2) https://en.wikipedia.org/wiki/File:Unemployed_men_queued_outside_a_depression_
soup_kitchen_opened_in_Chicago_by_Al_Capone,_02-1931_-_NARA_-_541927.jpg

3) https://en.wikipedia.org/wiki/File:USS_California_sinking-Pearl_Harbor.jpg

4) Robert Lado, Lado English Series 1, 파고다, 1988.

5) https://en.wikipedia.org/wiki/File:Austrian_Airlines_flight_attendant_and_passenger.jpg

6) https://commons.wikimedia.org/wiki/File:Cuisenaire_zotzak.jpg

7) https://commons.wikimedia.org/wiki/File:Silent_Way_English_sound-color_chart.jpg

8) https://en.wikipedia.org/wiki/File:Silent_Way_Word_chart_1,_American_English.png

9) https://www.flickr.com/photos/ammichaels/8232179785/in/photolist-nk8nJ6-
ninaDU-7uevD5-9ry7rR-4NkLa9-rKbVhN-9qNV9q-9qNV9j-9qNV9f-rnMEVo-
48WXRS-ue1vTM-byD6ML-f2Cz5Z-f2DCCD-rnLEf6-7ZDA44-7ZDswP-9v1bip-
6Kato8-fyCXxJ-rerugk-dxs5fe-aeammR-4w7cu9-rWbGpF-jq87mj-bFkx5z-4Rt3PS-
4RoQQn-6rMBHb-5tFtLD-9ky49e-jRdZDZ-7iY3T5-9VGpAJ-e7TUkZ-jRdhBa-
5N7kni-6iv3Kp-8fzkPc-7MK8oY-dwuQvJ-nmyg63-cgQ837-5Pfon9-sbCpxC-
rWk8kh-mNmnE-68zqVN/

10) https://www.flickr.com/photos/wwworks/5073552229

11) http://www.webcorb.co.uk/

12) https://upload.wikimedia.org/wikipedia/commons/7/7a/Child_and_mother_with_
Apple_iPad.jpg

13) https://www.flickr.com/photos/37996646802@N01/2734544198

14) https://upload.wikimedia.org/wikipedia/en/e/e2/BCDS_Laptop.JPG

15) https://www.flickr.com/photos/knittymarie/4455797624/in/photolist-nk8nJ6-
ninaDU-7uevD5-9ry7rR-4NkLa9-rKbVhN-9qNV9q-9qNV9j-9qNV9f-rnMEVo-
48WXRS-ue1vTM-byD6ML-f2Cz5Z-f2DCCD-rnLEf6-7ZDA44-7ZDswP-9v1bip-
6Kato8-fyCXxJ-rerugk-dxs5fe-aeammR-4w7cu9-rWbGpF-jq87mj-bFkx5z-
4Rt3PS-4RoQQn-6rMBHb-5tFtLD-9ky49e-jRdZDZ-7iY3T5-9VGpAJ-e7TUkZ-
jRdhBa-5N7kni-6iv3Kp-8fzkPc-7MK8oY-dwuQvJ-nmyg63-cgQ837-5Pfon9-
sbCpxC-rWk8kh-mNmnE-68zqVN

16) http://blog.calicospanish.com/2013/09/03/creating-effective-rubrics-for-various-
world-language-tasks.html

17) https://www.flickr.com/photos/83633410@N07/7658284016/in/photolist-cEJH2A-
fjyxkZ-4m5ojv-ihNtgp-8tnGwN-bpRSVN-gJjemL-88PM4K-9LXkW-aZhtG4-

q77wF5-omuR6Y-5QBxZA-9mBT1m-6oKrRd-c5kfZQ-crGWio-dGNUyL-eaVyv6-
9Md5QC-tFWybU-gStxEe-cHF3VJ-c5hdHC-c5hcwm-qJtzr1-dSfPUP-9rjHzK-
8vHsBS-9paVKc-egtPjA-ozhdsT-8PY75x-ecAan1-ozgfPi-dJJmA9-d2NK9w-
84EQLg-dgcudA-dgcoke-dt3tjE-so6ix4-iN6hD-5Gp6oN-e59WQh-cRdHmU-
ego1BZ-bzb3W2-5nEZD8-7J1gDR

Part III

1) http://graphs.net/number-of-internet-users-by-language.html

2) Crystal, D., English as a global language, (2nd ed.), Cambridge, UK: Cambridge University Press, 2003.